# Escalas del conocimiento. Las formas de construcción del objeto en las disciplinas sociales

# Escalas del conocimiento. Las formas de construcción del objeto en las disciplinas sociales

Felipe González Ortiz
Eduardo Aguado López
(Coordinadores)

Ediciones Eón

Primera edición: enero de 2013

ISBN UAEM: 978-607-422-399-6
ISBN EÓN: 978-607-8289-12-7



El contenido total de este libro fue sometido a dictamen en el sistema de pares ciegos.



Impreso y hecho en México
*Printed and made in Mexico*

# Índice

# Escalas del conocimiento. Las formas de construcción del objeto en las disciplinas sociales

*Felipe González Ortiz*
*Eduardo Aguado López**

¿Por qué escribir un libro con este título?, ¿qué sentido tiene convocar a un conjunto de investigadores(as) de la Universidad para reflexionar sobre las maneras singulares en que sus disciplinas han construido sus respectivos objetos de estudio? Con la intención de responder, queremos hacer notar que el título del trabajo encierra la hipótesis de que todo conocimiento, independientemente de la disciplina de que se trate, refiere a una escala, a una dimensión del infinito universo. Dicha escala va desde las partículas moleculares que estudia la Biología hasta los fenómenos estelares que indagan la Física y la Astronomía, pasando por las Ciencias Sociales y las Humanidades. De esta manera, las distintas ciencias formulan preguntas de tal forma que desean "atrapar", en la medida de lo posible, una parcela del complejo universo. Así, en cada pregunta que las disciplinas hacen (o hicieron) para delimitar sus fronteras y definir su objeto, se proyectó al mismo tiempo la curiosidad por una escala singular de ese universo. La posibilidad del conocimiento científico es la plataforma que permite hacer estas preguntas y formular esta mezcla de realismo e idealismo con la que se nutre la reflexión científica.

Esto nos lleva a otra cuestión: la de la interdisciplinariedad. En los tiempos actuales, la interdisciplinariedad se erige como un destino inevitable para los trabajadores científicos de las distintas disciplinas en todo el mundo. Desde 1937, año en el que Louis Wirtz acuñó por primera vez el concepto de interdisciplinariedad (González Casanova, 2005), se comenzó a ver la necesidad de que los estudiosos transitaran de disciplina en disciplina y se relajaran los celos que aprisionaban

* Profesores-Investigadores de la Facultad de Ciencias Políticas y Sociales de la Universidad Autónoma del Estado de México.

a los teóricos en los límites disciplinarios. De este modo, surgieron programas interdisciplinarios como los estudios del desarrollo o la comunicación, como lo ilustran en este libro Francisco Herrera y Cristina Chávez, para las ciencias del desarrollo, y Gustavo Garduño y Fernanda Zúñiga, para el caso de la comunicación. Los estudios sobre la tierra separaron a la geología de la geografía, como lo sugieren Xanat Antonio Némiga, Luis Miguel Espinosa Rodríguez y Fernando Carreto Bernal en su interesante capítulo sobre la geografía.

De esta manera, el conocimiento sabio, integral y holístico de los filósofos decimonónicos fue llevando la historia de las disciplinas científicas hacia la especialización, lo que se tradujo en la construcción del acotamiento de los límites disciplinares. Tomar el camino de la hiperespecialización llevó a que los miembros de la comunidad científica se alejaran entre sí a favor de las ciencias en plural y en detrimento de la ciencia en singular. Sin duda, los avances científicos y la generación de conocimiento fue muy importante pero se hizo bajo el costo de alejar tanto a los miembros de la comunidad científica, que las disciplinas comenzaron a discriminar cierta clase de conocimiento para la formación disciplinar de sus estudiantes.

No obstante, hemos llegado a un punto en el que el universo se ha complejizado de tal forma que es necesario reflexionar en torno a los planteamientos que unen a las disciplinas, y ya no tanto en los que las separan por sus distinciones acotadas a favor de la especialización. La imagen del científico aislado y en completa contemplación solitaria del universo es cosa del pasado, pues en la actualidad parece cada vez más obvio que la producción del conocimiento es colectiva.

González Casanova, siguiendo a Brockman, afirma que estamos ante una nueva ciencia que obliga a la interdisciplinariedad. Esta nueva ciencia comienza por la cibernética, para posteriormente dar entrada a las ciencias de la computación, las ciencias cognitivas, las ciencias de la organización, la biología molecular, la neuropsicología, la lingüística computacional, la teoría del control, la inteligencia artificial, la vida inteligente, los agentes inteligentes, la realidad virtual, la teoría del caos, las redes neuronales, los fractales, el universo en expansión, los sistemas complejos adaptativos, la biodiversidad, la nanotecnología, el genoma humano, los sistemas expertos, los autómatas celulares, los conjuntos borrosos y la lógica borrosa, las biosferas espaciales, las máquinas teraflop (2005: 34). Este nuevo escenario ha dado pie a que la comunidad científica de las distintas disciplinas busquen nuevamente el trabajo colegiado y la investigación multidisciplinaria. Específicamente, la antropología está virando en un regreso discreto al evolucionismo, focalizando en temas que relacionan la neurociencia con la cultura, como lo indica Felipe González Ortiz en este libro. La interdisciplinariedad es un asunto presente en todas las ciencias, de tal suerte que la ciencia política se inserta en una discusión más amplia, como lo indica en este libro Mauricio Gutiérrez Cortés.

Una conclusión adelantada que puede verse en este libro y que cada uno de los capítulos menciona, es la tendencia a buscar una parcela de conocimiento específico en la que cada disciplina se embarca. La construcción del objeto busca siempre una cualidad "pura" eminentemente propia a la disciplina. Después de eso, el debate disciplinar entra en una etapa de crisis y los teóricos regresan a la interdisciplinariedad, se apoyan en los objetos de otras disciplinas para tomarlos como plataforma que sirva para la construcción del propio objeto de estudio.

En este nuevo escenario surgen una serie de preguntas en torno a los componentes que unen a las disciplinas. La bioética ha planteado la necesidad de poner en primer lugar los principios que se deben seguir para realizar una conducta correcta que salvaguarde la vida orgánica y humana del planeta; la economía solidaria ha convocado a la reflexión sobre las maneras de producción y distribución del ingreso que no generen desigualdad o no sumen cero; la antropología ha pasado del estudio de la diversidad al de la desigualdad (Reygadas, 2007); las ciencias de la salud se preocupan cada vez más por los efectos que sus descubrimientos tienen en las personas y cuestionan los usos farmacéuticos de mercado (privados) que se hacen con sus descubrimientos; los científicos de varias disciplinas sociales invocan a la responsabilidad social del quehacer de investigación. Todo parece indicar que las distintas disciplinas tienden a la interdisciplinariedad en la medida que los resultados de la investigación tienen efectos importantes sobre los bienes comunes de la humanidad.

Este es un punto relevante que se vincula con la segunda pregunta con la que iniciamos este trabajo, es decir, sobre el sentido que tiene convocar a investigadores de la UAEM para colaborar en este libro. Aquí se encuentra la agenda política de la investigación que se realiza en la universidad pública. El conocimiento que se genera en la universidad pública es público, valga la redundancia. Es decir, el conocimiento que genera la universidad pública es un bien común. ¿No debería acaso establecerse como agenda política el hecho de que los resultados de la investigación de la universidad pública son de entrada un bien común y, por tanto, un bien que debe traducirse en bienestar para la vida orgánica y humana de este mundo?[1] Eso en primer lugar.

En segundo lugar, siempre es bueno saber qué hacen los colegas de la misma universidad en sus respectivas disciplinas. Esta pregunta siempre ha llamado mi atención y siempre he estado dispuesto a indagar sobre ese tema. En las entrevis-

[1] Esto cobra mayor importancia en países como México, en los que la investigación subsiste prácticamente del recurso público y no del privado.

tas que he realizado a colegas de distintas especialidades[2] he constatado que existe una forma peculiar de hacer investigación que incorpora varios pasos, independientemente de la disciplina de la que se trate, tales como el trabajo de campo (etnografía, entrevistas, recolección de muestras en animales, en humanos, en lagos, en montañas, en zonas extremas; pruebas de laboratorio, simulaciones virtuales, etcétera); en la ubicación e identificación de una partícula mínima a partir de la cual se inicia el análisis, el pensamiento y la reflexión (elemento, átomo, célula, compuesto biológico, bacteria, animales, el poder, la cultura, las relaciones, el movimiento, la fuerza, el fonema, los bienes, la fuerza, etcétera). A partir de dicha partícula se desprende un sistema de relaciones que el investigador(a) va tejiendo creativa y rigurosamente mediante preguntas pertinentes con distintas intenciones (según se trate de investigación básica o aplicada). Es por eso que me motiva la realización de un ejercicio (que derivó en un libro) de búsqueda interdisciplinaria en el que los distintos actores de la ciencia, a través de sus respectivas disciplinas, podamos leernos y escucharnos para conocer las maneras particulares de crear conocimiento en cada una de nuestras disciplinas.

Ahora bien, este libro no es un ejercicio de interdisciplinariedad. Entiéndase esto. Interdisciplinariedad es un proceso complejo de búsqueda cuyos primeros resultados se dan de manera paulatina y prudente. La interdisciplinariedad alcanzada por la Economía y las Ciencias de la Administración, por ejemplo, refieren a un proceso lento pero sólido que se manifiesta en los resultados teóricos, en las formulaciones conceptuales, como lo muestran Daniel Cernas y Patricia Mercado, en su participación en este libro.

La interdisciplinariedad no se refleja en un libro compuesto por capítulos diferentes en los que los investigadores(as) participan. Por el contrario, la interdisciplinariedad implica la exposición de la disciplina a los criterios ajenos de otras disciplinas, pero también el intercambio de culturas, de contextos de investigación, de instituciones y de personalidades (Freire, 1983). En este sentido, la interdisciplinariedad es un reto a construir, del cual este libro es apenas una primera y tenue aspiración.

En la búsqueda de la interdisciplinariedad se insertan también aspectos políticos, pues se deben clarificar y llegar a un convencimiento pleno de que el objetivo final, la generación de conocimiento, vale más que cualquier beneficio disciplinario. En los programas concretos de investigación interdisciplinaria, las subordinaciones de las disciplinas en función de la ciencia (disciplina) que dirija

[2] El programa de televisión "Ciencia y Caminos" que inicié en TVUAEM es un ejemplo de esta iniciativa. En él he entrevistado a científicos de distintas disciplinas.

el proyecto es una realidad. En este sentido, la tendencia a la interdisciplinariedad no sólo obliga a trabajar en equipo (abrir la posibilidad de que en la adecuación interdisciplinaria las hipótesis de la propia disciplina deben adecuarse aun a costa de perder contenido y fuerza teórica) y hacer investigaciones de calidad (colocar la calidad de la investigación general por encima de la aportación disciplinar), sino también obliga a una reflexión sobre el liderazgo científico (acceder a que nuestra disciplina no siempre tendrá el papel directivo en los programas o proyectos de investigación).

La actitud de los miembros de las distintas disciplinas respecto de esta apertura (psicológica, intelectual y política) representa un acto valeroso pues implica relajar las fronteras disciplinarias (que han llevado tanto tiempo y tantos debates para consolidarlas), a favor de conocer los mecanismos para la creación del conocimiento de los colegas de otras ciencias.

De lo que se trata es de explorar si en la discursividad de cada una de las disciplinas se encuentran componentes similares, objetivos comunes que pudieran estar presentes en distintas escalas de la construcción del conocimiento. Más radicalmente, se trata de ver si las distintas disciplinas no representan conocimiento de una escala del universo con similares configuraciones isomórficas, representadas en las discursividades disciplinares. En este sentido, la apertura de las disciplinas al trabajo interdisciplinario por proyecto abre la posibilidad de que se pueda construir la ciencia en singular y dejar atrás la práctica dominante de la especialización profunda y el alejamiento entre los miembros de la comunidad científica.

Este libro no pretende, por el momento, mostrar el lugar que la investigación científica de la UAEM tiene en el mundo, en México o en la región. Solamente pretende dar un primer paso para ir formando la interdisciplinariedad como actitud de apertura por proyecto y forjar así ideas y propuestas para saber atender los bienes comunes que se generan como resultado de nuestras investigaciones.

Es importante apuntar que en un comienzo fueron convocados investigadores de las disciplinas tanto naturales como sociales; no obstante, como el lector podrá ver, solamente se encuentran en el trabajo los artículos sobre las ciencias del desarrollo, las ciencias de la comunicación, la Antropología, las ciencias económico-administrativas, la Administración pública, la ciencia política y la Geografía. Sin embargo, la convocatoria es importante en la medida que invoca a un primer esfuerzo por acercar a miembros de las distintas disciplinas que se cultivan en la Universidad. Este no será el último libro que se haga para cubrir estos temas que nos convocan en el escenario de la nueva ciencia que obliga a la interdisciplinariedad.

En relación con este último párrafo, existe otra pregunta que es de vital importancia hacer. ¿Por qué publicar un libro cuando todo parece indicar que la dirección que está tomando la ciencia es el artículo en revista arbitrada y, es más, de acceso abierto? Esta pregunta es muy relevante en la medida que varias universidades, colocadas en los mejores rankings de calidad[3] mundial, han exigido a sus investigadores solamente publicar en revistas con acceso abierto.[4]

Esta pregunta nos lleva a considerar el peso que la investigación tiene en los países latinoamericanos respecto a otras regiones. Por ejemplo, según el *Informe de la UNESCO sobre la ciencia 2010*, en el año 2007 había 7 millones 209,700 investigadores en el mundo. De ellos, 252,100 se encontraban en América Latina, lo cual representa 3.4%. En lo que respecta a México, existen 37,900 investigadores, lo que representa 0.52% respecto al total mundial y 15% en relación con América Latina. Estos números contrastan con el 1 millón 579 mil 800 que existen en América del Norte, con 1 millón 448,300 de la Unión Europea y con 1 millón 423,400 de China.

En lo que respecta al total de publicaciones, el mismo informe señala que para el año 2008 se publicaron en el mundo 986 mil 99 publicaciones científicas,[5] de las cuales en América Latina existen 48,791, es decir, 4.9% respecto al total. En lo que refiere a México, se tenían publicadas 8,262, es decir, 0.83% respecto al total mundial y 17% respecto al total de América Latina. Siguiendo la comparación con América del Norte, se tiene que para el mismo año se publicaron en dicha región 306,376 trabajos científicos, mientras que en la Unión Europea fueron un total de 359,991 y China publicó 104,968.

Ahora bien, es importante mencionar que las ciencias naturales son las que contribuyen a dichas cifras, dejando una menor proporción a las ciencias sociales. Es por eso que es de suma importancia el acceso abierto que presenta la Red de Revistas Científicas de América Latina y el Caribe (Redalyc), pues la ciencia social del mundo escrita en español y en portugués se encuentra en dicho repositorio. En este sentido, al acceso abierto o la digitalización de la universidad pública debería extenderse a los libros; esto es de suma importancia en la medida que posicionaría a nuestras disciplinas sociales y abriría una posibilidad de discusión permanente de temas que afectan directamente a la región de Latinoamérica. Pero además abriría la posibilidad de generar conocimiento visible a la lectura

[3] En realidad lo que miden todos los rankings es la visibilidad, a partir de la cual se establecen criterios de calidad.

[4] Me refiero al caso de la Universidad de Harvard.

[5] Se refiere a las publicaciones que aparecen en las revistas científicas registradas en el *Sciencie Citation Index*, de Thompson Reuters.

de cualquiera. La visibilidad es el objetivo que la universidad pública debe seguir (Rogel y Aguado, 2008).

De esta manera, es importante anotar la distinción entre ciencias sociales y ciencias naturales. Las ciencias naturales están publicando colegiadamente en revistas del norte del mundo. Sus esquemas siguen un modelo basado en la ciencia positiva donde la experimentación se inscribe en los pasos que dicta el método científico. Esto ha generado una ciencia natural universal. Por otro lado, todo parece indicar que en las ciencias sociales sucede otra cosa, pues los contextos nutren la construcción de los planteamientos y argumentos de las ciencias sociales. Si bien los temas que interesan son el deterioro ambiental, la pobreza, la guerra, la desigualdad, la cultura, etcétera, estos temas siempre se encuentran mediados por la empiria, y ello es fundamentalmente local. Quizá por ello a los científicos de las ciencias sociales les es más difícil publicar colegiadamente, y es por ello también que los congresos internacionales se vuelven una necesidad en la medida que se trata de intercambiar experiencias locales sobre un tema global de las ciencias sociales.

En este sentido, escribir un libro parece ocioso en un escenario en el que el documento electrónico de acceso abierto es la tendencia que marcan los rankings. Quizá sea necesario buscar formas editoriales de acceso abierto que contemplen a los libros y no únicamente los artículos. Este libro quisiera nacer electrónico y en el acceso abierto. No obstante, una cosa son los deseos de los coordinadores y otra las de los autores de las distintas disciplinas que participan (al menos la mitad de su tiraje podría explorar esta nueva forma de publicación científica), lo cual indica un nuevo punto de discusión en la agenda política de la interdisciplinariedad científica.

El lector podrá encontrar en este libro un ejercicio polifónico que junta a científicos de las ciencias sociales a partir de la búsqueda común de un objetivo: la construcción de su objeto de estudio. Una segunda intención será bosquejar la posibilidad de generar proyectos interdisciplinarios en los que se pueda ir más allá de los márgenes disciplinares.

Conocer las formas en que los problemas (disciplinares) se montan en un tipo de lenguaje (disciplinar) para después ver la posibilidad de colocarlos en una plataforma de lenguaje interdisciplinario puede ser un enunciado que justifique esta intención académica que debe buscar contextos sociales más amplios que la disciplina, en los que los lectores puedan comprender y comprometerse con sus realidades y utopías (González Casanova, 2005: 84).

Sin duda, la interdisciplinariedad ha generado preguntas sobre las formas óptimas para el quehacer científico. En este punto existen factores empíricos de importancia tales como las resistencias gremiales que hacen que los profesionistas no acepten competencia sino sólo de los suyos. Abrirse a otras fronteras implica entrar en zonas desconocidas. Las retóricas intelectuales de los profesionistas tienden a cerrar las fronteras de la interdisciplinariedad. La preeminencia de la ciencia desarrollada en el primer mundo, que funciona como un *atractor* de la inteligencia de la periferia, disminuye la posibilidad de generar una discursividad científica desde la periferia. El campo social de la ciencia está preñado de rivalidades (Massé, 2002). Es por eso que, insistimos, repositorios electrónicos como Redalyc son indispensables para mostrar las competencias regionales de la ciencia y hacer visible la ciencia en lengua española y portuguesa que se escribe en el mundo.

En otro nivel de abstracción surge el problema de la totalidad, es decir, aquella óptica epistemológica desde la que se delimitan campos de observación, premisa clave de la ciencia. En este planteamiento resurge la pregunta que motivó a Bertalanfy (1989) en la construcción de la teoría de sistemas, en la que consideró una unidad de la ciencia en su conjunto al descubrir que en la naturaleza y en la sociedad hay algo que se oculta: la organización de estructuras articuladas y complejas. Para él, ese es el problema científico número uno y abarca al conjunto de las áreas de la física, la biología y la sociología (González Casanova, 2005: 53). En este escenario todo parece indicar que las organizaciones son sistemas complejos adaptativos permanentemente. Con base en la teoría de la evolución y de los sistemas, Holland ha mostrado que los sistemas complejos adaptativos poseen diferentes tiempos de modificación de su estructura, de tal suerte que el sistema nervioso central se adapta de segundos a horas; el sistema inmune de horas a días; los sistemas de negocios en meses o años; las especies de días a siglos; los ecosistemas en años o milenios (2004). Se puede agregar que los sistemas culturales tradicionales pueden manifestar siglos de adaptación a los sistemas modernos, y estos ciclos de adaptación pueden aumentar el tiempo cuando son producto de la colonización, por ejemplo.

Este libro contiene una intuición, aquella que dice que hay una unidad que gobierna los procesos universales, lo que da pie a dos factores: uno sociológico (considerar la posibilidad de la interdisciplinariedad) y el otro epistemológico (considerar que en las formas singulares de construir el objeto se esconde una similar epistemología que une a la ciencia en su conjunto).

La propuesta no consiste en buscar algo novedoso (todo lo que se dice aquí lo han dicho otros y de mejor manera), solamente en realizar un ejercicio de reflexión que motive la lectura de los colegas de otras ciencias para pensar en la posibilidad de realizar proyectos con participación interdisciplinaria.

En la investigación disciplinar, las formas de preguntar significan las formas de construir el objeto de nuestra disciplina. Definir el foco en el plano epistemológico en función de lo que se busca (la construcción del objeto), es el lugar, quizás, en el que se desliza la escala (siempre articulada a otra escala, lo que proyecta la idea de la interacción entre los procesos micro y los macro), del conocimiento sobre el infinito universo.

La forma en la que se considera conceptualmente un objeto depende de los procedimientos del "mapeado" que se hagan, es decir, refiere a las maneras en las que cada disciplina lo ha hecho hasta ahora. La enunciación de los últimos avances y descubrimientos, la identificación de los estados de crisis disciplinaria y las formas argumentativas singulares que se han desplegado para resolver dichas crisis, es decir, para volver a construir el objeto. Pero también tiene que ver con los cruces entre disciplinas y los resultados a los que han llegado a partir de estos cruces, y no tanto de las características de espacio o del dominio disciplinar (Reynoso, 2008). El ejemplo claro de esta construcción son las demarcaciones que la sociología y la psicología han hecho desde los planteamientos de Durkheim, situación que una y otra vez se discuten, a veces como planteamientos indispensables para comprender el campo sociológico (Elias, 1994) y otras veces para separar y delimitar los objetos de estudio (Parsons, 1999). Es una lástima que en este libro no se cuente con la parte que le toca a la sociología, pues sería interesante seguir este debate.

La posible unidad de la ciencia implica ver en las disciplinas meros fragmentos que pueden caminar por sus propias rutas sin perder de vista que lo que se está evidenciando es solamente una escala del infinito universo. Con esto se podrá experimentar si es posible hacer cadenas de conocimiento que se vayan engarzando una a una para ir construyendo el sistema complejo de la ciencia. Así, el sistema llamado ciencia puede verse como un contenedor de elementos de libertad que tiende a la disipación, a la pulverización y con ello al aislamiento completo de sus argumentaciones (y argumentadores), se trata entonces, al menos en este ejercicio, de generar un motivo, por pequeño que éste sea, para la comunicación interdisciplinaria, para escuchar (leer) las formas en las que distintas disciplinas construyen y han construido su objeto de estudio.

Se vislumbra un camino con la posibilidad de una práctica científica interdisciplinaria. Esto obliga a construir una utopía, una cantidad de investigadores interdisciplinarios en todas las aristas del conocimiento, entonces se habrá logrado adquirir el estado crítico de conocimiento, requerido para la cristalización de estructuras de organización de la ciencia con disciplinas articuladas. La participación colegiada puede verse en este libro, pues de las seis participaciones, cuatro de ellas son producto de acciones colegiadas que implican generación colectiva del conocimiento. Pongamos por meta este enunciado sólo como hipótesis a descubrir en el transcurso del trabajo y como posible camino, si así lo decidimos individualmente, a continuar explorando los alcances del trabajo interdisciplinario (condición para la publicación colegiada como producto de la investigación, lo cual contribuiría a la superación de los criterios pragmáticos pero engañosos con los que se formula el conocimiento colectivamente generado).

Este ejercicio permitirá ver si estamos en condiciones de transitar, como parece indicarlo la nueva ciencia, según las palabras de González Casanova (2005), de una epistemología de las causas a otra de los efectos (de los riesgos, de la incertidumbre, de lo inconmensurable), de la epistemología del individuo a otra de las organizaciones (la responsabilidad compartida, la construcción sistémica como acción colectiva), de la epistemología de las variables a la de conjuntos (de la medición de lo estable a la comprensión de lo que se configura); y finalmente, de la ciencia por la ciencia a la ciencia comprometida con los bienes comunes a la humanidad, tanto en su expresión local como en la global.

Se trata de ver si no estamos en presencia de discursivas disciplinares que describen configuraciones similares, es decir, con autosemejanza observable en distintas escalas, con componentes invariables, con patrones similares expresables en formas o configuraciones que se dan a la vez en la materia, en la vida y en la sociedad (González Casanova, 2005). Interesa, en este ejercicio, descubrirlo desde la propia actividad científica y la presentación de los descubrimientos disciplinares para el conocimiento y reflexión de los pares de otras disciplinas.

Quizás en este ejercicio interdisciplinario podamos ver lo que se está configurando, es decir, no se trata de medir lo dado, lo existente, sino de descubrir lo que está por hacerse, por configurarse, por crearse; aquello que es novedoso, pues lo novedoso consiste en ver lo que sirve para mi disciplina precisamente en la discursividad de otra.

Veamos, experimentemos si es posible una articulación interdisciplinaria que signifique construir el conocimiento (tratarlo, hacer tratables los hechos, los datos, la información, dentro de un lenguaje) por articulación de niveles multidimensionales (de escalas) de lo real (Massé, 2002).

Las ciencias proceden recuperando los avances anteriores a las metas presentes. Las preguntas que se realizan en el presente se someten a las maneras en las que los colegas anteriores les dieron respuesta o fueron formuladas. Con esto, la epistemología de la investigación posee y recupera la memoria disciplinaria. Este procedimiento cognitivo suma lo nuevo, críticamente, en las estructuras argumentativas anteriores. Esta es la manera de avanzar de las disciplinas científicas.

El primer capítulo de este libro refiere a las ciencias del desarrollo. Los autores, Herrera y Chávez, parten de reconocer que el desarrollo es una categoría compleja que ha sido construida desde distintas ópticas hasta convertirse en finalidad de los países. En términos interdisciplinarios pareciera que la Economía es la ciencia que más ha abonado a la construcción de este concepto, mientras que la ciencia interlocutora es la Antropología, la cual se enfoca siempre en las personas más que en los procesos.

El segundo capítulo refiere a la Geografía como disciplina. Los autores, Antonio, Espinosa y Carreto, sugieren que la Geografía comenzó sus pasos muy de cerca, estrecha, con la ciencia natural, es decir, con la Geología. Los procesos humanos la desviaron hacia las ciencias sociales y en la actualidad los procesos de desastre ecológico y la tecnología informática parecen ser los medios para la generación de modelos complejos para entender la realidad del entorno y la sociedad.

El tercer capítulo centra la mirada en las ciencias económico-administrativas. Es interesante que los autores, Cernas y Mercado, enfaticen desde un principio la interdisciplinariedad como la marca de esta compleja articulación científica. En todo caso, desde la Administración se coloca la complejidad de la toma de decisiones en la empresa privada. Esta complejidad va más allá de las elecciones racionales con las que la Economía plantea describir su objeto de estudio. Todo parece indicar que las organizaciones son el objeto principal de estudio de esta articulación científica.

El cuarto apartado refiere a la Administración pública. El autor, Morales, se embarca en una justificación para hacer ver que la Administración pública debe ser considerada una ciencia y no mera técnica profesional para tomar decisiones. Para él, la Administración pública es la ciencia de la toma de decisiones eficaces para el bienestar de la sociedad sin perder el poder. Esta fórmula es compleja ya que involucra a una organización en el poder que tiene dos objetivos: 1) Mantenerse en el poder, en la toma de decisiones, y 2) tomar decisiones adecuadas que se traduzcan en el bienestar colectivo. El planteamiento parte de la existencia de un objeto complejo que construye esta ciencia.

El apartado quinto refiere a las ciencias de la comunicación. Se parte de la interdisciplinariedad que compone a esta ciencia, según Garduño y Zúñiga; la antropología, la lingüística, la política, son ciencias que nutren la argumentación de la ciencia de la comunicación.

El sexto apartado refiere a la Antropología. Se observa una ciencia que busca en la unidad y la diversidad de lo específicamente humano la construcción de su objeto de estudio. La ciencia antropológica buscó siempre el lado simbólico de los procesos sociales, su procedimiento la llevó a buscarse como una ciencia social, pero en esta búsqueda rozó los límites con la Biología, con la Historia, la Lingüística y la Literatura, nos dice su autor, González.

El último capítulo versa sobre la ciencia política. En ella se vislumbran las relaciones con la Sociología y la Administración pública cuando pregunta por el poder, por la política y los recursos para la distribución de poder que la política usa, afirma Gutiérrez.

Todos los autores de este libro forman parte del claustro académico de la Universidad Autónoma del Estado de México. Específicamente del Instituto de Ciencias Agrícolas y Rurales, de la Facultad de Geografía, de la Facultad de Administración y de la Facultad de Ciencias Políticas y Sociales.

## BIBLIOGRAFÍA

Bertalanfy, Ludwing Von (1989). *Teoría general de los sistemas*, FCE, México.

Elias, Norbert (1994). *El proceso de civilización. Investigaciones sociogenéticas y psicogenéticas*, FCE, México.

Freire, Paulo (1983). *Pedagogía del oprimido*, Siglo XXI Editores, México.

González Casanova, Pablo (2005). *Las nuevas ciencias y las humanidades. De la academia a la política*, Anthropos/IIS-UNAM, México.

Holland, John H. (2004). *El orden oculto. De cómo la adaptación crea la complejidad*, FCE, México.

Massé, Carlos (2002). "Hacia la dialética transdisciplinaria en la construcción de conocimiento científico social como respuesta a la crisis del paradigma disciplinario fragmentario", en *La complejidad en las ciencias*, Carlos Massé y René Pedroza (coords.), El Colegio Mexiquense, México.

Parsons, Talcott (1999). *El sistema social*, Alianza, Madrid.

Reygadas, Luis (2007). "La desigualdad después del (multi)culturalismo", en *¿Adónde va la antropología?*, Ángela Giglia, Carlos Garma y Ana Paula de Teresa (comps.), UAM-Iztapalapa, México.

Rogel, Rosario y Eduardo Aguado (2008). "Límites epistemológicos en la construcción de indicadores para evaluar las actividades científicas: una lectura constructivista", en *La nueva teoría social en Hispanoamérica. Introducción a la teoría de sistemas constructivista*, Francisco Osorio, Marcelo Arnold, Sergio González y Eduardo Aguado (coords.), UAEM, México.

UNESCO (2012). *Informe de la UNESCO sobre ciencia. El estado actual de la ciencia en el mundo*, UNESCO, México.

# Construcción social y disciplinar de la noción de desarrollo

*Francisco Herrera Tapia*
*Cristina Chávez Mejía**

## Introducción

Históricamente la humanidad ha creado una serie de discursos que dan forma simbólica al llamado desarrollo. Se trata de un concepto que nos remite al conjunto de ideas teóricas, filosóficas y científicas sobre las distintas formas de progresar o crecer en varios ámbitos de la vida social y económica, y que son significativas para los individuos o grupos sociales.

Al observar el desarrollo como una aspiración deseable de orden social e individual, el desarrollo adquiere sentido e identidad en el ámbito personal y colectivo. Es en el segundo aspecto en el que el papel de las instituciones cobra especial relevancia por su carácter intervencionista en la vida social. Es decir, las instituciones y cuerpos político-burocráticos se alimentan de una u otra visión de desarrollo acorde con el marco ideológico en boga. De esta manera, el desarrollo es definido principalmente desde sus élites promotoras, a fin de instrumentarlo en la sociedad, bajo distintos argumentos ideológicos y de carácter científico que los discursos enarbolan como benéficos para la sociedad.

La construcción social y disciplinar del desarrollo tiene una larga data que pasa por los terrenos de la filosofía, la ciencia y las instituciones. Si para muchos el desarrollo representa sólo un mito y para otros una nueva forma de colonización, existen múltiples vertientes de pensamiento que ven en el desarrollo el camino hacia la superación de las grandes calamidades de la humanidad como la pobreza, la violencia y las hambrunas.

* Investigadores del Instituto de Ciencias Agrícolas y Rurales de la Universidad Autónoma del Estado de México.

En las andanzas por la búsqueda del desarrollo, la humanidad ha experimentado éxitos y fracasos; no obstante, es claro que en el mundo coexisten sociedades más desarrolladas que otras. Por ejemplo, en el debate en torno a la pregunta: ¿porqué unos países son desarrollados y otros no?, las ciencias sociales han tenido aportes interesantes desde la Economía, Sociología, Antropología y Política, principalmente. Dichos aportes nos dan cuenta de la importancia de las estructuras sociales en la determinación de la creación y distribución de la riqueza; por otro lado, también se reconocen las relaciones de poder en la dinámica del desarrollo, así como los condicionantes culturales e históricos para vivenciar el desarrollo como una experiencia humana de satisfacción y vida digna.

La acción para el desarrollo en la vida social se encuentra más visible en la práctica del gobierno hacia la sociedad, esta relación gobierno-sociedad en mucho se encuentra determinada por la visión de desarrollo que las estructuras gubernamentales pretenden instaurar en la sociedad a través de diversos mecanismos de intervención, como pueden ser las instituciones, los programas y planes de desarrollo. La connotación ideológica de la acción institucional representada por los organismos públicos y privados promotores del desarrollo es inherente a su propia visión de desarrollo, lo que nos hace suponer la intención de establecer un nuevo orden social.

En el análisis del desarrollo han estado con mucho más presencia las ciencias económicas y la Historia; sin embargo, las ciencias sociales en su conjunto han abierto la discusión al tema del desarrollo destacando que en su construcción epistemológica como objeto de estudio deben concurrir diversas disciplinas; de este modo, se requiere de una visión interdisciplinaria que mediante el ejercicio heurístico logre una lectura integral de la categoría desarrollo.

En tal sentido, el tema del desarrollo no es exclusividad de la Economía o alguna otra disciplina, su estudio demanda un análisis interdisciplinario. Es por ello que este análisis diacrónico que aquí se presenta retoma las principales ideas asociadas al estudio y reflexión del desarrollo como objeto de estudio y paradigma social, concepto que ha determinado en buena medida la historia reciente de la sociedad, así como los horizontes de la misma.

De esta forma, el trabajo presenta, a partir de una investigación documental, las principales corrientes de pensamiento sobre el desarrollo en la época contemporánea, y vincula esas distintas ideas con el mundo de las instituciones promotoras del desarrollo y las ciencias sociales. Se trata de un marco de análisis general diacrónico que posiciona el desarrollo como elemento de análisis principal en su contexto occidental del siglo XX.

Finalmente, la intención que guarda este capítulo es motivar en el lector la reflexión sobre la noción del desarrollo en su contexto científico, y las rutas principales que éste ha seguido desde su nacimiento hasta la actualidad como eje de la política internacional, y su incidencia en las sociedades contemporáneas, en especial en las comunidades locales.

## Antecedentes históricos

Conjuntamente con los términos civilización, progreso, modernidad y cientificidad, el concepto de *desarrollo* creado desde el pensamiento occidental ha proyectado a lo largo de su historia símbolos que representan un estado de avance y mejoría de la humanidad. Aunque es un concepto multiforme y relativamente nuevo –siglo XIX–, desde el pensamiento grecolatino y entrado el renacimiento, la concepción de cambio en la vida social entrañaba ideas de cambio asociadas a lo que comúnmente conocemos como *progreso*.[1] Estas ideas acentuaron la percepción social en una linealidad de avance hacia una propuesta de futuro, donde el estado de cosas será favorable al individuo y a la sociedad en su conjunto.

Con la evidencia del crecimiento natural de los organismos vivos y la observancia de cambios en sus estructuras biológicas, en Europa, a mediados del siglo XIX, la comunidad científica pensaba que la humanidad poseía sus propios mecanismos evolutivos que la llevaban naturalmente hacia el progreso. La publicación del *Origen de las especies*, de Darwin, en 1859 habría de tener una enorme influencia en las ciencias sociales; inspirados por argumentos de Darwin acerca de la evolución de las especies biológicas, muchos economistas y políticos teorizaron el cambio social en términos similares (Gardner y Lewis, 2003: 28).

En general, se puede afirmar que el concepto de "desarrollo" floreció en Inglaterra en la segunda mitad del siglo XIX. Las ideas de Lamarck y sobre todo del naturalista Charles Darwin sirvieron de base para que otros pensadores asociaran el grado de evolución de una sociedad con el grado de desarrollo de sus producciones, actividades e instituciones. La expansión de estas ideas acerca de la existencia de hombres superiores a otros se dio a la par y justificó el colonialismo como sistema de dominación del otro, apropiación de su territorio y explotación de los recursos naturales que allí se encontraban (Lutz y Riella, 2006).

[1] En la actualidad, "el progreso es un concepto que motiva y justifica la acción humana. El progreso también es, en principio, intrínsecamente bueno y, por tanto, conveniente para las sociedades. Como tal, el progreso representa un recorrido desde lo considerado como inferior hacia lo considerado como superior; se refiere a ese derrotero, no necesariamente único, hacia la consecución de aquellas aspiraciones que han sido fijadas en un determinado momento y en un determinado lugar para –y deseablemente– por una sociedad (Rojas, 2009: 15).

> Es en el concepto de *evolución* que encontramos un punto de apoyo importante para el análisis teórico del desarrollo. Este concepto fue trasladado a los estudios de la economía desde la Biología con el propósito de referir a ese proceso lineal que lleva al progreso. El progreso es un concepto de origen y connotación esencialmente biológicos, derivado de las teorías evolucionistas (Lamarck, Lyell y sobre todo Darwin), relacionado con la noción de secuencia natural y de cambio, de mutación gradual y espontánea, y coincide en cierto modo con la expansión de la economía capitalista durante el siglo XIX.La concepción evolucionista del proceso económico es de fundamental importancia para la corriente de pensamiento económico neoclásico que se inicia después de 1870, y que se prolonga hasta nuestros días, pues justifica el método de análisis marginal del equilibrio general y parcial que caracteriza a esta escuela (Sunkel y Paz, 1970).

Asimismo, la naturaleza económica del concepto de desarrollo también se encuentra estrechamente vinculada con las distintas etapas del capitalismo. Se afirma que: el lapso de 1700 a 1860 se caracterizó por la economía política de Adam Smith y David Ricardo y por el materialismo histórico de Marx y Engels; mientras que la edad del imperialismo (1860-1945) engendró la economía política neoclásica y las teorías clásicas del mismo. En tanto, la subsecuente etapa expansionista del capitalismo tardío (1945-1966) fue marcada por las teorías de la modernización, mientras que la crisis de 1966-1980, por las teorías neomarxistas del intercambio desigual y la dependencia (Gardner y Lewis, 2003). A cada etapa habría de corresponder un tipo particular de desarrollo económico con nuevas relaciones sociales de producción, así como nuevas categorías analíticas en el plano de la economía política.

Otra idea complementaria del desarrollo, fundamental en la construcción histórica del concepto, fue la *riqueza*; este concepto ligado al desarrollo económico surge con la teoría de Adam Smith, en 1776, con el libro *Una investigación de las causas y naturaleza de la riqueza de las naciones*. En dicha obra se plasman las ideas básicas de la escuela clásica de la economía, las cuales se refieren a los potenciales productivos de los países a través de la acumulación del valor económico de los bienes intercambiables, y en la instauración de un orden económico individualista. En estas premisas, de acuerdo con esta escuela, es donde se sitúa la prosperidad de una nación o su decadencia; estamos ante el nacimiento del liberalismo económico.

Con tal pensamiento, la riqueza sólo podía tener un significado para Smith; "la suma total de los valores de intercambio que poseía un individuo o una nación" (McConnell, 1987: 18), esta serie de principios inmutables sobre las razones por las que unas naciones tengan riqueza y otras no, encuentran bases importantes en la filosofía individualista y en el derecho natural.

Los principios universalistas de la libertad se ampliaron de manera favorable a discursos sobre la *propiedad privada*, la libertad económica y el no intervencionismo del Estado. Lo cierto es que tales pretensiones universalistas, como la privatización de la propiedad, también impulsan cambios hacia una nueva racionalidad económica. Así pues, en la perspectiva del pensamiento occidental podrá entenderse las concepciones y teorías del desarrollo que prosperarían desde el siglo XVIII, y a lo largo del siglo XIX, llegando prácticamente intactas hasta finales del siglo XX y principios del XXI.

## Modernización y desarrollo: dos categorías que trascienden a la economía

La economía política neoclásica sentó las bases teóricas para que la expansión capitalista cobrara una fuerza sin precedentes. Algunas propuestas teóricas de orden económico de la modernización son ampliamente conocidas, la más relevante de estas propuestas es el esquema de cinco etapas presentado por Rostow, en su libro *Etapas del crecimiento económico, un manifiesto no comunista*, de 1960; modelado a partir de un análisis de la Revolución Industrial, dice que una nación, para llegar a ser moderna, debe transitar necesariamente por las siguientes etapas: 1) sociedad tradicional, 2) condiciones previas al impulso inicial, 3) el impulso inicial, 4) la marcha hacia la madurez, y 5) la sociedad moderna y altamente consumista.

El análisis de Rostow se centra en la idea de crear inversión de capital en la sociedad hasta que alcance un punto en el que el proceso de desarrollo se vuelva "automático". La propuesta de Rostow, que en gran medida apela a un desarrollo a partir de recursos propios del país, recibió muchas críticas, en primer lugar, por basarse exclusivamente en la Revolución Industrial de Inglaterra, la cual tenía sus propias condiciones históricas y sociales. Segundo, porque el desarrollo endógeno era considerado casi imposible, debido a la creciente interdependencia entre los diversos países y regiones del mundo. Tercero, buena parte del desarrollo de los países ricos se logró con el aporte de la riqueza de sus ex colonias, mientras que los países subdesarrollados actuales no tienen colonias que explotar.

Es a la par de la expansión capitalista que el concepto de desarrollo refuerza su identidad al establecer la fórmula: *desarrollo = modernización*. Así, el término *modernización* amplía y reafirma el espectro del desarrollo al permear todas las dimensiones sociales, con la consigna de convertir las estructuras productivas consuetudinarias en modernas.

Estos procesos de modernización implicarían perturbaciones de la reproducción material y simbólica de las sociedades consideradas como tradicionales. Desde una lectura sociológica, Habermas (1989: 12) aduce que el concepto de modernización se refiere a una gavilla de procesos acumulativos y que se refuerzan mutuamente; a la formación de capital y a la movilización de recursos; al desarrollo de las fuerzas productivas y al incremento de la productividad del trabajo; a la implantación de poderes políticos centralizados y al desarrollo de identidades nacionales; a la difusión de derechos de participación política; de las formas de vida urbanas y de la educación formal; a la secularización de valores y normas, mientras que la modernidad alude a procesos más amplios de tipo sociocultural. La modernidad trae consigo la flexibilidad, las tradiciones pierden su carácter cuasi natural, los patrones de socialización tienden al desarrollo de "identidades de yo" abstractas que obligan a los sujetos a individuarse.

El mundo moderno "se distingue del antiguo por estar abierto al futuro" (Habermas, 1989: 17). La orientación específica hacia el futuro que caracteriza la Edad Moderna sólo se forma en la medida que la modernización social deshace con violencia el espacio de experiencia [...] característico de los mundos campesino y artesano; lo moviliza y lo devalúa en lo que a directrices para la formación de expectativas se refiere (Habermas, 1989: 24).

Una de las críticas principales a la modernización es que la individualización, la secularización y utilitarismos que trae consigo en sus propósitos impacta negativamente las estructuras sociales tradicionales y, en consecuencia, hay una afectación severa a la vida cotidiana de los sujetos. Por ejemplo, la modernización generó expectativas de desarrollo que nunca se cumplieron en el terreno práctico, no se solucionó el tema de la pobreza ni las razones por las que ésta en muchos casos empeoró; y en el terreno de las identidades, la modernización tal como se ha llevado a cabo alteró profundamente los proyectos vitales de las personas a nivel individual y colectivo; a saber, la indeterminación de los cursos de vida de los individuos (proyectos de vida) o la diversificación de alternativas y expectativas de progreso inalcanzables.

En lo referente a las actividades comunitarias, la evolución de la modernización y del capitalismo, estableció nuevas formas de producción económica que dejaban de lado el espíritu cooperativo y solidario de aquellas sociedades autóctonas. Como apunta Rumiánstev (1986: 47), "mientras entre las comunidades se establecían nexos nuevos, puramente económicos, dentro de ellas se operaba el proceso de segregación de familias monógamas. Sirvió de base para dicha segregación la acrecentada productividad del trabajo individual. La aparición de instrumentos de trabajo más perfectos y el empleo de nuevos procedimientos laborales les permitían a las familias renunciar, en varios casos, al trabajo comunal colectivo".

El proceso lineal de la modernización implicaba formas más complejas de socialización, como lo exigían los patrones de comportamiento en sintonía con un tipo de desarrollo centrado en la industrialización y la urbanización. El atributo evolucionista de la modernización sitúa a las ciudades como desarrolladas y a los espacios rurales como atrasados. Lo urbano se transformó en símbolo de progreso y vanguardia de una sociedad moderna.

Los preceptos de la modernización son también optimistas al suponer que todos los países han de atravesar por diversas etapas que los llevarán tarde o temprano al desarrollo. Esta visión, que aplica en buena medida criterios universalistas, nos lleva a pensar que habrá un comportamiento igualitario en las etapas por las cuales pasarán los países no desarrollados para convertirse en desarrollados, y avanzar a una sociedad moderna. En lo económico, el crecimiento productivo elevará los niveles de vida de las personas; en lo político, se generará una mayor cultura política democrática y mejores gobiernos; en lo científico y tecnológico, habrá innovaciones que beneficiarían a los sectores económicos y a la sociedad en su camino hacia el desarrollo.

El evolucionismo unilateral es, tal vez, la falla principal de las teorías modernas del desarrollo; concebir la evolución de las sociedades como una sucesión de etapas a lo largo de una sola línea histórica por la que todas las naciones deben pasar. Los países deben subir los "escalones del desarrollo" por los que ascendieron los países más adelantados: el progreso a través de la industrialización generalizada y masiva, la maquinación y la especialización, la consolidación de las relaciones económicas del capitalismo avanzado como la transnacionalización de la economía (Rello, 1987). El carácter evolutivo de la teoría moderna del desarrollo y la ideología que pregonaba encontraron uno de sus errores principales en la pretensión de excluir de su modelo otras formas de pensamiento y acción.

## La teoría de la dependencia en la visión latinoamericana

Con la creación en 1948 de la Comisión Económica para América Latina y el Caribe (CEPAL) por parte de la Organización de las Naciones Unidas (ONU), se impulsa y difunde una renovada forma de estudiar y entender el desarrollo desde América Latina. Por primera vez, se aborda el desarrollo y su modernización con una perspectiva histórico-estructural con una propuesta influenciada por el pensamiento marxista; la postura crítica de la CEPAL se vio reflejada en los trabajos de Frank, Cardoso, Celso Furtado, entre otros, autores que en las décadas de 1960 y 1970 centraron sus análisis en aquellas relaciones desiguales subyacentes entre los países del *sur* y del *norte*.

En la versión de la teoría de la modernización, el *subdesarrollo*[2] fue visto como un eslabón más hacia el desarrollo, es decir, como una etapa en la que los países subdesarrollados comparten características de "atraso" y "primitivismo" en sus prácticas económicas. Se observa en ellos la falta de capacidades para tomar decisiones en el uso eficiente de sus recursos –mano de obra en particular–, en la utilización de tecnología y en las estrategias erróneas que siguen para lograr el crecimiento económico.

Este panorama alentador de los teóricos del desarrollo moderno no consideraría las causas históricas y estructurales de carácter dialéctico que impiden el paso hacia la sociedad moderna. Así, basándose en los conceptos marxistas que plantean el capitalismo como inherentemente explotador, los teóricos de la dependencia argumentaban que el desarrollo es, en esencia, un proceso hacia la desigualdad: mientras que las naciones ricas se vuelven más ricas, el resto de los países se empobrecen (Gardner y Lewis, 2003: 44).

De esta manera, en la relación de dependencia en tanto los países del norte explotaban a los del sur mediante una organización productiva y política desigual en una relación *centro-periferia,* el centro son los países del norte (países desarrollados) y la periferia son los del sur, como los de América Latina (países subdesarrollados). Surge así la noción de *subdesarrollo* y de *dependencia* como los dos componentes fundamentales del análisis económico del desarrollo de aquella época, que explicarían en buena medida las razones por las cuales los países de América Latina se encuentran en una situación de pobreza y desigualdad en comparación con los países del primer mundo.

El razonamiento teórico y metodológico desde la ciencia económica con perspectiva marxista esclarecía gran parte de las relaciones dialécticas entre los países desarrollados y los subdesarrollados. Los países del norte expoliaban las economías de los subdesarrollados al amparo del poder político, por eso existía en el análisis de la CEPAL la idea de que la centralización del desarrollo se daba a costa de los países pobres.

Esta relación de centro-periferia también se reproduciría a menor escala en la vida interna de los países subdesarrollados. Por ejemplo, en la relación de-

[2] Para antropólogos como Gustavo Esteva, la carga simbólica del término "subdesarrollo" se origina en un contexto de subordinación de los países de América Latina a Estados Unidos. El 20 de enero de 1949, el presidente de Estados Unidos, Harry S. Truman, en un discurso político utiliza por primera vez el concepto de subdesarrollo, cambiando el significado de desarrollo y creando el emblema aludido, un eufemismo empleado desde entonces para referirse discreta o inadvertidamente a la era de la hegemonía americana (Esteva, 1992).

pendentista entre los centros urbanos y las periferias rurales. La concentración espacial de la industria y el amplio requerimiento de fuerza de trabajo dejaron al campo en una situación de rezago en relación con las ciudades.

En los conceptos centro y periferia está implícita una idea de desarrollo desigual originario: los centros se consideran las economías donde primero penetran las técnicas capitalistas de producción; la periferia, en cambio, está constituida por las economías cuya producción permanece inicialmente rezagada, desde el punto de vista tecnológico y organizativo. Pero los conceptos de centro y periferia entrañan más que esa simple idea de diferenciación inicial; según se afirma, éstos se van conformando a medida y en tanto que en las áreas rezagadas "el progreso técnico sólo pretende en exiguos sectores de su ingente población, pues generalmente no penetra sino allí donde se hace necesario para producir alimentos y materias primas a bajo costo, con destino a [los] grandes centros industriales" (Rodríguez, 1986: 25).

Las teorías de la dependencia presentan al mundo como un solo sistema interconectado en el que cada país se concibe en términos de su relación con el todo. "La idea de un 'sistema mundial' de Wallerstein (1974) y la noción de Worsley de 'un mundo' (1984) son fundamentales en esta perspectiva. Es desde este contexto que se desarrollaron las nociones 'Tercer Mundo' y 'primer mundo'; estos términos reconocen de manera explícita la forma en la que el globo está dividido en partes distintas aunque interdependientes. El Tercer Mundo, sostienen, no es natural, sino creado mediante procesos económicos y políticos" (Gardner y Lewis, 2003: 44).

Como decíamos, las estructuras de dependencia entre el primer mundo y el Tercer Mundo, continúan su desarrollo y repiten su dinámica al interior de los países subdesarrollados. Así pues, mediante el método histórico-estructural, la CEPAL argumentaba que la región y sus estructuras agrarias eran parte de un proceso histórico que subordinaba a las economías periféricas en la división internacional del trabajo. La teoría de la modernización no logró resolver o explicar de manera convincente las razones del subdesarrollo, ya que la pobreza continuaba ascendiendo de forma dramática y el desarrollo en la región se aplazaba cada vez más.

En la década de 1980, las posturas económicas del desarrollo fueron reconsideradas y se abandonó en cierta forma el discurso ideal de la modernización. Por ejemplo, Todaro (1988: 93) manifiesta que el desarrollo no es solamente un fenómeno económico; en último término, abarca más que el puro aspecto material o financiero de la realidad. Hay que percibirlo como un proceso *multidimensional* que lleva consigo la reorganización y reorientación de los sistemas económicos y sociales, que no se limita a elevar los niveles de renta y producción sino que da lugar, además, a transformaciones importantes de estructuras institucionales, sociales y administrativas; modifica las actitudes de la gente y, en muchos casos, incluso las costumbres y creencias. Por último, aunque el desarrollo se suele definir en un contexto *nacional*, su difusión puede requerir modificaciones del sistema económico y social internacional.

En las décadas de 1980 y 1990, tanto los esfuerzos de los grupos de trabajo de la CEPAL y el proyecto económico modernizador quedaron rezagados ante la caída del socialismo y la nueva dinámica que vivía la sociedad; en tanto, cada vez más esta última formaba ya parte de una reestructuración del capital manifestada a través de la *globalización*. Otros elementos que obligaron a repensar el desarrollo estuvieron asociados a la reestructuración de formas culturales sin precedentes, derivadas tanto de la ideología neoliberal como de los procesos democratizadores, mercantiles, de acceso a la información y de la movilidad de la población de los países del sur al norte.

Para finales de los años ochenta tanto las ideas modernizadoras como las "dependentistas" estaban llegando a un estado de agotamiento como paradigmas vigentes en la comprensión del desarrollo, subdesarrollo y la pobreza. Dado el abandono del socialismo *versus* capitalismo y su polaridad política, también se abrió el paso a un nuevo orden mundial denominado globalización, que vendría acompañado de la emergencia de una sociedad civil con mayor vitalidad y de un estilo de desarrollo con la inusitada participación del mercado abierto.

## El desgaste de la teoría del desarrollo: Una lectura desde la antropología crítica

"Hoy, después de las experiencias de cuarenta años [60 años, principios del siglo XXI] de intentos de remontar el 'subdesarrollo', sustentadas en visiones económicas que han fracasado rotundamente como paradigmas de desarrollo, queda un vacío muy grande que es necesario llenar con urgencia" (Liendo, 1997: 133). En este sentido, vemos que hay una crisis del desarrollo que se ha tratado de superar explorando nuevas formas para su estudio, argumentando que no hay soluciones únicas a los problemas del desarrollo.

Así, para algunos autores críticos como Esteva (1992), el desarrollo se casó con un diseño político: la escisión de una esfera autónoma, la esfera económica, del ámbito de la sociedad y la cultura, y la instalación de dicha esfera en el centro de la ética y la política. Esta transformación brutal y violenta, culminada por primera vez en Europa, se asoció siempre con el dominio colonial en el resto del mundo: colonización y economización eran sinónimos.

Al igual que Esteva, Edward Said, en su libro *Orientalismo* (1978), manifiesta el dominio colonial del pensamiento occidental a través de la construcción del "otro"; es decir, para Said, el imperialismo genera mecanismos que hacen posible el control social del "otro" a través de la reducción de un mundo simbólico de la cultura, la religión, la política, el arte y la economía del oriente, a la vez que se dictan fórmulas elaboradas desde occidente de cómo deberían evolucionar sus sociedades.

Por ello, autores como Gardner y Lewis (2003) proponen que, en lugar de ser en su totalidad monolítico, estático y exhaustivo, el trabajo del desarrollo debería comprender una diversidad de perspectivas y prácticas en contrapeso, así como una multiplicidad de voces. Este peso específico que requiere la forja de un desarrollo alternativo emerge desde nuevas perspectivas que actualmente son creadas desde las propias comunidades y desde la sociedad; es una forma de construir el desarrollo no sólo desde el Estado ni desde los organismos mundiales de occidente, sino desde la perspectiva del actor social que vive y padece en su mundo de vida los impactos positivos o negativos del modelo de desarrollo hegemónico.

Según Boisier (2001), durante décadas el desarrollo continuó siendo casi un sinónimo de crecimiento, y el PIB agregado y, sobre todo, el PIB per cápita, fue la medida corriente del nivel de desarrollo. Esto contribuyó a consolidar el dominio profesional de los economistas en el tema del desarrollo, algo que generó una suerte de circularidad viciosa de reduccionismo económico, que poco ha ayudado a entender la verdadera naturaleza del fenómeno y el diseño de formas eficaces de intervención promotora. La toma de decisiones y las políticas de desarrollo son, por tanto, menos sencillas y homogéneas de lo que uno podría llegar a suponer. Sin embargo, hoy en día los científicos sociales desde sus diversas disciplinas también pueden ayudar a descartar distintas cuestiones en la agenda de desarrollo y formar discursos alternativos nuevos, justificar la idea de que el desarrollo no sólo es de orden económico.

Por lo anterior, es necesario avanzar en la desmitificación del concepto de desarrollo, ya que es condicionante en la apertura de nuevas formas disciplinarias y de pensamiento para trascender el abandono de las contradicciones y antagonismos de la condición humana; empujar en la superación del desarrollo como ejercicio de dominio y control político enfocado a través del discurso que utiliza palabras poderosas pero a la vez ficticias para los beneficiarios del desarrollo: "moderno", "avanzado", "mejor", etcétera.

Las críticas al modelo de desarrollo han traído consigo el desgaste de sus teorías totalizadoras formuladas desde la economía, así como la relevancia de nuevos actores sociales en la escena pública como las minorías raciales, los movimientos feministas, los migrantes o los ecologistas, y el incremento de las organizaciones de la sociedad civil, obligan a replantear los significados del desarrollo y explorar nuevas formas de interpretar la realidad social, económica y política.

Al profundizar en las bases epistemológicas del conocimiento disciplinar del desarrollo, hallamos que el sistema teórico-metodológico que integra el concepto ha sido retomado por gran parte de las propuestas científicas de las ciencias sociales y naturales.

**Tabla 1**
**Teorías del desarrollo acordes con sus paradigmas**

| Paradigma<br>Variables | Teoría liberal | Teoría marxista | Teoría posestructuralista |
|---|---|---|---|
| Epistemología | Positivista | Realista/dialéctica | Interpretativa/constructivista |
| Conceptos claves | Mercado<br>Individuo | Producción (ejemplo: modo de producción)<br>Trabajo | Lenguaje<br>Significado (significación) |
| Objeto de estudio | Sociedad<br>Mercado<br>Derechos | Estructuras sociales<br>Ideologías | Representación/Discurso<br>Conocimiento-poder |
| Actores relevantes | Individuos<br>Instituciones<br>Estado | Clases sociales (Clases trabajadoras)<br>(Campesinos)<br>Movimientos sociales (Trabajadores, campesinos)<br>Estado democrático | "Comunidades locales"<br>Nuevos movimientos sociales, ONG's<br>Todos los productores de conocimiento (incluidos individuos, estado, movimientos sociales) |
| Pregunta del desarrollo | Cómo puede una sociedad desarrollarse o ser desarrollada a través de la combinación de capital y tecnología y acciones estatales e individuales | Cómo funciona el desarrollo como una ideología dominante | Cómo Asia, África y América Latina llegaron a ser representados como subdesarrollados |
| Criterios de cambio | "Progreso", crecimiento<br>Crecimiento más distribución (años setenta)<br>Adopción de mercados | Transformación de las relaciones sociales<br>Desarrollo de las fuerzas productivas<br>Desarrollo de conciencia de clase | Transformación de la economía política de la verdad<br>Nuevos discursos y representaciones (pluralidad de discursos) |

| Paradigma<br>Variables | Teoría liberal | Teoría marxista | Teoría posestructuralista |
|---|---|---|---|
| Epistemología | Positivista | Realista/dialéctica | Interpretativa/constructivista |
| Mecanismo de cambio | Mejores datos y teorías<br>Intervenciones más enfocadas | Luchas de clases | Cambio de prácticas de saber y hacer |
| Etnografía | Cómo el desarroilo es mediado por la cultura<br>Adaptar los proyectos a las culturas locales | Cómo los actores locales resisten las intervenciones del desarrollo | Cómo los productores de conocimiento resisten, adaptan, subvierten el conocimiento dominante y crean su propio conocimiento |
| Actitud respecto al desarrollo y la modernidad | Promover un desarrollo más igualitario (profundizar y completar el proyecto de la modernidad) | Reorientar el desarrollo hacia la justicia social y la sostenibilidad (Modernismo Crítico: desvincular capitalismo y modernidad) | Articular una ética del conocimiento experto como práctica de la libertad (modernidades alternativas y alternativas a la modernidad) |

Fuente: Escobar (2002).

La elaboración del modelo de desarrollo modernizador, desde su nacimiento, ha sido transversalizado por el marco epistemológico de base positivista. Esto es, los constructos en las teorías de desarrollo tradicionales, así como sus metodologías de intervención en la sociedad, se encuentran trastocadas por una visión nomotética, excluyente de los procesos intersubjetivos de los destinatarios del desarrollo en su espacio de vida local y comunitario.

Observamos que la inducción al desarrollo, de manera regular, viene del entorno, es decir, de actores ajenos a la vida cotidiana de quienes están en situación de subdesarrollo. El mundo filantrópico, la subsidiariedad, el asistencialismo, son algunas formas de injerencia en esta relación entre quien proporciona la ayuda y quien la recibe. También el desarrollo simboliza poder; esa superioridad no velada permite que unos pocos orienten, guíen y ayuden a aquellos que están en el camino de ser desarrollados. Se ha establecido, entonces, una relación jerárquica de poder en la que, en este caso, los países ricos tienen poder económico y político, así como "autoridad" y experiencia para sugerir las acciones que han de llevar a cabo los subdesarrollados. El desarrollo como imagen simbólica de poder que unifica la idea de un estado de bienestar y riqueza.

El desarrollo ocupa la posición central de una constelación semántica increíblemente poderosa. Nada hay en la mentalidad moderna que pueda comparársele como fuerza conductora del pensamiento y del comportamiento. Al mismo tiempo, muy pocas palabras, como ésta, son tan tenues, frágiles e incapaces de dar sustancia y significado al pensamiento y la acción (Esteva, 1992). Es por ello que la interpretación hermenéutica del concepto de desarrollo invita a la reconstrucción y transformación teórica y práctica del paradigma conceptual del cual parte la mayoría de las concepciones de desarrollo.

## Acercamientos políticos a la institucionalidad y al poder hegemónico del desarrollo

Después de la Segunda Guerra Mundial se crea el Plan Marshall, el cual generó la implementación de estrategias de desarrollo que se concentraron en el andamiaje de un nuevo marco institucional que no sólo aglutinara las principales fuerzas políticas del mundo, sino que fungiera como garante del desarrollo y factor de unidad internacional. La nueva institucionalidad de la posguerra, posiciona el concepto de desarrollo como la principal estrategia de acción social para reconstruir los países devastados y aliviar la situación de los que habían participado en la Segunda Guerra Mundial; se intensifica el uso del término desarrollo y se hace de dominio popular entre todas las naciones a partir de la creación de un marco institucional de orden mundial.

En América, al establecer en 1948 la Comisión Económica para América Latina, aparte del objetivo de ayudar a resolver los problemas económicos urgentes derivados de la guerra en esta región, se señala que: "[…] la Comisión dedicará especialmente sus actividades al estudio y a la búsqueda de soluciones a los problemas suscitados por el desajuste económico mundial en América Latina […]". En las discusiones previas a la creación de la CEPAL se señaló que no se había prestado suficiente atención a la necesidad de acción internacional en la esfera del desarrollo económico, y que existía una tendencia a ver los problemas de los países subdesarrollados desde el ángulo de los países altamente desarrollados de Europa y América; además, se subrayó que el problema fundamental de los países de América Latina era su necesidad de lograr una tasa acelerada de recuperación de los efectos de la guerra, de desarrollo económico y de industrialización (Sunkel y Paz, 1970: 21).

Como cualquier otra forma de institucionalización política, la estrategia del desarrollo a nivel internacional trajo detrás de sí la incorporación de un proceso normativo de la sociedad, ello incluye la consigna de fomentar la adopción de nuevos esquemas de comportamiento y de racionalización de las principales actividades humanas. Así, el marco normativo del desarrollo internacional contribuyó a la homogeneización de las acciones de desarrollo en el mundo (especialmente en los países subdesarrollados).

Las principales acciones que contribuyeron a una reconfiguración del desarrollo en el escenario internacional fue la caída del Muro de Berlín, en 1989, y la disolución de los países socialistas a partir de la década de 1990. De la misma manera, en el modelo capitalista occidental la instrumentación del programa neoliberal y la intensificación en los usos de las tecnologías de la información y comunicación abonaron gran parte de los cambios asociados a la integración mundial en materia comercial.

A partir de hechos como la caída del Muro de Berlín, "la organización política mundial se ha centrado en el cumplimiento de los principios establecidos en la Carta de las Naciones Unidas de 1945 y en modalidades impuestas en gran parte por el otro polo, Estados Unidos, al que han estado asociados los países de Europa occidental y en menor grado otros miembros de la OCDE, notablemente Japón, Canadá y Australia, así como los países nórdicos (Urquidi, 1997).

Con pleno dominio de Estados Unidos y Europa en la agenda política internacional, el tema de la globalización transversaliza la mayoría de los discursos temáticos del desarrollo en la política mundial y local. El fortalecimiento del marco institucional y la creación de nuevos pactos y tratados comerciales o regionales son claros indicadores de la tendencia globalizadora de los procesos económicos y sociales. La creación de la Comunidad Económica Europea –Unión Europea–, así como muchos otros tratados comerciales regionales son hitos importantes en el entendimiento de la nueva dinámica mundial.

La Organización de las Naciones Unidas (ONU), como el principal órgano articulador de la planeación del desarrollo en el mundo, encontró en su camino una serie de restricciones al desarrollo, producto del distanciamiento de la vida local y una visión sectorial y estrecha del desarrollo, que hoy en día se está reconsiderando bajo el modelo de sustentabilidad. Así, la incorporación a la planeación del desarrollo de temas particulares como el hambre, las mujeres, los derechos humanos, la población y el medio ambiente fueron abordados desde las instituciones de manera desarticulada con los territorios locales y regionales.

Para Esteva (1992), la búsqueda del principio unificador se desplazó a otro terreno. En 1974 la Declaración de Cocoyoc puso el acento en que el propósito del desarrollo "no debe ser desarrollar las cosas, sino al hombre [...] Cualquier proceso de crecimiento", añadió, "que no conduzca a la satisfacción [de las necesidades básicas] o que, peor aun, la perturbe, es una parodia de la idea de desarrollo". La Declaración también subrayó la necesidad de la diversidad y de "seguir muy diferentes caminos al desarrollo", así como la meta de la autosuficiencia y el requerimiento de "cambios económicos, sociales y políticos fundamentales".

A finales de las décadas de los setenta y ochenta la problemática se acentuó en la cuestión ambiental, con el antecedente de la Conferencia de las Naciones Unidas sobre medio ambiente humano, en 1972, donde se recogieron bastantes testimoniales sobre el grave deterioro ambiental. Ante este panorama, la Asamblea

General de las Naciones Unidas promovió la creación, en 1984, de la Comisión Mundial sobre el Medio Ambiente y el Desarrollo, hoy conocida como la Comisión Brundtland, que produjo en 1987 el informe titulado *nuestro futuro común*, en el cual se planteó la idea y la meta de alcanzar, a nivel global, regional y nacional, lo que se llamaría el *desarrollo sustentable* (Urquidi, 1997).

Otro hecho notable fue dado en 1992, en la Conferencia de Río de Janeiro, donde la ONU consagra el concepto de desarrollo sustentable, en la llamada agenda 21, "y sometió a la aprobación del los Estados miembros los convenios internacionales sobre Cambio Climático, Biodiversidad y Protección Forestal, además de recomendar estudios más profundos sobre problemas de erosión y otros" (Urquidi, 1997). Asimismo, Esteva (1992) afirma que la década actual (se refiere a los años noventa) también ha visto el nacimiento de un ejercicio burocrático para dar al desarrollo otra oportunidad de vida. El Programa de Naciones Unidas para el Desarrollo (PNUD) publicó en 1990 el primer informe sobre el Desarrollo Humano. El informe sigue claramente los pasos de quienes intentan cuantificar lo económico, aunque presta apropiada consideración a los esfuerzos por medir y analizar el desarrollo socioeconómico y la tradición de los Informes sobre la situación social en el mundo. Este es el marco institucional del que deviene el del siglo XX; esta es la plataforma que soporta las diversas vertientes del desarrollo oficializado desde la ONU, y es la respuesta a las promesas del desarrollo para el siglo XXI.

Sin perder de vista que la globalización es un proceso inmerso en el sistema capitalista, la connotación del proceso de "integración" mundial que actualmente vivimos en el mundo occidental es básicamente de tipo económico y comercial con algunas extensiones sociales y culturales. De acuerdo con Wallerstein (1998), el moderno sistema mundial era, y es, un sistema capitalista; es decir, un sistema que opera sobre la premisa de la acumulación incesante de capital a través de la mercantilización de todo.

Sin embargo, la globalización también es vista como "un proceso objetivo con carácter histórico y obedece a la integración gradual de las economías y las sociedades impulsada por las nuevas tecnologías, las nuevas relaciones económicas y las políticas nacionales e internacionales de una amplia gama de actores, con inclusión de los gobiernos, las organizaciones internacionales, las empresas, los trabajadores y la sociedad civil. Pueden verse variadas dimensiones con un alcance social importante que hacen referencia al impacto de este proceso en la vida y el trabajo de las personas, sus familias y sus sociedades (Méndez, 2006).

Bajo este razonamiento, la globalización confirma su carácter económico y comercial como eje de articulación mundial. A esto es importante agregar el marco institucional y los actores sociales en todo el mundo, reticulados en esta modalidad de capitalismo contemporáneo. Algunos hitos de la historia que ilustran el proceso institucional por el cual se ha dado la globalización económica, están asociados con la creación de bastos acuerdos comerciales y la liberación de fronteras para el libre intercambio económico, como parte de esta nueva etapa de internacionalización del capital.

Esta misma globalización que figura como vitrina del avance tecnológico, de las comunicaciones y la información satelital, el uso de Internet, el éxito de empresas transnacionales, la telefonía y el gran sistema financiero internacional, es la misma que puede dar cuenta de la creciente desigualdad internacional entre sociedades, entre países, entre regiones. Esta etapa capitalista sin la moderación del Estado genera y agudiza la pobreza, fomenta la exclusión del desarrollo y se muestra falta de ética en relación con la dignidad humana.

Para Castells (2000), esta nueva economía "basada en la productividad generada por conocimiento e información, es una economía global. Global no quiere decir que todo esté globalizado, sino que las actividades económicas dominantes están articuladas globalmente y funcionan cómo una unidad en tiempo real. Y, fundamentalmente, funcionan entorno a dos sistemas de globalización económica: la globalización de los mercados financieros interconectados, en todas partes, por medios electrónicos y, por otro lado, la organización a nivel planetario de la producción de bienes y servicios y de la gestión de estos bienes y servicios".

Presenciamos un sistema mundial dominado por un reducido grupo de países que detentan los medios de producción del conocimiento, la tecnología y la información que fluye entre los principales centros de poder del mundo. Este proceso, al cual le atribuimos el concepto de globalización, ha sido soportado por una serie de medidas desregulatorias para el libre mercado. La creación de un marco institucional de carácter mercantil que provea de las condiciones legales y derecho internacional para el libre flujo, no sólo de mercancías sino también del capital transnacional.

En 1990, el economista John Williamson presentó un documento de prescripciones para las economías y mercados emergentes. Se trata de un documento que delineaba una serie de prácticas impulsadas desde el Fondo Monetario Internacional (FMI), Banco Mundial (BM), Banco de la Reserva Federal y Tesoro de Estados Unidos, entre otros. Según Chestnut y Joseph (2006), Williamson redujo esta mezcla a diez recomendaciones:

**Tabla 2**
**Acontecimientos de la globalización económica en el mundo y América Latina**

| |
|---|
| 1947: Acuerdo General sobre Aranceles y Comercio (GATT). |
| 1954: Los Acuerdos de Bretton-Woods. |
| 1958: Creación de la Comunidad del Caribe (Caricom). |
| 1961: Se crea la Organización para la Cooperación y el Desarrollo Económico (OCDE). |
| 1969: Surge la Comunidad Andina de Naciones. |
| 1975: Tercera etapa de la globalización (hasta 2000). |
| 1986: Ronda de Uruguay, de la que se constituye la Organización Mundial de Comercio (OMC). |
| 1989: Caída del Muro de Berlín. |
| 1990: Consenso de Washington. |
| 1991: Creación del Mercado Común del Sur (Mercosur). |
| 1992: Firma del Tratado de Libre Comercio de América del Norte (TLCAN). |
| 1994: Inicio del TLCAN. |
| 1996: Primera Conferencia Ministerial de la OMC (Ginebra, Suiza). |
| 1998: Segunda Cumbre de las Américas (Santiago, Chile). |
| 1998: Segunda Conferencia Ministerial de la OMC (Ginebra, Suiza). |
| 1999: Tercera Conferencia Ministerial de la OMC (Seattle, Estados Unidos). |
| 2001: Cuarta Conferencia Ministerial de la OMC (Doha, Qatar). |
| 2001: Tercera Cumbre de las Américas (Québec, Canadá). |
| 2001: Segunda Cumbre de los Pueblos (Québec, Canadá). |
| 2003: Quinta Conferencia Ministerial de la OMC (Cancún, México). |
| 2004: Cumbre Extraordinaria de las Américas (Monterrey, México). |
| 2005: Cumbre de las Américas (Mar de la Plata, Argentina). |
| 2005: Tercera Cumbre de los Pueblos (Mar de la Plata). |
| 2005: Sexta Conferencia Ministerial de la OMC (Hong Kong). |

Fuente: Elaboración propia con base en fuentes diversas.

1) Disciplina fiscal.
2) Reorientación de las prioridades del gasto público hacia áreas que ofrezcan tanto altas retribuciones económicas como potencial para mejorar la distribución del ingreso, tal como atención primaria de la salud, educación primaria e infraestructura.
3) Reforma tributaria (para reducir las tasas marginales y ampliar la base imponible).
4) Liberación de las tasas de interés.

5) Tipo de cambio competitivo.
6) Liberación comercial.
7) Liberación de la inversión extranjera directa.
8) Privatización.
9) Desregulación (para eliminar barreras de entrada y salida).
10) Garantía de los derechos de propiedad.

Estas medidas de ajuste, casi fundamentalistas y de apoyo irrestricto al modelo de libre mercado, se convirtieron en la agenda neoliberal, surgida ésta en el Consenso de Washington.

Las fallas de las 10 recomendaciones del programa neoliberal fueron hechas por el economista Stiglitz quien, en 2002, con su libro *El malestar en la globalización*, puntualizó las principales fallas del modelo neoliberal, así como las críticas al conservadurismo de las propuestas del Consenso de Wahington, particularmente sus referencias sobre el efecto devastador que puede tener la globalización en los países en desarrollo; por ejemplo, la inhibición de la actuación del gobierno. Al respecto Stiglitz (2002) sostiene que las políticas del FMI, basadas en parte en el anticuado supuesto de que los mercados generaban por sí mismos resultados eficientes, bloqueaban las intervenciones deseables de los gobiernos en los mercados, medidas que pueden guiar el crecimiento y mejorar la situación de todos.

Esta tendencia de una parte importante de los economistas contemporáneos sobre el mercado y su papel en la sociedad nos permite pensar en una perspectiva más amplia sobre las metas del desarrollo, la ampliación de la agenda, junto con el énfasis de las instituciones, también nos recuerda que los economistas del desarrollo necesitan ser conscientes de las contribuciones de otras ciencias sociales: tienen mucho que aprender de los historiadores económicos, los científicos políticos y antropólogos, por ejemplo (Stern, 2001).

## La propuesta interdisciplinaria del posdesarrollo

La Antropología, conjuntamente con los estudios culturales, ha impulsado fuertemente el tema del desarrollo en la proximidad teórica y metodológica que lo sustenta: *el sujeto en su espacio local* (Escobar 2000). A través del reconocimiento del contexto cultural, subjetivo y vida cotidiana de los sujetos es como se puede llegar a un reconocimiento de la diversidad y la libre autodeterminación del desarrollo de las comunidades.

De acuerdo con Escobar (2000), el anclaje de los sujetos a un espacio y entorno social y natural inmediatos (*el lugar de la naturaleza y la naturaleza del lugar*) es desdibujado ante el poder de los discursos y acciones de la globalización, y lo que ella representa en términos del proyecto ideológico que se impone desde las estructuras supranacionales. El planteamiento sugiere transitar hacia otras formas de lenguaje y acciones vinculantes con el desarrollo como alternativas de esta visión globalizadora, capitalista y eurocentrista, ello tiene que ver con la reconstrucción de la idea de desarrollo, superando el marco lógico conceptual que ha imperado por más de un siglo. La generación de nuevos debates, principalmente desde la antropología, ha derivado en una propuesta alternativa que sugiere atenuar el dominio de las representaciones del desarrollo capitalista, se trata de la propuesta del *posdesarrollo*.

Escobar (2000: 189) sostiene que la noción de "posdesarrollo" se ha convertido en una herramienta heurística para volver a aprender a ver y para reexaminar la realidad de las comunidades de Asia, África y América Latina. ¿Es posible atenuar el dominio de las representaciones del desarrollo cuando nos aproximamos a esta realidad? El posdesarrollo es una forma de señalar esta posibilidad, un intento de abrir un claro para poder tener pensamientos distintos, viendo otras cosas y escribiendo en otros lenguajes. Se trata de incorporar una visión amplia y compleja en la que quepan distintas miradas y diferentes disciplinas con la finalidad de tener una mayor completitud en el análisis y prácticas alternativas para la sociedad.

Esta alternativa social y económica del posdesarrollo, adquiere de elementos relevantes para quienes incursionan en el estudio y práctica del desarrollo, mismos que son insumos valiosos en la hechura de políticas y proyectos enfocados al desarrollo:

1. Reconocimiento y respeto por la vida local, conocimientos y saberes de los sujetos.
2. Producción de un lenguaje alternativo.
3. Visivilización de la diversidad de prácticas culturales y ecológicas.
4. Repensar la globalización, el capitalismo y la modernidad.
5. Generar alternativas al modelo de desarrollo dominante.
6. Construcción del lugar como proyecto alternativo dentro de la teoría social.
7. Potenciar los movimientos sociales relacionados con el desarrollo.

Queda, pues, la idea de una nueva forma de hacer desarrollo, desde la óptica de la comunidad y la sociedad civil en movimiento, más que desde la élite del desarrollo: el rescate de los espacios e instituciones locales, los sujetos como parte de las decisiones en los procesos de desarrollo que le sean convenientes, además de la recuperación de los saberes locales como insumos importantes a una nueva generación de proyectos de desarrollo incluyentes y que, a partir del análisis crítico de la globalización, potencien sus bondades y descarten aquellos vicios que excluyen a las comunidades locales de los beneficios del desarrollo.

## Conclusiones

La construcción social y disciplinar del desarrollo como paradigma tiene un claro componente teórico; sin embargo, su estudio no puede hacerse sin la inclusión de las instituciones y demás vehículos de intervención que le otorga trascendencia hacia la sociedad. A lo largo de este documento describimos el componente histórico principal del desarrollo en sus vertientes económica, política y sociocultural. Se observó cómo el desarrollo posee un contenido ideológico capaza de penetrar en el espacio de los individuos y sus mundos de vida, con la finalidad de imponer una visión específica de desarrollo.

El modelo clásico del desarrollo ve a los sujetos sociales como receptores pasivos de los procesos de modernización económica; sin embargo, ahora se reconoce, desde otras miradas disciplinarias, que éstos también pueden actuar a partir de las herramientas que proporciona el pensamiento alternativo del desarrollo, el cual manifiesta la importancia del rescate de lo local, la sustentabilidad y el respeto por la libertad de los individuos para construir su progreso.

Destacamos también que la evolución de los estudios del desarrollo muestra una mayor apertura disciplinaria, después de que durante más de un siglo la economía dominó el campo del desarrollo; hoy en día observamos que otras disciplinas han mostrado interés científico por el tema, resalta en este tenor una vertiente de la antropología que realiza importantes contribuciones para el rescate de los actores comunitarios, la cual nos invita a revalorar los conocimientos y saberes locales como medios para la dignificación de la población local desde un enfoque crítico de la vida comunitaria y su relación con los macroproyectos de desarrollo provenientes de los agentes institucionales externos a la realidad local.

En sus distintas etapas y momentos históricos el desarrollo promovido desde las estructuras institucionales nos muestra un interés por incidir en la vida de los individuos; si bien para algunos esta intencionalidad encierra en sí misma una forma de control y neocolonización del pensamiento local, así como la imposición de una visión de desarrollo conveniente para los poderes fácticos de la élite del desarrollo, los tiempos actuales dan cuenta del creciente interés de una sociedad civil participativa y diversa que impulsa proyectos alternativos de desarrollo.

## Bibliografía


Boiser, Sergio (2001), "Desarrollo (Local): ¿De qué estamos hablando?", en Oscar Madoery y Antonio Barquero, *Transformaciones globales. Instituciones y políticas de desarrollo local*, Homo Sapiens, Argentina.

Castells, Manuel (2000), "La ciudad de la nueva economía", en *Revista Cuatrimestral La Factoría*, núm. 12, junio-septiembre.

Chestnut, Teddy y Anita Joseph (2006), "El FMI y el Consenso de Washington", en José Déniz (comp.), *Curso Agendas Internacionales de Desarrollo*, mimeografiado, Centro de Investigación en Ciencias Sociales y Humanidades de la Universidad Autónoma del Estado de México, México.

Escobar, Arturo (2000), "El lugar de la naturaleza y la naturaleza del lugar: globalización o posdesarrollo", en Edgardo Lander (comp.), en *La colonialidad del saber: Eurocentrismo y Ciencias Sociales. Perspectivas latinoamericanas*, Consejo Latinoamericano de Ciencias Sociales/Unidad Regional de Ciencias Sociales y Humanas para América Latina y el Caribe/UNESCO, Argentina.

——— (2002), "Globalización, desarrollo y modernidad", en *Planeación, participación y desarrollo*, Corporación Región, Colombia.

Esteva, Gustavo (1992), "Desarrollo", en W. Sachs (ed.), *Diccionario del desarrollo. Una guía del conocimiento como poder*, Pratec (primera edición en inglés en 1992), Perú.

Gardner, Katy y David Lewis (2003), *Antropología, desarrollo y el desafío posmoderno*, El Colegio Mexiquense, México.

Goytisolo, Juan (2006), "Edward Said. Un intelectual libre", disponible en <http://www.mundoarabe.org/edward_said_un_intelectual_libre.htm>. Consulta realizada el 12 de julio de 2006.

Habermas, Jürgen (1989), *El discurso filosófico de la modernidad*, Taurus (Humanidades)/Alfaguara, España

Liendo Isidoro (1997), "Teorías del desarrollo. Un enfoque y una propuesta desde la perspectiva latinoamericana", en Gladys Rivera, Antonio Arellano Hernández, Luis González Díaz, Carlos Arriaga Jordán (coords.), *Investigación para el desarrollo rural. Diez años de experiencia del CICA*, UAEM, México.

Lutz, Bruno y Alberto Riella (2006), "El desarrollo rural: Discursos oficiales y prácticas normativas en México", en *Pampa*, núm. 2.

McConnel, John (1987), *Ideas de los grandes economistas*, CECSA, México.

Méndez, Elier (2006), *Globalización y desarrollo*, disponible en <www.eumed.net/>.

Rello, Fernando (1987), "Miseria del desarrollo", en *Nexos*, núm. 110.

Rodríguez, Octavio (1986), *La teoría del subdesarrollo de la* CEPAL, Siglo XXI Editores, México.

Rojas, Mariano (2009), "Consideraciones sobre el concepto de progreso", en Mariano Rojas (coord.), *Midiendo el progreso de las sociedades. Reflexiones desde México*, Foro Consultivo Científico y Tecnológico, México.

Rumiánstev, A. (1986), *Economía política. Capitalismo*. Progreso, Rusia.

Stiglitz, Joseph (2002), *El malestar en la globalización*, Taurus/Santillana, España.

Stern, Nicholas (2001), "Prologo", en Gerald M. Meller y Joseph E. Stiglitz (eds.), *Fronteras de la economía del desarrollo. El futuro en perspectiva*, Alfaomega/Banco Mundial, Estados Unidos.

Sunkel, Osvaldo y Pedro Paz (1970), *El subdesarrollo latinoamericano y la teoría del desarrollo*, Siglo XXI Editores, México.

Todaro, Michael (1988), *El desarrollo económico del tercer mundo*, Alianza, España.

Urquidi, Víctor (1997), *México en la globalización. Condiciones y requisitos de un desarrollo sustentable y equitativo. Informe de la sección mexicana del Club de Roma*, FCE, México.

Wallerstein, Immanuel (1998), *Utopística o las opciones históricas del siglo XXI*, Siglo XXI Editores/UNAM, México.

# Reflexiones sobre el sentido social de la ciencia geográfica contemporánea en México

*Xanat Antonio Némiga*
*Luis Miguel Espinosa Rodríguez*
*Fernando Carreto Bernal**

## Introducción

En el devenir histórico de la ciencia geográfica en sus diferentes etapas se han reflejado, a través de la evolución en sus corrientes o escuelas de pensamiento geográfico, diversos debates caracterizados por cuestionamientos hacia su validez científica y en particular en dar respuesta a los problemas que manifiesta el territorio mexicano.

En este sentido, la realidad de la institucionalización de la Geografía en México nos pone de manifiesto una carente tradición en la reflexión teórica respecto a su naturaleza científica, carácter metodológico y su sentido social, que la ubique en el plano científico como una disciplina útil en la solución de las problemáticas socioterritoriales, socioespaciales y socioambientales.

De esta manera, el objetivo del presente documento es reflexionar sobre la Geografía contemporánea en México en algunos de sus principales paradigmas, para identificar y analizar desde una perspectiva de la historia social de la ciencia su respuesta a los problemas que se manifiestan en el espacio.

En ese sentido, el documento se plantea en cinco apartados; en el primero de ellos se ofrece un panorama general de las principales orientaciones del pensamiento geográfico contemporáneo; el segundo señala la evolución paradigmática y definición actual del concepto de Geografía; en el tercero, el posicionamiento de la Geografía Física en México; en el cuarto, las tendencias institucionales de la Geografía en México, y en el quinto, los niveles de aplicación de las TIG's, desafíos y perspectivas.

* Profesores-Investigadores de la Facultad de Geografía de la Universidad Autónoma del Estado de México.

## La historia social de la Geografía y las necesidades del territorio

Los estudios sobre la historia de la ciencia abordan principalmente los comportamientos tanto de la institucionalización de determinada disciplina, como de los personajes que por su pensamiento han aportado su trabajo al desarrollo de la misma, y la propia evolución científica de un determinado campo de conocimientos a través del estudio de las corrientes o escuelas de pensamiento científico.

Para el caso específico del conocimiento de la historia de la disciplina geográfica, hemos realizado un trabajo académico para, a partir de una contextualización de referencia respecto a los paradigmas de la ciencia geográfica, explorar el estado de la Geografía Física y de las TIG's, en relación con los desafíos y solución de problemas socioterritoriales y socioambientales.

## Tendencias del pensamiento geográfico contemporáneo

De acuerdo con Santarelli y Campos (2002), las tendencias desde mediados del siglo XX como consecuencia de las transformaciones ocurridas en la tecnología, en la sociedad y en las ideologías, producen innumerables debates y un continuo replanteo sobre las cuestiones epistemológicas, metodológicas y ontológicas en las ciencias. La Geografía no es ajena a esta circunstancia; de este modo, en menos de cincuenta años surgen cuatro grandes tendencias que con mayor o menor intensidad subsisten hasta nuestros días: la Nueva Geografía, la Geografía de la Percepción, la Geografía Radical y la Geografía Humanista (Santarelli y Campos, 2002: 39-50).

## La Nueva Geografía o Geografía Cuantitativa

A partir de 1950 se detectan manifestaciones del denominado "positivismo lógico" o "neopositivismo" con origen en el Círculo de Viena. Esta corriente conforma la Nueva Geografía o Geografía Cuantitativa. Las críticas que recibe esta tendencia se centran principalmente en la invalidez de las afirmaciones neopositivistas para solucionar los problemas sociales, el uso exagerado de los modelos lógicos, los procedimientos cuantitativos, el predominio de la racionalidad económica en la explicación del comportamiento humano ante el espacio, y la indiferencia por el medio físico, los factores históricos y el tiempo, entre otros aspectos. Esto sirvió para que los radicales acusaran la divergencia entre investigación y realidad, la neutralidad del conocimiento y el desarrollo de mitos como el legitimar errores con el fin de mostrar el panorama conveniente apoyándose en la fuerza y el rigor que ofrecen los números.

## La Geografía de la Percepción

Como reacción al exceso cuantitativo y técnico neopositivista surge el paradigma de la Geografía de la Percepción y del Comportamiento en la década de 1960; esta corriente basada en el conductismo se fundamenta en la percepción psicológica del medio a través de los sentidos y el comportamiento de los hombres mediante el estudio de la conducta, como un instrumento poderoso que facilita la toma de decisiones y el planificar las demandas en los problemas sociales y la organización urbana.

## La Geografía Radical

En esta corriente de finales de los años de 1960 se manifiesta una ideología política liberal o radical anarquista marxista para comprender los problemas sociales, en la que los geógrafos manifiestan su descontento ante los dogmas neopositivistas y el resurgir de la Historia como ciencia que colabora en la comprensión del espacio.

Sus bases deben buscarse en el Estructuralismo de Lévi-Strauss, el cual pretendía revelar la estructura que subyace en la sociedad; el marxismo estructuralista dialéctico empieza con la teoría y va desde la estructura subyacente hasta la realidad.

## La Geografía Humanista

Esta corriente destaca las intenciones, principios, objetivos y propósitos de las acciones humanas y propone un enfoque comprensivo que permita el conocimiento empático a través de la experiencia vital concreta. Esta tendencia separa el concepto de lugar del concepto de espacio. El fin es lograr un conocimiento holístico, subjetivo, vivido, empático del espacio realizando una inmersión en el medio.

## Evolución paradigmática y definición actual del concepto de Geografía

De acuerdo con Barrera (1998), en la evolución del pensamiento filosófico en la historia de la Geografía, los paradigmas han sufrido transformaciones para configurar su definición, objeto y método de estudio.

En ese sentido, se pueden identificar seis etapas que han caracterizado la evolución del concepto y del objeto de estudio, como a continuación las describe Barrera (1998: 6-9).

**Etapa descriptiva**

La primera etapa se plantea en su origen como ciencia descriptiva representada por Estrabón (año 69 a. C.); este concepto de la disciplina perdura hasta la actualidad en el consenso popular y en los niveles educativos básicos.

**Etapa de la Geografía explicativa y fenomenológica**

Con la influencia de Humboldt y Ritter (1859), durante la primera mitad del siglo XIX, la Geografía pasa a ser una disciplina explicativa dedicada al estudio de las relaciones causales de los fenómenos naturales y de los fenómenos sociales.

**Etapa determinista y ecológica**

A partir del siglo XIX, Ratzel le imprime a la Geografía el carácter ecológico. A partir de entonces la Geografía estudia las relaciones entre el hombre y el medio ambiente.

**Etapa de la Geografía espacial y etapa de la Geografía regional**

Con Hettner, en Alemania, y Vidal de la Blache, en Francia, como precursores de una nueva y dinámica orientación de la disciplina desde fines del siglo XIX y primera mitad del siglo XX, se considera que el hombre no se encuentra sometido al medio ni determinado por éste, sino que aprovecha las posibilidades que le ofrece la naturaleza para transformarla y crear nuevos espacios. Con estas ideas surgen los conceptos de espacio geográfico, de espacio transformado, así como el de paisaje y espacio geográfico caracterizado por las relaciones de los elementos que lo conforman, la idea de región es otro de los elementos epistemológicos que surgen en esta etapa.

**Etapa de la Geografía aplicada**

Para finales de la Segunda Guerra Mundial, la Geografía abandona las aulas de las escuelas y universidades para convertirse en una disciplina aplicada y técnica, por lo cual el geógrafo se convierte en un profesional técnico dedicado al estudio de la dinámica del espacio geográfico y a formar parte de equipos interdisciplinarios abocados a la planificación del desarrollo social y económico.

## Etapa del reordenamiento

En esta etapa, la idea de regionalización es reemplazada por la de reordenamiento territorial y, a partir de la década de los años de 1970, retoma actualidad la idea de la organización del espacio geográfico. El análisis del espacio geográfico es fundamental para la aplicación de la planificación del reordenamiento territorial y del moderno concepto de ordenamiento ecológico.

### Construcción de la definición actual

La necesidad de conocer el territorio, desplazarse en él y descubrir nuevos lugares surge desde que el hombre primitivo se organiza en sociedades; sin embargo, el proceso en el que este conocimiento se transforma en saber científico es complejo. Ortega (2000) distingue tres planos en esta historia:

> El primero es el de las experiencias espaciales, que, como tal, pertenece a la propia naturaleza humana. El segundo es la esfera de las representaciones espaciales como ordenación y racionalización de dichas experiencias: esboza intelectualmente un tipo de representación social que los griegos, sus inventores, denominaron geografía. El tercero es el mundo, mucho más restringido y preciso, del proyecto moderno de integrar este tipo de experiencias como un campo de conocimiento o *episteme*, de acuerdo con los términos de la modernidad.

La Geografía como ciencia es una disciplina moderna, es la "Ciencia que tiene como objetivo, a la vez, la descripción e interpretación de los paisajes terrestres y el estudio de la organización física y humana de la superficie del globo" (Ribeiro cit. Plans *et al*., 1993). "La geografía [actual] se ocupa, ante todo, de la localización precisa de los hechos de toda índole en la superficie del globo y de la posición que estos hechos ocupan unos en relación con los otros" (Lacoste y Ghirardi, 1993).

### Posicionamiento de la Geografía física en México

Los paradigmas de la ciencia geográfica se han modificado a lo largo del tiempo en función de las necesidades y problemas que el hombre ha tenido que resolver desde que pisó por primera vez la faz de Tierra.

Si bien se reconoce que los primeros hombres que poblaron el planeta debían resolver aspectos fundamentales como la adquisición de alimentos para sobrevivir, la búsqueda de lugares seguros en donde habitar y la protección del cuerpo ante las condiciones ambientales, nuevas necesidades y pensamientos surgieron y requirieron de atención razonada, como sucede en el tiempo presente.

En este orden de ideas, se destaca el proceso en el cual se gestan y evolucionan las ciencias y el pensamiento relacionados con el territorio y la satisfacción de las necesidades del hombre. Es así que desde el siglo III a. C. se encuentran antecedentes del nacimiento de la Geografía, y con ella la generación de paradigmas y corrientes de pensamiento con perspectivas orientadas a la comprensión de la especie humana como grupo social y la relación de ésta con el cosmos y la naturaleza.

En el devenir del tiempo, y de manera particular después de muchos siglos, florecieron la filosofía y la ciencia; las preguntas, las tesis y las negaciones inherentes al pensamiento humano y el territorio que replantean algunos conceptos relacionados con la importancia de la distribución espacial y de las relaciones que se desarrollan en los sistemas territoriales, son conceptos e ideas que una vez surgidas, continúan vigentes en el tiempo presente. Es por ello que el desarrollo del pensamiento tras la búsqueda de respuestas ante los conflictos del "ser", "el deber ser", la "razón de ser", del desarrollo social y de tópicos diferentes, han permeado el impulso de la ciencia geográfica.

De manera particular, en el campo de estudio de la Geografía física, el pensamiento filosófico de las diferentes etapas de desarrollo, se introdujeron ideas que han marcado la dirección en el ámbito teórico y metodológico; en éstas se destacaron aportes trascendentes de los filósofos presocráticos, de Aristóteles, Descartes, Hegel y Kant, siendo este último quien introdujo dos conceptos geográficos trascendentales: tiempo y espacio.

¿Qué nos han dejado más de dos mil años de historia de la Geografía? Antiguos paradigmas surgieron y murieron casi al mismo tiempo; otros, establecieron patrones de pensamiento y asentimiento que con el tiempo fueron resueltos de forma parcial o total para dar paso a nuevos cuestionamientos e hipótesis.

Hoy en día nos preguntamos si existen nuevos paradigmas de la Geografía física puesto que las ciencias de la Tierra se centran en la solución específica de problemas territoriales; sin embargo, éstos no suelen ser muy comunes debido a que la ciencia, aunque holística o integradora, se quedó "atrapada" durante las crisis generadas en diferentes etapas de la historia. Con la división de la ciencia geográfica se han generado áreas de especialización en las que la teoría y los métodos se enfocan a problemas prácticos y logísticos que urgen de respuestas en periodos de tiempo relativamente cortos.

No se puede dejar de reconocer el aporte de grandes geógrafos y de las ideas que dejaron una impresión distintiva en la ciencia, marcando pautas de razonamiento y métodos como los heredados por Alejandro Von Humboldt ("Padre de la Geografía moderna"), James Hutton ("Padre de la Geología"), Vladimir Dokuchayev ("Padre de la Edafología"). En este orden, se destacan los trabajos de Davis con el "Ciclo erosivo", la crítica y contrapropuesta de Walter Penk y los aportes de Charles Lyell en el campo de la Geología y la evolución de las especies; y de forma más reciente, en los albores del siglo XX, el legado de Alfred Wegener con una de las teorías más contundentes, complejas y dialécticas que han forjado uno de los grandes paradigmas del tiempo moderno: la teoría de la tectónica de placas.

En nuestro país, la Geografía física no ha quedado exenta de una dinámica de cambio, en donde el desarrollo de pensamiento y la filosofía de la ciencia han dado paso a la atención de problemáticas asociadas con el establecimiento de condiciones globales de desigualdad, a la minimización de los efectos generados por la economía global y las estructuras mundiales de poder que afectan el equilibrio del medio ambiente, entre otras.

Por otra parte, participa en la validación de conceptos nuevos como el "cambio global", cuestiona la idea del "cambio climático", en el análisis y propuesta de la forma de uso y empleo del suelo, en el estudio pragmático, económico y geopolítico de la estructura y crisis alimentarias, así como de la gestión de recursos; todo ello con una modalidad multivariable y multiescalar.

Sin embargo, y como puede advertirse, el campo de la filosofía de la ciencia ha quedado semidesierto debido a varias razones, entre ellas se destaca la visión económica y pragmática que se le ha dado a la disciplina y a la vorágine de desarrollo, consumo e instrumentación de los sistemas de información geográfica. Ambos casos se insertan en el marco de una globalidad en donde el pensar, cuestionar y replantear nuevos postulados resulta "improductivo" e incierto según los criterios económicos que imperan en nuestro entorno. Es por ello que la filosofía de la Geografía física y en general de toda la Geografía ha pasado a un plano secundario en donde son loables los esfuerzos de grupos reducidos de académicos que plantean nuevas ideas.

Se reconoce que una de las fuentes teóricas, metodológicas y didácticas empleadas para el análisis del territorio fue incorporada a través de la teoría general de sistema aplicada, la cual fue introducida al estudio geográfico por Arthur Strahler en la década de los años ochenta y por autores anglosajones, franceses y españoles que han aportado teoría y método en materia del estudio integrado de los complejos territoriales. Entre los referentes más importantes encontrados en nuestro país se encuentran los trabajos de Bertrand, Tricart, King y Morisawa entre otros.

Al término del siglo XX y albores del presente, en términos generales se distinguen algunos ejes temáticos en los cuales la Geografía física impacta en el estudio del territorio, ellos son: el ordenamiento del territorio, la evaluación de riesgos y las variables que éstos poseen, la planeación geográfica y el estudio del impacto ambiental. Y aunque estos no son los ejes rectores del desarrollo de la disciplina, se relacionan con la interacción de las necesidades básicas que la sociedad requiere y demanda solucionar, pues ellos se correlacionan con los modelos de utilización y formas de uso del territorio.

Algunas áreas especializadas de la Geografía física se correlacionan con la salud, pobreza, geopolítica, sistemas de consumo, desarrollo sustentable, desarrollo regional y local; se destacan también espacios específicos como el estudio y gestión de procesos electorales, generación de normatividad, planificación ambiental, regional y territorial, y educación. El Cuadro 1 muestra un ejemplo de algunos factores correlacionados desde una perspectiva sistémica del estudio geográfico. Además de la complejidad que en él se muestra, resulta evidente que la Geografía física se encuentra inmersa en campos de atención especializada que le confieren tareas específicas de pensamiento, crítica, análisis y desarrollo metodológico, en áreas como:

a. Medio ambiente: en el desarrollo de métodos de instrumentación y evaluación para el desarrollo sustentable, en procesos y determinación de la evaluación ambiental positiva y/o negativa. En la determinación de grados de hemerobia y resiliencia, así como en la formulación de leyes, reglamentos y legislación en general, entre otras.
b. Análisis de las variables que constituyen a los riesgos: centrados en la identificación y medición de los geosistemas perturbadores que disparan y encadenan procesos, en el estudio de la vulnerabilidad territorial y de las variables que aumentan o mitigan el impacto de la primera; y la capacidad técnica-científica relacionada con procesos de anticipación, respuesta y resiliencia.
c. Planeación y desarrollo territorial: centrado en la propuesta y validación de modelos y estilos de desarrollo regional y local en donde se promueva la articulación entre sistemas ambientales, espaciales y territoriales, destacándose la aplicación en ramas específicas de la Geografía como la regional, la política y geopolítica entre otras.
d. Educación: en el desarrollo cognitivo en diferentes áreas como la cultura geográfica en el conocimiento básico y ordenado del territorio, el manejo de cartografía elemental y desarrollo y profundización de temáticas trascendentes y oportunas tales como la ética geográfica y la educación ambiental, entre otras.

**Cuadro 1. Ejemplo de algunos factores de enlacé entre requerimientos básicos, problemáticas y áreas de atención geográfica**

| Necesidades básicas | Problemática | Orientaciones generales |
|---|---|---|
| Alimento | Pérdida de diversidad | |
| | Erosión de suelos | |
| | Desastres | |
| | Pérdida de ecosistemas | Ordenamiento territorial |
| Vivienda | Localización | Evaluación de riesgos |
| | Vulnerabilidad física | Mitigación de impactos |
| | Vulnerabilidad social | Planeación territorial |
| | Contaminación | |
| | Servicios | |
| Vestido | Dependencia tecnológica | |
| | Requerimiento de recursos | |

## Tendencias institucionales de la Geografía en México

Las tendencias de la Geografía nacional a partir de un estudio de las instituciones que forman geógrafos en México nos muestran que el desarrollo disciplinario obedece mayormente a factores externos en contraposición a su evolución científica; sería difícil caracterizar a la Geografía nacional etiquetándola con un sobrenombre específico, pero resulta interesante que las instituciones se ocupen en cuestiones de ordenamiento territorial, así como en evaluación del impacto ambiental, apoyadas estas vertientes en los SIG y la cartografía temática y automatizada, estos elementos distinguen a la actual Geografía mexicana y sería de gran utilidad compararla con lo que ocurre en otros ámbitos, tanto a nivel latinoamericano como mundial.

Contrastando los resultados obtenidos con lo que se presenta en los congresos nacionales de Geografía en nuestro país, y haciendo un breve balance temático, se presentan en mayor cantidad los temas de geografía socioeconómica con 51%, seguidos por los trabajos de procesos ambientales con 22%; con 15% aparecen las ponencias sobre el uso de las tecnologías en geografía y finalmente está el rubro de geografía educativa con 11%. Esto refleja ciertas congruencias en las líneas y proyectos de investigación relacionados con los aspectos del área socioeconómica destacando el análisis del ámbito regional.

Sin embargo, no existe una atención de los temas sobre ordenamiento territorial, lo que sugiere una ausencia en su tratamiento teórico por los académicos dentro de la disciplina. También resalta el caso de la aplicación de la tecnología que se utiliza más como una herramienta de apoyo, pero en los servicios profesionales destaca como el de mayor demanda. En cuanto a la investigación educativa, a pesar de que ocupó una atención creciente en los congresos, no aparece como una cuestión de interés institucional en la mayoría de las universidades que ofertan estudios geográficos en sus diferentes niveles.

Por otra parte, en el ámbito latinoamericano la presencia de nuestro país en los Encuentros de Geógrafos de América Latina ocupa el 5o. lugar a nivel latinoamericano, en los cuales ha participado con más temas socioeconómicos destacando en los rubros urbanos, regionales y económicos; le siguen los temas ambientales con trabajos sobre impacto ambiental, ecología y protección civil, mientras que los temas sobre teoría y método, enseñanza de la Geografía y las nuevas tecnologías en Geografía se ubican como aspectos de menor frecuencia.

Las instituciones universitarias coinciden de forma general con el ámbito latinoamericano; sin embargo, de manera específica, existen algunas diferencias que a continuación se detallan. En los dos ámbitos, tanto nacional como de América Latina, los estudios sobre la geografía socioeconómica destacan sobre los demás campos de estudio que abarca la disciplina, pero no así en los estudios específicos de esta área. Como ejemplo más importante está el ordenamiento territorial que actualmente es una de las tendencias de mayor énfasis en México, siendo incluso uno de los motivos principales en el diseño de los planes de estudio; mientras que este tema en el contexto de América Latina ocupa la cuarta posición después de otros campos, como los de la geografía urbana, regional y económica.

Por otro lado, se coincide en la importancia que se le otorga a los estudios ambientales, sólo que en América Latina es más notoria la especificación en ramas como la ecología, el impacto ambiental, la geomorfología y la climatología.

En el caso del uso de las nuevas tecnologías destacan en el ámbito latinoamericano los sistemas de información geográfica, seguidos por la cartografía temática, la teledetección y la cartografía automatizada, esto sólo es coincidente en la Facultad de Geografía de la UAEM, en la cual se justificó la carrera reciente en geoinformática y la especialidad en cartografía automatizada, orientaciones curriculares que, por cierto, no se presentan en otras instancias similares.

Finalmente, otras orientaciones que se presentan con interés en la Geografía latinoamericana son las referidas a la enseñanza de la disciplina y el desarrollo teórico-metodológico, no así en el ámbito nacional, lo que advierte un vacío que se expresa en la ausencia investigativa por los geógrafos académicos y su necesario impacto en las orientaciones tanto disciplinarias como de su práctica profesional.

## Niveles de aplicación de las TIG's, desafíos y perspectivas

Este escrito pone especial énfasis en la Geografía física, la base física de la Geografía, "el estudio y unificación de un cierto número de ciencias de la Tierra que nos permiten penetrar en la naturaleza del medio que rodea al hombre. La Geografía física, aunque no constituye por sí misma una rama diferenciada de la ciencia, es un conjunto de principios básicos de las ciencias naturales seleccionados de forma que incluyan primordialmente las influencias ambientales que varían de un lugar a otro en la superficie terrestre" (Strahler, 1982), así también en la historia social contemporánea de la Geografía y en particular de la Geografía física para discutir cómo las nuevas tecnologías de la información espacial han impactado en la gestión de los recursos naturales.

Sin embargo,

> El estudio de los problemas geográficos del mundo sería incompleto a todas luces si viéramos sólo la repartición de las fuerzas productivas –la agricultura, las industrias– y dejáramos de lado las fuerzas de destrucción, es decir, los medios de hacer la guerra. No comprenderíamos gran cosa de lo que sucede en la superficie del globo, de la importancia que se da a ciertos territorios próximos o muy lejanos, si fingiéramos olvidar que entre los Estados no existen solamente relaciones comerciales, sino también relaciones de fuerza (Lacoste y Ghirardi, 1993).

Son estas relaciones de fuerza las que impulsan, asociadas con el desarrollo de las tecnologías de comunicación y computación, el nacimiento de un conjunto de tecnologías de la información espacial (también llamadas tecnologías de la información geográfica o TIG's). Entre ellas "se incluye una gama amplia de aplicaciones informáticas y telemáticas, tales como las imágenes satélite y sistemas de ortofotografía aérea, mapas, servicios web (WMS), la información geográfica (SIG), servicios basados en la geolocalización (LBS), identificación por radio frecuencia (RFID) y sistema de posicionamiento global (GPS)" (Díaz, 2010). Inicialmente fueron creadas para conocer el territorio enemigo con mayor detalle, recorrerlo en menor tiempo y ubicar las infraestructuras a destruir, facilitando las operaciones y tácticas militares. Sin embargo, hoy encuentran un vasto rango de aplicaciones en las más diversas disciplinas y actividades humanas (desde agricultura de precisión, hasta comercio internacional, por citar algunos ejemplos). Se usan para resolver desde los problemas más básicos de ubicación (mediante cartografía digital) hasta complejos problemas de localización óptima (mediante modelos de análisis espacial implementados en sistemas de información geográfica que se basan en complicadas ecuaciones).

El desarrollo de estas tecnologías es paralelo de las tecnologías de la información y las telecomunicaciones. Se enmarca, además, en la corriente cuantitativa de la Geografía positivista, pues éstas han contribuido a automatizar y hacer más eficientes los procesos de captura y análisis de la información del territorio. Aunque

Burton (1963) señalaba como su limitante que "mientras que el uso de métodos cuantitativos es una técnica que puede ser estudiada por la mayoría, pocos parecen tener la capacidad de discernimiento intelectual que conduce a nuevas teorías".

No obstante, la aplicación de las tecnologías de la información espacial ya ha dado lugar a nuevas ideas sobre el funcionamiento del mundo físico. La disponibilidad de grandes cantidades de información, la posibilidad de integrarlas y analizarlas en ambientes informáticos cada vez mas amigables, ha dado soporte a corrientes tales como la teoría global de Sochava (1971), los métodos de Landscape Survey fomentados por investigadores australianos de la CSIRO (1958) y la Geografía física global de Bertrand (1968): visiones más integradoras en el análisis geográfico que, según Gómez, Muñoz y Jiménez (1982), "pretenden incorporar los términos de los planteamientos sistémicos para reformular el estudio integral o global de las unidades espaciales o paisajes". Pese a ello, es pertinente cuestionar hasta qué grado las tecnologías de la información geográfica están realmente contribuyendo a generar nuevas actuaciones en la gestión de los recursos naturales.

Buzai (2001), por ejemplo, entusiastamente establece que

> las Tecnologías de la Información Geográfica parecerían ser productos de la modernidad, entre otros aspectos, porque el lenguaje ambiguo escapa a su funcionamiento. Sin embargo, en el nivel de aplicación pueden adquirir una flexibilidad jamás conseguida por otra tecnología geográfica, el papel preponderante del objeto (que se pone activo frente al sujeto: usuario) en la relación de conocimiento, los aspectos valorativos y los éticos ocupan un papel de suma importancia en su uso.

Con esta misma postura, Yanuariadi (1999) afirma: "Es innegable que los sistemas de información geográfica proveen de instrumentos esenciales para el uso eficiente de la información geográfica y para la producción de datos de alta calidad para los tomadores de decisiones".

Con frecuencia se encuentran reportes que expresan que la aplicación de una determinada geotecnología en un caso de estudio que implica problemas relativos al manejo de recursos naturales, "debería" o "podría" contribuir a una mejor gestión de tales recursos. Por ejemplo, Chang y Chang (2002), al desarrollar un sistema de soporte a las decisiones para manejo del sistema estuarino en el río Love, dicen que dicho sistema "debe ser de utilidad para alcanzar la rehabilitación del sistema y satisfacer los objetivos del desarrollo sustentable en un sentido regional". Apoyando esta idea, Burkhard *et al.* (2011) afirman que el desarrollo e implementación de estrategias que pueden resolver los problemas ambientales "requieren urgentemente de herramientas adecuadas para la evaluación espacial, la modelación, la planificación y el manejo. Estas herramientas deberán lidiar con datos que incluyan información compleja en diferentes escalas espaciales y temporales"; por ello sugieren la combinación de técnicas de modelación y métodos de sistemas de información geográfica con indicadores de la integridad ambiental. Al respecto, Van Keulen (2007), aplicando estas tecnologías al análisis del manejo integral del suelo, sostiene que los resultados del análisis cuantitativo proveen de un marco analítico sobre el cual medir los logros alcanzados e indicar el enfoque para la formulación e implementación de las políticas que permitan cubrir las cambiantes demandas.

Sin embargo, no podemos perder de vista que la gestión de esos recursos es en sí un proceso complejo, producto de una intrincada relación entre las características y evolución del paisaje, las dinámicas de los procesos productivos insertos en él y las particularidades de la sociedad que lo habita y lo maneja. Porque

> la disposición o propensión de las personas a ciertas conductas, las maneras usuales de proceder en la cultura y la sociedad y los patrones resultantes de la actividad social no pueden ser resumidos a actos únicos u operaciones simples hechos por individuos. Lejos de ser la suma total de sus actos, la vida en sociedad es una red de interacciones, una totalidad relacional o arreglo de elementos divididos y relacionados para integrar complejos campos de acción; áreas históricamente constituidas de actividad con sus instituciones específicas y sus propias leyes de funcionamiento (Chevalier y Buckles, 1995).

En este sentido, el manejo de recursos opera dentro de un contexto aún más amplio de relaciones de poder y de procesos históricos de apropiación del territorio. Como Burke (2009) –irónica y acertadamente– señala, "el talento de la humanidad para destruir su propio nido no es únicamente moderno y la economía mundial y el Estado son el producto de milenios de años de experimentación e interacción". La historia del mundo y el ambiente tiene algunos casos particulares de éxito, pero sobre todo presenta "problemas comunes, respuestas imperfectas y poderosas influencias mutuas a lo largo del tiempo y el espacio" (Pomeraz, 2009).

Adicionalmente, no podemos ignorar que la configuración actual del territorio está fuertemente definida por la estructura de las ciudades y la aglomeración de la población en las mismas.

> Ahora tenemos, en la escala de la biosfera, cambios climáticos globales asociados a la destrucción masiva de los ecosistemas que soportan a los grandes conglomerados urbanos, y también producto de las millones de toneladas de hidrocarburos que quemamos diariamente para iluminar nuestras ciudades y movilizarnos dentro de ellas. Todos los conglomerados urbanos, sin excepción, generan perturbaciones de diversa índole en

los sistemas ecológicos de las regiones que los contienen, debido a los procesos constructivos, el abasto de recursos naturales, y a los diferentes servicios urbanos para la población. Sin embargo, en la era de la globalización, la distribución y magnitud de los efectos ambientales regionales se vuelve más impredecible, ya que ha dejado de obedecer a fenómenos de orden local. En consecuencia, la distribución irreversible de las afectaciones en el paisaje y la dinámica de los ecosistemas está cada vez menos asociada a los beneficios locales y al impacto económico regional (Azuara, 2010).

Como resultado tenemos que "hay muchas y muy distintas opiniones sobre la situación ambiental actual, aunque generalmente hay concordancia en que se está en una etapa crítica [...] Sin embargo, hay poca concordancia relativa a lo que se debe hacer para impedir el deterioro del medio ambiente, quién debe hacerlo y quién debe financiarlo" (Ackoff, 1991). "Pese a que existe una aceptación general de las causas, hemos apenas comenzado a enmendar los problemas de salud de nuestros bosques, ríos y pastizales" (Dombeck, Wood y Williams, 2003). La única certidumbre es que no hay proceso definido para lograrlo: se deben buscar estrategias flexibles y mecanismos de financiamiento que confíen en ellas, nuevos enfoques que sean más sensibles a las ideas de las personas y busquen mejorar su calidad de vida como ellas lo valoran (Bailey, 1996). Bajo el principio de Romer, los proyectos fracasarán si requieren cambios mayores en las instituciones sociales y medios de subsistencia habituales. El enfoque deseado es, por tanto, el empoderamiento local: dar a las personas la oportunidad de definir sus propios objetivos y los medios para buscar soluciones a los problemas de fondo (Kotatak, 1990 cit. Bailey, 1996).

Si bien las tecnologías de la información geográfica son herramientas poderosas para generar datos relativos a los indicadores ambientales y otras métricas del ambiente, *per se* no resuelven los problemas ambientales. Por ejemplo, Van Keulen (2007) reconoce que en la actualidad los estudios tienen un énfasis meramente académico, y que conforme incremente la demanda de los tomadores de decisiones, estas tecnologías pudieran servir como fundamentos para el desarrollo de métodos operativos para la formulación y el análisis de las políticas de uso del suelo. Y subraya: "Probablemente, el mayor resto es transferir las tecnologías desarrolladas en los estudios de uso de suelo a la práctica de la formulación e implementación de las políticas públicas. Esto requiere la cooperación cercana con los usuarios finales de la tecnologías, los varios actores a través del desarrollo de plataformas de discusión y negociación". De la misma forma, reflexionando en la aplicación de los sistemas de soporte a la toma de decisiones, Yanuariadi (1999) enfatiza que su funcionalidad primordial es procedimental: para facilitar el acceso a datos, información y conocimiento útil, pero no puede reemplazar la capacidad humana de tomar decisiones, pues no se pueden computarizar ni la ética ni la moral. Además, cita las limitaciones señaladas por Beulens (1990) que no se ajustan a las condiciones cambiantes, que no se pueden implementar si no se cuenta con una base de datos de alta calidad de origen, que no siempre están listos cuando se requieren y que, dado que el manejo de recursos implica varios problemas –a veces interrelacionados–, se requerirían varios sistemas de soporte para abordarlos, además de que estarán sujetos a la organización y procedimientos vigentes.

En suma, las tecnologías de la información geográfica pueden ser una poderosa herramienta en la gestión y restauración de los recursos naturales si se insertan en una sociedad más armónica, equitativa y funcional en la que el manejador local recupere su capacidad de decidir sobre sus recursos y lo haga con ética, con responsabilidad ambiental y pleno conocimiento de los procesos que desarrolla. "Lo que necesitamos ahora no son remedios rápidos determinados por ciclos de elección de corto plazo, sino el compromiso ciudadano de los responsables. Trabajando juntos con una visión de restaurar los procesos ecológicos y reconectar las comunidades a las cuencas que proveen los servicios más vitales, podemos hacer de nuestro planeta un mejor lugar" (Dombeck, Wood y Williams, 2003). Con lo mucho que ofrece el desarrollo de las tecnologías de la información geográfica podríamos estar resolviendo la crisis ambiental: nos falta la transformación en una sociedad más humana y más sensible de su ambiente.

## BIBLIOGRAFÍA

Ackoff, R. L. (1991). *Rediseñando el futuro*. 8a. reimpresión. Limusa. México. 332 pp.

Azuara, M. I. (2010). "La ciudad y las regiones: huellas en el espacio de un modo de producción dominante". Alfie, M., I. Azuara, C. Bueno, M. Pérez y S. Tamayo. *Sistema mundial y nuevas geografías*. UAM/Universidad Iberoamericana. México. 504 pp.

Bailey, R. (1996). "Promoting Biodiversity and Empowering Local People in Central African Forests". L. Sponsel, T. Headland, R. Bailey y M. Pearl (eds.). *Tropical Deforestation: The Human Dimension*. Columbia University Press. Nueva York.

Barrera, R. R. (1998). *Reflexiones epistemológicas sobre Geografía*. Serie Varia Geografía, núm. 17, Instituto de Geografía-UNAM.

Bertrand, G. (1968). "Paysage et géographie physique globale. Esquisse méthodologique". *Revue géographique des Pyrénées et du sud ouest*. Vol. XXXIX, pp. 259-272.

Beulens, A. J. M. (1990). "More Powerful and User Friendly DSS by Incorporating ES-Technology?". Yanuariadi, T. *Sustainable Land Allocation: GIS-Based Decision Support for Industrial Forest Plantation in Indonesia*. PhD. Dissertation Wageningen. ITC *Publication Series* núm. 71 (disertation núm. 59). Enschede, Países Bajos. 192 pp.

Burke III, E. (2009). "The Big Story". Burke III y Pomeraz (eds.). *The Environment and World History*. University of California Press, Berkeley, 362 pp.

Burkhard, B., S. Opitz, H. Lenhart, K. Ahrendt, S. Garthe, B. Mendel y W. Windhorst (2011). "Ecosystem Based Modeling and Indication of Ecological Integrity in the German North Sea–Case Study Offshore Wind Parks". *Ecological Indicators* vol. 11, núm. 1, pp. 168-174.

Burton, I. (1963). "The Quantitative Revolution and Theorethical Geography". Davies, W. K. D. (ed.) (1972). *The Conceptual Revolution in Geography*. University of London Press. Londres, pp. 144-145.

Buzai, G. D. (2001). "Paradigma Geotecnológico, Geografía Global y Ciber-Geografía, la gran explosión de un universo digital en expansión". *GeoFocus* (artículos), núm. 1, pp. 24-48.

Chang, Y. y N. B. Chang (2002). "The Design of a Web-Based Decision Support System for the Sustainable Management of an Urban River System". *Water Science and Technology* 46(67), pp. 131-139.

Chevalier, J. y D. Buckles (1995). *A Land Without Gods: Process Theory, Maldevelopment and the Mexican Nahuas*. Fernwood Publishing/Zed Books. Canadá. 374 pp.

Delgado, M. O. (2003). *Debates sobre el espacio de la geografía contemporánea*. Universidad Nacional de Colombia. Red de estudios de espacio y territorio RET. Bogotá, Colombia.

Díaz Díaz, E. (2010). "Marco jurídico y administrativo de la geoinformación. Importancia jurídica de los datos espaciales y el desarrollo de los metadatos". *I. Jornadas Ibéricas de Infra-estructuras de Datos Espaciales*. Disponible en: <http://www.idee.es/resources/presentaciones/JIIDE10/ID435_Marco_juridico_y_administrativo_de_la_geoinformacion.pdf>. Fecha de consulta: octubre, 2011.

Dombeck, M. P., C. Wood y J. Williams (2003). *From Conquest to Conservation: Our Public Lands Legacy*. Island Press. Washington, D. C. 220 pp.

Gómez, Muñoz y Jiménez (1982). *El pensamiento geográfico*. Alianza. Madrid. 545 pp.

Lacoste, Yves y Raymond Ghirardi (1983). *Geografía general física y humana*. Primera edicion. Oikos-Tau. Barcelona. 237 pp.

Ortega Valcárcel, J. (2000). *Los horizontes de la geografía. Teoría de la geografía*. Primera edición. Ariel. Barcelona, España. 604 pp.

Plans, P., M. Ferrer, M. Derruaru, J. P. Allix y G. Dacier (1993). *Geografía física. Geografía humana*. Tercera edición. Universidad de Navarra. Pamplona, España. 802 pp.

Pomeraz, K. (2009). "Introduction". Burke III y Pomeraz (eds.). *The Environment and World History*. University of California Press. Berkeley. 362 pp.

Santarelli, S. S. y Campos, M. (2002). *Corrientes epistemológicas, metodología y prácticas en Geografía. Propuestas de estudio en el espacio local*. Universidad Nacional del Sur. Bahía Blanca, Argentina.

Saverio, S. E. (2001). "A propósito de paradigmas, de orientaciones teórico-metodológicas en la Geografía Contemporánea. Paradigmas de la Geografía parte I". *Terra Libre*, núm. 16. Asociación de Geógrafos Brasileños. São Paulo, Brasil.

Sochava, V. B. (1971). "Geography and Ecology". *Soviet Geography* XII, 5, pp. 277-283.

Van Keulen, H. (2007). "Quantitative Analyses of Natural Resource Management Options at Different Scales". *Agricultural Systems* 94 (2007): 768–783.

Yanuariadi, T. (1999). Sustainable Land Allocation: GIS-Based Decision Support for Industrial Forest Plantation in Indonesia". PhD. Dissertation Wageningen. *ITC Publication Series*, núm. 71 (disertation núm. 59). Enschede, Países Bajos. 192 pp.

# Los estudios económico-administrativos: origen, críticas y nuevos rumbos

*Daniel Arturo Cernas Ortiz*
*Patricia Mercado Salgado**

## Introducción: de las ciencias sociales a los estudios económico-administrativos

Las ciencias sociales tienen profundas raíces filosóficas que datan de la época de los antiguos griegos. Varios siglos antes de Cristo, Aristóteles postuló a los seres humanos como animales sociales y a las manifestaciones de la sociedad como de una importancia equiparable a los fenómenos de la naturaleza. Con el paso del tiempo, la naciente y aún amorfa ciencia social se fue ramificando en varias disciplinas cuyo objeto de estudio es el hombre y sus relaciones con otros hombres. De esta gradual ramificación surgieron disciplinas tales como la Antropología, la Demografía, la Historia, la Sociología y la Economía, por nombrar sólo algunas. De las ciencias sociales, la Sociología y la Economía comenzaron a abordar, en forma detallada, el estudio de organizaciones[1] y los agregados de éstas (o industrias),[2] en vez de individuos como tales.

Desde el siglo XVIII, bajo las ideas de renombrados filósofos sociales como Auguste Comte, la Sociología como ciencia se enfoca principalmente en los fe-

* Profesores-Investigadores de la Facultad de Contaduría y Administración de la Universidad Autónoma del Estado de México.

[1] Es generalmente aceptado que no toda organización es una empresa, pero sí toda empresa es una organización. Para efectos de este documento los términos empresa y organización se utilizan intercambiablemente.

[2] En este documento los términos industria y sector son usados indistintamente, pues consideramos que su distinción es más de nivel que de naturaleza. Mientras que una industria generalmente se entiende como el conjunto de empresas que producen un bien homogéneo (o brindan un servicio homogéneo), el sector se entiende como el conjunto de industrias que pertenecen a una misma rama de actividad económica; por ejemplo, el sector manufacturero o el sector agropecuario.

nómenos de la sociedad como un todo. Con el paso del tiempo, dentro de esta disciplina fue germinando un área particular de estudios cuyo objeto son las organizaciones: la sociología organizacional. Para esta rama de la Sociología, las organizaciones son instrumentos por medio de los cuales las sociedades complejas satisfacen necesidades que no pueden ser satisfechas por individuos particulares (Etzioni, 1964). En el enfoque social, cuestiones tales como a quién sirven las organizaciones y cómo éstas afectan a la justicia social son preguntas fundamentales. Por ejemplo, en su teoría de la burocracia, Max Weber (1946) describe cómo las organizaciones burocráticas nacen para maximizar el beneficio del capitalista durante la era de la Revolución Industrial. Weber observa que las organizaciones burocráticas son tan constrictoras de la voluntad humana que una vez instaurándose funcionan como una caja de hierro de la cual es muy difícil escapar.

Posteriormente, la sociología organizacional engendró lo que hoy se conoce como teoría de la organización. A diferencia de aquélla, ésta se centra en cuestiones instrumentalistas orientadas a cómo hacer a las organizaciones más eficientes y eficaces (Hinnings y Greenwood, 2002). Esta disciplina se compone de una variedad de corrientes teóricas tales como la teoría de sistemas (Katz y Khan, 1976), el institucionalismo (Meyer y Rowan, 1977) y la ecología organizacional (Hannan y Freeman, 1977), entre otras. En conjunto, estas corrientes teóricas combinadas con aportes de otras ciencias como la Psicología, la Antropología y la Economía alimentan una ciencia social cuyo origen se da en el siglo XX y que es conocida como Administración, la cual se enfoca de manera casi exclusiva al funcionamiento interno de las organizaciones, por lo que se convierte en pilar fundamental para entender los estudios económico-administrativos, objeto de este documento.

De acuerdo con Duncan (2000: 24), la administración es un proceso social que lleva consigo la responsabilidad de planear y regular en forma eficiente las operaciones de una organización para lograr un propósito dado. La administración se divide tradicionalmente en subdisciplinas de acuerdo con las áreas funcionales de una empresa: producción y operaciones, finanzas, mercadotecnia y recursos humanos; no obstante, la administración va más allá. Ramas de esta ciencia, como la administración estratégica, abordan a detalle la integración de las áreas funcionales y el análisis de industrias con la finalidad de estudiar la ventaja competitiva de las organizaciones (Rumelt, Schendel y Teece, 1994).

No obstante su amplio campo de estudio, la administración está limitada para abordar ciertos problemas relacionados con las organizaciones. Esto debido, en parte, a que pone poca atención a las interacciones entre organizaciones, y menos aún a las industrias y al papel de la empresa en la economía como un todo. Fenómenos como éstos son abordados en detalle por otra ciencia social que es fundamental para comprender los estudios económico-administrativos: la economía.

De acuerdo con Samuelson y Nordhaus (1992: 5), la Economía se define como el estudio de la manera en la cual las sociedades utilizan los recursos escasos para producir mercancías valiosas y distribuirlas entre los diferentes grupos de individuos. La Economía es una ciencia social de alto prestigio científico desde los siglos XVIII y XIX, cuando renombrados teóricos como Adam Smith, David Ricardo y Carlos Marx, contribuyeron a sus cimientos. Como es bien sabido, para el estudio de los fenómenos que le competen, la Economía se divide en dos grandes ramas: macroeconomía y microeconomía. *Grosso modo*, la macroeconomía se encarga del estudio de grandes agregados tales como: consumo, ahorro, inversión, inflación y desempleo (Mankiw, 2007). La microeconomía se ocupa del estudio de problemas relacionados con unidades económicas particulares: individuos (como consumidores), empresas y mercados (industrias o sectores) que estas unidades componen (Pindyck y Rubinfeld, 2005). De cada una de las dos grandes divisiones de la Economía han surgido subdisciplinas que ahondan en problemáticas particulares. Por ejemplo, la organización industrial que, enraizada en la microeconomía, estudia la estructura del mercado con la finalidad de identificar factores que interfieren con la sana competencia; o bien, la economía organizacional que se enfoca en el desempeño económico de las organizaciones como resultado de la motivación del personal, participación en la toma de decisiones, gobernabilidad corporativa, así como el funcionamiento de las organizaciones en el mercado.

No obstante su alto prestigio científico, la Economía también está limitada para abordar ciertos problemas relativos a las organizaciones. Dado que la Economía trata a la empresa como si ésta fuese un empresario único en un campo de empresarios únicos, ignora, generalmente, las dinámicas relativas al funcionamiento interno de la organización.

Es de notar que si bien la Economía y la Administración son ciencias sociales afines, cada una se constituye como una disciplina separada e independiente de la otra. Algunos autores renombrados comentan que la comunicación entre ambas ha sido poca (Porter, 1981), distante (Perrow, 1986) y hasta peligrosa (Magretta, 1999; Duncan, 1999); varios factores mantienen esta separación y distancia. Uno de ellos es el hecho de que cada ciencia aborda su objeto de estudio desde una perspectiva particular y bajo suposiciones fundamentales diferentes. Así, mientras la Economía supone, generalmente, un ser humano racional que aspira a tomar decisiones óptimas, la Administración supone un ser humano limitadamente racional que aspira a tomar decisiones satisfactorias más que óptimas (March y Simon, 1958). La diferencia fundamental en ambas suposiciones hace que tanto la Economía como la Administración hablen "idiomas" un tanto diferentes, lo que complica su comunicación y fertilización mutua.

Sin embargo, tanto la Economía como la Administración incluyen en su dominio, en mayor o menor grado, el estudio de organizaciones e industrias. Esto sugiere, entre otras cosas, que no sólo existen problemas que pueden ser vistos desde una perspectiva enteramente económica o administrativa (como la determinación de la cantidad de producción), sino que existen problemas particulares cuyo estudio requiere de la complementariedad e integración de las dos ciencias para su apropiada exploración.

A mediados de los ochenta, Perrow comenta sobre la prevalencia de ciertos estudios que abordan problemas integrando principios económicos y administrativos, debido a que existen fenómenos que son difíciles de abordar, o que quizá sólo lo podrían ser parcialmente desde una perspectiva enteramente económica o administrativa. Son estos últimos estudios los que durante las siguientes secciones de este documento describimos y discutimos.

A lo largo de las siguientes líneas nos referimos como estudios económico-administrativos al abordaje de fenómenos desde una perspectiva complementaria e integradora entre Economía y Administración en una analogía matemática: si la economía y la administración fuesen dos conjuntos representados por medio de diagramas de Venn, la intersección de ambos se circunscribiría a los estudios económico-administrativos, los cuales, a diferencia de los estudios económicos tradicionales, reconocen que la organización no es un individuo, o entidad monolítica, como implícitamente se asume en los modelos microeconómicos, y por tanto ahondan en su funcionamiento interno y sus dinámicas. Por su parte, los estudios administrativos comunes también reconocen que para entender a la organización es necesario considerar al ambiente económico que le afecta y que en cierta manera condiciona su comportamiento.

La Figura 1 sintetiza las ideas anteriores y clarifica el objeto de este documento. Como se observa, tanto la Economía como la Administración están inmersas en el universo de las ciencias sociales. Ambas comprenden dominios diferentes; sin embargo, forman un área de intersección que comprende una serie de estudios con proposiciones de ambas disciplinas.

Dada su característica de incorporar postulados de la Economía y de la Administración, los estudios económico-administrativos han contribuido al abordaje de fenómenos grandemente ignorados o poco estudiados por las dos ciencias en forma separada. Por una parte, estos estudios contribuyen a explorar fenómenos exógenos en los modelos económicos –por tanto, comúnmente pasados por alto por la economía– tales como la existencia y evolución de las empresas. Por otra parte, los estudios económico-administrativos también han ayudado a abordar las interacciones competitivas entre empresas y sectores, así como las condiciones

**Figura 1**
**El lugar de los estudios económico-administrativos en las ciencias sociales**

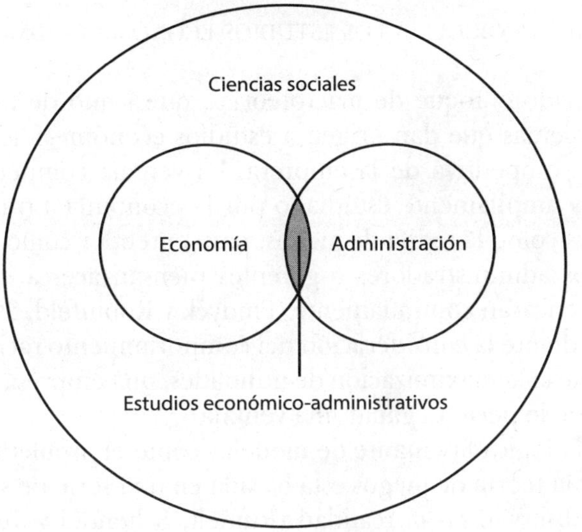


bajo las cuales las organizaciones fallan, lo que de manera marginal había sido considerado por las teorías administrativas clásicas.

Es la iluminación sobre fenómenos inexplorados o parcialmente explorados por ciencias separadas la que constituye la principal aportación de los estudios económico-administrativos al universo del conocimiento humano. Actualmente, el auge de los estudios económico-administrativos es tal que se ha extendido a fenómenos clave como la administración de la cadena de suministros (Emery y Marques, 2011) y la administración verde (Berrone y Gómez Mejía, 2009), por mencionar algunos.

Habiendo introducido brevemente nuestro objeto de estudio, durante el resto de este documento exploramos sobre los estudios económico-administrativos de la siguiente forma. Primero, y desde un enfoque de macroteorías,[3] describimos brevemente algunos fenómenos que han sido abordados desde una óptica económico-administrativa. Posteriormente, abordamos las críticas a las que los estudios

[3] Según Creswell (2009), las macroteorías o grandes teorías intentan explicar grandes categorías de fenómenos.

llevados a cabo bajo el enfoque económico-administrativo se han enfrentado. Con motivo de estas críticas, finalmente discutimos lo que los estudios motivo de este capítulo han dejado atrás y sus actuales y potenciales horizontes.

## Fenómenos que dan origen a los estudios económico-administrativos

Desde el ya referido enfoque de macroteorías, quizá uno de los ejemplos más famosos de problemas que dan origen a estudios económico-administrativos es el de la ventaja competitiva de la empresa. La ventaja competitiva es un problema acuñado y ampliamente estudiado por la economía a través de enfoques microeconómicos como la teoría de juegos, para entender cómo operan los mercados y cómo los administradores o gerentes piensan acerca de las decisiones estratégicas que encaran continuamente (Pindyck y Rubinfeld, 2007). Esta teoría propone que mediante la consideración del comportamiento racional de los rivales y orientado hacia la maximización de utilidades, una empresa puede formular una estrategia que le permita ganar una ventaja.

No obstante la lógica fascinante de modelos como el problema de la localización en la playa, la teoría de juegos está basada en una serie de suposiciones que difícilmente se observan en la realidad (Rumelt, Schendel y Teece, 1994); por ejemplo, que los tomadores de decisiones son completamente racionales y que las empresas son homogéneas en los recursos que controlan o que los recursos que necesitan para responder a los rivales son adquiribles en el mercado de los factores. Renombrados economistas reconocen las limitaciones de tales suposiciones. Tversky y Khaneman (1986) argumentan y encuentran que las decisiones de las organizaciones no siempre son racionales ni obedecen a las reglas de la teoría de utilidad esperada, pues son tomadas por individuos influenciados por sus propias cogniciones. Así también, Barney (1991) sugiere que muchos de los recursos necesarios para responder a las ofensivas de los rivales son intangibles y, por tanto, no comercializables en el mercado de los factores. Sin necesidad de remarcarlo, las suposiciones restrictivas, y en cierta forma irreales, de la teoría de juegos limitan su poder explicativo.

Debido a las limitaciones de enfoques como la teoría de juegos para explicar la ventaja competitiva, Michael Porter (economista de profesión) mira el campo administrativo como complemento. A finales de los años setenta, Michael Porter estudia la naciente teoría sobre política de negocios o de empresa, y que más adelante se convertiría en administración estratégica. Porter nota que, en aquellos años, el campo de la administración estratégica se constituía por modelos descriptivos como el de Learned, Christensen, Andrews y Guth: LCAG (Andrews, 1971), y recomendaciones generales como las de Ansof (1965) en su intento de orientar a las empresas sobre cómo lograr una ventaja competitiva. Sin embargo, enfoques como el LCAG, aunque atinadamente apuntaban a que una organización puede obtener una ventaja competitiva si alinea sus fortalezas y debilidades con sus oportunidades y amenazas, no ofrecían pista alguna para determinar con precisión los componentes del entorno que se debían tomar en cuenta. En este límite explicativo de la naciente administración estratégica, Porter recurre de nuevo a la microeconomía, pero en este caso, a la organización industrial.

En el campo de la organización industrial son abundantes los estudios sobre estructura del mercado dirigidos a mejorar la competitividad de las industrias (por ejemplo, Caves, Porter y Spence, 1980). De acuerdo con la organización industrial, una alta competitividad industrial es deseable para la sociedad, pues en tales condiciones ninguna empresa obtiene utilidades en perjuicio de los consumidores. Idealmente, para maximizar el bienestar de la sociedad, las industrias deberían reflejar el modelo de competencia perfecta. En tales condiciones, las empresas ganan beneficios "normales" porque sólo pueden cobrar un precio que refleja el costo de los factores de la producción incluyendo el de oportunidad. Partiendo de tales ideas, la organización industrial ha sido ampliamente influenciada por el paradigma de Mason (1939) y Bain (1968). Para estos teóricos, dado que la estrategia o comportamiento de la empresa refleja la estructura de la industria, entonces todo lo que hay que vigilar es que ésta sea la correcta para que la empresa gane rendimientos normales asegurando así el bienestar de la sociedad. Es esta lógica de la organización industrial la que Porter (1981) considera como de una gran contribución para la administración estratégica.

En su renombrada obra *Estrategia competitiva* (1980), Porter integra contribuciones de la organización industrial al campo de la administración estratégica. Sin embargo, contrario a los objetivos de la organización industrial, Porter utiliza tales contribuciones para ayudar a la empresa a ganar una ventaja competitiva y hacer que ésta obtenga rendimientos superiores a los normales.

Porter sostiene que mediante el análisis de cinco fuerzas (o variables) "horneadas" en la organización industrial, una empresa puede comprender la estructura de la industria en la que opera para tratar de influenciarla. Específicamente, a través del análisis de las barreras de entrada, la amenaza de sustitución, el poder de negociación de clientes y proveedores, y la intensidad de la rivalidad entre competidores, una empresa puede elaborar una estrategia con el objetivo de posicionarse en un lugar dentro de la industria donde, o bien se aísla de las cinco fuerzas, o bien las torna a su favor. Así, por ejemplo, mediante una estrategia de diferenciación (o de liderazgo en costos o enfoque) una empresa puede romper la amenaza de los sustitutos (en términos económicos, reducir su elasticidad cruzada de la demanda con el sustituto), pudiendo así elevar precios y obtener rendimientos superiores a los que de otra manera obtendría.

Han sido abundantes los estudios basados en la lógica de Porter dentro del campo de la administración estratégica. Un estudio bibliométrico relativamente reciente sugiere que tales estudios son probablemente el tipo de investigación económico-administrativa más explotada durante la década de los ochenta e inicios de los noventa (Ramos-Rodríguez y Ruíz-Navarro, 2004).

Adicionalmente al estudio de la ventaja competitiva, una variedad de fenómenos relativos a la estructura y la estrategia organizacional también ha sido ampliamente abordada desde una perspectiva económico-administrativa. Esto principalmente a través de la lente de la teoría de la economía de los costos de transacción cuyo fundamento se encuentra en la obra galardonada con premio Nobel de Economía *La naturaleza de la empresa* de Ronald Coase (1937). En su obra, Coase trata de dar respuesta a una pregunta hasta entonces ignorada por los teóricos de la economía clásica y neoclásica: ¿por qué existen las organizaciones? Aunque esta pregunta es básica y fundamental, es imposible responderla partiendo de los postulados de las teorías económicas dominantes.

Como lo es para la organización industrial, la noción ideal de mercado en competencia perfecta es clave para entender muchos modelos derivados de la microeconomía. En competencia perfecta existe una multitud de organizaciones e individuos altamente racionales y homogéneos que llevan a cabo una variedad de transacciones de compraventa. La racionalidad de las personas y organizaciones parte de la suposición de que todos cuentan con información precisa y completa, y buscan maximizar su utilidad a través de sus acciones. La homogeneidad de organizaciones e individuos se presume, ya que todos controlan los mismos recursos, o bien, en caso de asimetría, los recursos para igualar a los demás individuos u organizaciones son susceptibles de ser adquiridos en el mercado de los factores. En competencia perfecta no sólo se asume que el precio de lo que se comercializa refleja su mejor uso real y potencial, sino también que es medible sin ambigüedad.

No obstante los supuestos beneficios de la competencia perfecta para la sociedad, una paradoja se esconde en los postulados que soportan las características ideales de tal modelo; es decir, aunque en competencia perfecta se asume la existencia de organizaciones como agentes económicos, los mismos postulados de la teoría refutan su existencia. En competencia perfecta la incertidumbre en los mercados se presume nula pues lo que se compra y se vende puede ser exactamente medible y el precio pagado refleja el valor neto del artículo. Adicionalmente, aunque en competencia perfecta las transacciones entre agentes económicos pueden ser frecuentes, éstas no crean relaciones entre ellos. Puesto que los agentes económicos se presumen homogéneos (en otras palabras, iguales), la frecuencia de interacciones no crea dependencia entre las partes de una transacción pues tanto el comprador como el vendedor son perfectamente sustituibles por muchos otros que compran o venden exactamente lo mismo y al mismo precio. La paradoja de este raciocinio estriba en que si los mercados son altamente eficientes, entonces las organizaciones no deberían existir, pues todas las transacciones necesarias para llevar a cabo la actividad económica son susceptibles de ser comercializadas (o contratadas) en el mercado por individuos particulares (Goshal y Moran, 1996). ¿Por qué dos individuos que saben perfectamente lo que compran y venden habrían de formar una organización cuando pueden perfectamente contratarse en el mercado en vez de atarse a la jerarquía de una organización?

Tratando de resolver la paradoja anterior, Coase indica que las organizaciones existen debido a fallas en los mercados. Posteriormente, Oliver Williamson (1975) articula la teoría de la economía de los costos de transacción como se conoce hoy. Para esta teoría, la incertidumbre en los mercados rara vez es nula, pues ni el sistema de precios refleja siempre el mejor uso de los productos ni todo lo que se intercambia es susceptible de medición exacta. Además, la frecuencia de las transacciones entre agentes económicos sí es capaz de crear relaciones de dependencia entre ellos, pues a través del tiempo éstos desarrollan especificidad de activos para interactuar mejor entre sí. De acuerdo con Williamson, cuando la incertidumbre sobre lo que se intercambia es alta (como las capacidades del factor humano), la frecuencia de una determinada transacción es elevada, y la especificidad de activos se desarrolla (por ejemplo, las capacidades de una persona se hacen específicas para cierto trabajo), los agentes económicos pueden comportarse de manera oportunista. Es este riesgo de oportunismo lo que da origen a la organización.

Según Williamson, el riesgo de oportunismo eleva el costo de las transacciones, ya que debe ser controlado de alguna forma. Este control, sin embargo, es más barato de llevar a cabo bajo la jerarquía de una organización que por las fuerzas del mercado. Dentro de una organización es más barato vigilar y controlar a los agentes económicos, ya que no sólo las disputas se pueden resolver a través de órdenes gerenciales, sino que también la vigilancia y el monitoreo son más factibles dentro de una organización que en el mercado. Dado que aunque una organización es una forma ineficiente comparada con los mercados (pues ésta elimina muchas de las ventajas de aquéllos, como la aplicación de incentivos de alto poder) (Williamson, 1975), para la teoría de la economía de los costos de transacción; cuando los mercados fallan, la organización es una especie de mal necesario.

Un ejemplo clásico de la lógica de la teoría de la economía de los costos de transacción es el análisis de la integración vertical. Williamson (1985) sugiere que cuando una empresa desarrolla especificidad de activos con su proveedor (a través de instalaciones específicas que no tienen otro uso potencial), éste puede comportarse de manera oportunista. Adicionalmente, si la frecuencia de las transacciones con el proveedor es alta, entonces para controlar el oportunismo potencial del proveedor, la empresa debería comprar al proveedor e integrarlo a su jerarquía. En otras palabras, bajo la posibilidad de oportunismo, la organización debería integrase verticalmente hacia atrás, ya que su estructura corrige la falla del mercado creada por la incertidumbre, frecuencia y especificidad de activos que rodean a las transacciones con tal proveedor y que en condiciones ideales no debería existir.

El ejemplo clásico de la integración vertical ha sido extendido a una gran variedad de fenómenos: la estrategia de diversificación corporativa (Teece, 1980, 1982), la decisión de contratar o subcontratar recursos humanos (Masters y Miles, 1997), la aparición de alianzas estratégicas y *joint ventures* (Williamson, 1991; Park y Russo, 1996). Más recientemente, la lógica de la teoría de la economía de los costos de transacción también ha sido utilizada en los estudios sobre subcontratación (*outsourcing*), cadena de suministros (Emery y Marques, 2011), y en general, a las relaciones de mercadeo entre empresas (Koch y Schultze, 2011), o relaciones B2B (*business to business*, por su acrónimo en inglés). Extensas revisiones de la literatura empírica como la de David y Han (2004) y la de Carter y Hodgson (2006) encuentran que la teoría de la economía de los costos de transacción es una de las teorías más relevantes en el estudio de temas que tienen que ver con economía y administración.

Además de lo anterior, también están presentes en este binomio económico-administrativo la estructura y la estrategia organizacionales estudiadas bajo la lente de la teoría de los agentes y principales. En 1976, Jensen y Meckling construyen sobre trabajos anteriores y formulan lo que a partir de entonces se conoce ampliamente como teoría de agentes y principales. Al igual que la economía de costos de transacción, postula que las transacciones entre agentes económicos no están libres de fricciones debido a la incertidumbre que regularmente las acompaña. Como toda teoría económica, la teoría de los agentes y principales supone que los seres humanos y las organizaciones son entes maximizadores de su utilidad; sin embargo, indica que la manera en que tales entes maximizan su utilidad no siempre coincide entre ellos. Más aún, esta teoría asume que los agentes económicos son sólo limitadamente racionales, y, por tanto, no siempre saben cómo cada uno pretende maximizar su utilidad a través de una determinada transacción.

La teoría de los agentes y principales se refiere a la situación contractual en donde una de las partes que suscribe el contrato funge como agente y la otra como principal. El primero se contrata para llevar a cabo ciertas actividades para el principal, y el segundo se obliga a recompensar al agente por su labor. La teoría de los agentes y principales ha sido aplicada a una gran cantidad de problemas administrativos toda vez que en un contexto determinado exista una estructura básica donde hay al menos un agente al que un principal encomienda la realización de una tarea (Eisenhardt, 1989). En su forma básica, la teoría de los agentes y principales supone que dado que la utilidad del agente es diferente a la del principal, es altamente probable que éste se comporte en una forma autointeresada, maximizando su utilidad a expensas de la de aquél. En aras de evitar que el agente se comporte egoístamente, el principal debe alinear los objetivos de aquél con los suyos por medio de incentivos, o bien, de supervisión y monitoreo.

Tal vez debido a su sencillez, la teoría de los agentes y principales ha generado una gran cantidad de investigaciones económico-administrativas. Un ejemplo clásico es la investigación sobre diversificación corporativa en donde los accionistas de las empresas fungen como principales, y los gerentes o administradores, como agentes. De acuerdo con Amihud y Lev (1981), si los accionistas no alinean los objetivos de los gerentes con los suyos (por ejemplo, mediante participaciones accionarias), entonces los gerentes manejarán la empresa para su beneficio a expensas de los intereses de los accionistas. Este razonamiento sigue siendo ampliamente empleado en el terreno de las finanzas corporativas (por ejemplo, Kau, Linck y Rubin, 2008), aunque también es comúnmente utilizado en el campo de la compensación de recursos humanos. Por ejemplo, cuando los empleadores no pueden medir u observar exactamente lo que los empleados hacen (como un vendedor sin objetivo específico de venta), entonces los empleadores deberían pagar por comisión para evitar que el empleado haga trampa y no actúe en el mejor interés del empleador. Por el contrario, cuando el empleador puede saber exactamente lo que el empleado hace (como una secretaria que sigue una rutina determinada), se puede pagar un salario fijo, ya que el empleado no tiene discreción sobre el nivel de desempeño que debe observar (Eisenhardt, 1988).

En adición a lo anterior, la innovación, uno de los temas en boga en el mundo de los negocios y la innovación, también ha sido ampliamente abordada desde la perspectiva económico-administrativa. Dos teorías económicas son relevantes en este punto: la escuela austriaca (o schumpetariana) y la economía evolucionista. La escuela austriaca es un tanto disidente de microeconomía, pues sugiere que el equilibrio de los mercados es inusual y que, de hecho, el desequilibrio de éstos es algo benéfico más que perjudicial, como lo señala la organización industrial (Jacobson, 2002).

Como ya se mencionó, para la microeconomía, la competencia perfecta es lo más benéfico para la sociedad. Partiendo de esta creencia, misma que nunca ha sido comprobada empíricamente, cualquier desviación de la competencia perfecta es indeseable. Debido a que en condiciones de competencia imperfecta las organizaciones adquieren un poder monopólico sobre lo que producen y venden, en teoría, bajo condiciones de competencia imperfecta, las organizaciones pueden aumentar precios y disminuir producción, afectando con ello el bienestar de la sociedad. Resulta notable que bajo este enfoque las empresas más grandes son las más peligrosas para la sociedad, pues tienen suficientes recursos o capacidad de deuda para mermar a su competencia en aras de aumentar su poder monopólico a través de prácticas tales como los precios predatorios y los subsidios cruzados.

No obstante la lógica de las predicciones de la microeconomía en cuanto al bienestar social, Schumpeter (1950), máximo representante de la corriente que muchos llaman escuela austriaca, argumenta que tales predicciones podrían estar infundadas. Contradiciendo de manera parcial a la microeconomía, Schumpeter afirma que son precisamente las desviaciones del ideal de competencia perfecta lo que hace que la sociedad contemporánea goce de más y mejores productos y a mejores precios.

Schumpeter argumenta que es la posibilidad de ganar beneficios anormales lo que motiva a las empresas a utilizar su ingenio para innovar productos o procesos que en última instancia benefician a la sociedad. Cuando una empresa innova encontrando métodos más eficientes de producción o creando productos que hacen un uso más eficiente de los recursos, ésta puede ser capaz de diferenciarse de sus competidores. Una vez rompiendo la homogeneidad con sus competidores, la empresa puede ganar una ventaja evitando con ello el equilibrio del mercado (o lo que es lo mismo, que el mercado asemeje al modelo de competencia perfecta). Sin embargo, esta situación no durará mucho pues los beneficios anormales motivarán a las demás empresas a innovar hasta erosionar las ventajas que cualquier empresa hubiese podido obtener. Y aunque este proceso regresaría la tendencia del mercado al equilibrio, éste no sucedería debido a que la empresa innovadora desearía conservar sus ganancias, y sus competidores igualarlas, generando innovación constate en un proceso continuo que Schumpeter llama creación destructiva. La innovación que interfiere con el equilibrio de los mercados beneficia a la sociedad en vez de perjudicarla, ya que ésta puede contar con mejores productos y precios que son consecuencia del ingenio de las organizaciones. Schumpeter observa que, contrario a lo que se puede predecir con base en la microeconomía, durante años las empresas han seguido creciendo en tamaño mientras que las sociedades contemporáneas elevan su nivel de bienestar.

Enraizada en los pensamientos de Schumpeter, la economía evolucionista sostiene también que el desequilibrio de los mercados es de interés para la sociedad. A diferencia de la microeconomía, para la economía evolucionista, la empresa no es sólo una entidad monolítica (similar a un individuo) cuyos recursos son de fácil adquisición en el mercado de los factores y cuyo destino está determinado por las fuerzas del mercado. Para la economía evolucionista, cada empresa es un sistema compuesto de rutinas específicas desarrolladas a través del tiempo, y de acuerdo con sus procesos de aprendizaje, conocimientos, activos disponibles y de las presiones contextuales a las que ha estado expuesta (Nelson y Winter, 1982). Las rutinas empresariales, por tanto, son únicas a cada empresa; y ya que son intangibles e idiosincráticas, son también imposibles de comercializar en el mercado de los factores. De acuerdo con la economía evolucionista, es esta imposibilidad de comercialización la que asegura la heterogeneidad de empresas en los mercados y, por tanto, evita que éstos alcancen el equilibrio. Sin embargo, este desequilibrio perdurable de los mercados no perjudica a la sociedad, sino que, por el contrario, la favorece, ya que cada empresa se dedica a hacer lo que mejor puede y sabe hacer, mediante el uso eficiente de recursos que no se pueden comercializar y que, por tanto, nadie más que ella posee y puede explotar.

Tanto para la escuela austriaca como para la economía evolucionista, el papel de los administradores (o emprendedores) es crucial. En claro acuerdo con teóricos de las organizaciones como Max Weber (1946), la escuela austriaca y la economía evolucionista sostienen que los administradores juegan un papel importante en la vida de las organizaciones y de las sociedades. Partiendo de estas escuelas, teóricos como Teece, Pissano y Shuen (1997) indican que la capacidad organizativa de los administradores es importante, pues son ellos los que deliberadamente articulan las rutinas de la organización en formas únicas que crean valor para la sociedad. Así, por ejemplo, mientras que una organización puede contar, por motivos de su experiencia y aprendizaje, con rutinas específicas para la producción de un artículo (o la prestación de un servicio determinado), son los administradores los que, motivados por potenciales ganancias anormales, utilizan su inventiva e ingenio para articular y reconfigurar esas rutinas en nuevas capacidades que, a su vez, habilitan a la organización para inventar nuevos procesos o productos, y que dado su carácter idiosincrático e intangible aseguran la improbable imitación instantánea por parte de los competidores, evitando que los mercados lleguen al equilibrio mientras que la sociedad se beneficia de nuevos y mejores productos.

A partir de la lógica de la escuela austriaca y de la economía evolucionista se ha desarrollado una corriente de investigación económico-administrativa que aborda varias facetas de la innovación empresarial. De acuerdo con estas corrientes teóricas sobre el funcionamiento interno de las organizaciones, es fundamental entender el entorno económico. De aquí que una serie de estudios se ha dedicado a investigar la forma en que las organizaciones reconfiguran o articulan sus rutinas y capacidades para innovar. Un tema que ha cobrado amplia relevancia en esta serie de estudios es el de capacidades dinámicas, entendidas como aquellas que habilitan a la organización para concebir nuevas configuraciones de rutinas, competencias y recursos en formas novedosas que promueven la innovación empresarial (Teece *et al.*, 1997). La innovación, a su vez, capacita a la organización para hacer frente a los constantes desafíos del medio ambiente, retardando así su posible muerte a manos de presiones internas y externas (O'Reilly y Tushman, 2007).

Aunque los anteriores son algunos de los fenómenos más comúnmente abordados bajo la rúbrica de estudios económico-administrativos, éstos no son los únicos. Diversos problemas, como las adquisiciones y fusiones corporativas que se han abordado mediante los postulados de la teoría económica de la selección adversa (Akerlof, 1970), son comunes en la literatura científica (por ejemplo, Blakrishnan y Koza, 1993). Es notable que los estudios basados en la teoría de la selección adversa, junto con la teoría de los costos de transacción y la teoría de los agentes y principales, formen un campo al que se ha denominado economía organizacional. Este nombre se deriva del hecho de que tales teorías utilizan postulados económicos y administrativos para investigar la función interna de las organizaciones (no abordada a detalle en la Economía) y el efecto del ambiente económico en tal función (ampliamente ignorado en la Administración). El hecho de que la economía organizacional funde postulados económicos con administrativos es evidente en la suposición de racionalidad limitada que es crítica para entender las fallas de los mercados y los contratos que son centrales en las teorías de la economía de los costos de transacción y de agentes y principales (Barney y Ouchi, 1986).

El Cuadro 1 muestra esquemáticamente, y de manera más ilustrativa que exhaustiva, la discusión anterior sobre los fenómenos que han sido abordados desde una óptica económico-administrativa, con lo cual se brinda una panorámica general de algunos de los fenómenos que han dado origen a estudios económico-administrativos, pues enlista las teorías económicas y administrativas que se integran para abordar los fenómenos ahí relacionados. Resulta interesante notar que mientras son varias las teorías económicas empleadas para abordar los fenómenos antes discutidos, la administración estratégica engloba la contribución administrativa a la corriente económico-administrativa. Rumelt, Schendel y Teece (1994) confirman que el área de la administración más cercana a la economía es precisamente la administración estratégica. Así también, a diferencia de otras corrientes como la organización industrial y la economía organizacional, las teorías administrativas que abordan la relación de la organización con su ambiente en general, tales como la teoría de contingencias (Lawrence y Lorch, 1967) o la teo-

**Cuadro 1**
**Fenómenos que dan origen a estudios económico-administrativos y su relación con la Economía y la Administración**

| *Abordaje económico-administrativo* | *Teoría económica relevante* | *Teoría administrativa relevante* |
|---|---|---|
| Ventaja competitiva de la empresa | • Teoría de juegos<br>• Organización industrial<br>• Economía organizacional | • Administración estratégica<br>• Análisis de la estructura sectorial |
| **Estructura organizacional**<br>Integración vertical, diversificación de negocios, contratación y subcontratación de recursos humanos, alianzas estratégicas, cadenas de suministros, relaciones de mercadeo, incentivos y compensaciones de recursos humanos | • Teoría de la economía de los costos de transacción<br>• Teoría de agentes y principales | • Administración estratégica |
| Innovación empresarial | • Escuela austriaca (o shumpeteriana)<br>• Economía evolucionista | • Administración estratégica<br>• Capacidades dinámicas |
| **Estrategia corporativa**<br>Adquisiciones y fusiones | • Teoría de la selección adversa | • Administración estratégica |

ría de la dependencia de recursos (Pfeffer y Salancick, 1978), la administración estratégica es el enfoque administrativo que por excelencia aborda la relación y la reacción de la organización a los elementos económicos del ambiente.

Aunque los estudios económico-administrativos han contribuido al entendimiento de una gran variedad de fenómenos relativos a las organizaciones y las industrias, éstos no escapan a severas críticas cuyo intento de superación genera una evolución en el conocimiento, tal como se discute a continuación.

## CRÍTICA A LOS ESTUDIOS ECONÓMICO-ADMINISTRATIVOS

Algunos de los estudios económico-administrativos presentados anteriormente han sido objeto de severas críticas, ya sea por sus limitantes para explicar el fenómeno particular que abordan o por su incompatibilidad con la teoría administrativa.

Para algunos autores, el análisis de la ventaja competitiva de las organizaciones bajo la perspectiva de Porter es parcial. De acuerdo con teóricos de la estrategia organizacional como Barney (1991) y Teece *et al.* (1997), el enfoque de Porter adolece de un problema que es producto de su raíz en la organización industrial y, por extensión, en la microeconomía. Como ya se mencionó, de acuerdo con Porter, para lograr una ventaja competitiva la empresa debe analizar la estructura de la industria para después formular e implementar una estrategia encaminada a influenciar tal estructura. No obstante, el problema con este razonamiento radica en suponer que los recursos necesarios para implementar tal estrategia son susceptibles de ser adquiridos en el mercado de los factores. Cuando se considera que muchos de los recursos organizacionales necesarios para implementar una estrategia (como el conocimiento de la empresa o sus competencias para realizar tal o cual actividad) son intangibles y altamente idiosincráticos, entonces, al igual que los modelos de la teoría de juegos, las recomendaciones de Porter pierden poder. Que muchos de los recursos organizacionales no pueden ser comercializados porque son inseparables de la empresa a la que pertenecen y porque no pueden ser preciados por no conocer todos sus usos potenciales es un fenómeno ampliamente discutido por teóricos de la economía y la administración (Teece, 1980; 1982).

Además de ser acusados de parciales, los estudios de Porter también han sido señalados como potencialmente perniciosos para el bienestar de la sociedad. De acuerdo con Barney (1991), el modelo de Porter gira sobre la premisa de que el objetivo de ganar una ventaja competitiva es el de construir poder monopólico. Si una empresa puede ganar una ventaja competitiva a través de aislarse de las fuerzas competitivas de la industria o, mejor aún, de tornar dichas fuerzas en su favor, entonces lo que Porter postula es que una empresa obtiene una ventaja competitiva cuando limita su competencia. Esto es, cuando la empresa aumenta su poder monopólico pudiendo cobrar precios superiores a los que cobraría si tuviese una mayor competencia. Por ejemplo, cuando la empresa limita la entrada de nuevos participantes a la industria mediante el levantamiento de barreras de entrada, ésta en realidad limita su potencial competencia incrementando su poder. Sin embargo, y de acuerdo con los supuestos microeconómicos, cuando la empresa cobra precios superiores a aquellos que debería cobrar si tuviese mayor competencia, ésta obtiene ganancias indebidas en perjuicio de los consumidores.

Aunque las críticas a los estudios de la ventaja competitiva desde la perspectiva de la organización industrial han sido severas, quizá lo sean más aquellas que son dirigidas a la economía organizacional. Aunque las teorías de la economía de los costos de transacción y de los agentes y principales han contribuido al conocimiento de una variedad de problemas desde un enfoque en el que se funden postulados económicos con administrativos, éstos no han sido bien recibidos por algunos teóricos de la Administración. La economía organizacional ha sido amplia y calurosamente criticada por tres razones principales: la suposición de que los seres humanos son oportunistas por naturaleza, la forma reduccionista de abordar a las organizaciones y la suposición de que la principal motivación humana es el autointerés (Barney, 1990).

A partir de que los mercados son mecanismos de coordinación superiores a las organizaciones, la economía organizacional refleja una imagen derogatoria e incompleta de las organizaciones y de los individuos que las componen. Perrow (1986) y Donaldson (1990) argumentan que la economía organizacional contradice importantes postulados de la administración al suponer un ser humano oportunista que se comportará de forma egoísta si no es incentivado y monitoreado. Como se mencionó antes, y de acuerdo con la teoría de la economía de los costos de transacción, es precisamente la amenaza de oportunismo de los agentes económicos lo que hace necesaria la aparición de organizaciones. Asumir que un ser humano oportunista contradice importantes postulados de la administración es claro tomando en cuenta aportaciones como las de Barnard y Mayo. Para estos autores, exponentes de la teoría de los sistemas naturales, la organización existe por la capacidad y voluntad de los individuos de coordinarse para la persecución de fines comunes. Entonces, asumir que la organización existe para controlar seres oportunistas es, a todas luces, contrario a esta perspectiva.

Aunque las divergencias entre las suposiciones de las diferentes teorías podrían parecer distantes para el estudio de las organizaciones, también podrían tener implicaciones importantes. En 1996, Goshal y Moran sugieren que la teoría de la economía de los costos de transacción es poco práctica. Estos autores fundamentan su crítica en que si las organizaciones se enfocan en controlar el oportunismo de sus participantes, entonces lo más probable es que provoquen aquello que tratan de evitar. Partiendo de hallazgos producidos por la investigación en el campo del comportamiento organizacional, Goshal y Moran indican que cuando una organización desconfía de sus integrantes, ésta implementará una serie de controles formales para forzar su probidad. Sin embargo, la presencia del control formal puede fomentar el rencor de los empleados a la organización, tal y como sucede en las organizaciones burocráticas y coercitivas (Adler y Boris, 1996). Cuando los empleados guardan rencor a la organización, éstos restringen sus contribuciones a la misma haciendo que pierda vigor y volviendo probable su fracaso (Barnard, 1930).

Además del asunto del oportunismo, el reduccionismo metodológico de la economía organizacional también ha sido fuente de críticas. Tal y como se hace en microeconomía, en los estudios de la economía organizacional se trata a la empresa como si ésta fuera una persona. Al equiparar a la organización con un ser humano, fenómenos organizacionales clave tales como la estrategia y la estructura se implican a nivel de un tomador de decisiones (Donaldson, 1990). Equiparar a la organización con un individuo es reduccionismo, pues los fenómenos organizacionales tienen vida propia aparte de la de sus integrantes. El reduccionismo está en claro contraste con la idea de que las decisiones organizacionales son producto de la negociación política de las diferentes coaliciones cambiantes que componen a la organización (Cyert y March, 1963). Así también con postulados que indican que fenómenos como la estructura organizacional son el resultado de la institucionalización de la interacción informal de los participantes de la organización en vez de decisiones discretas de individuos particulares (Selznick, 1948).

La suposición de la economía organizacional de que los tomadores de decisiones sólo buscan su interés también ha resultado incómoda. Para Donaldson (1990), la suposición hecha por la teoría de los agentes y principales de que el agente está por naturaleza inclinado a engañar al principal es antiadministración. Donaldson argumenta que una teoría que retrata a los administradores o gerentes como intrínsecamente inclinados a engañar a los dueños o accionistas de la empresa, a menos que se les incentive o monitoree todo el tiempo, es ofensiva para los gerentes. Aunque Barney (1991) apunta que algunas teorías administrativas clásicas, como la de contingencias, también sugieren que los gerentes pueden no actuar en el mejor interés de la organización, Donalson (1990) discute que tales teorías no asumen que los gerentes son intrínsecamente oportunistas. Si bien es cierto que de acuerdo con la teoría de contingencias los gerentes podrían no estar maximizando la efectividad de la organización cuando omiten alinear tal o cual factor de la estructura a contingencias como el ambiente o la tecnología, esta falta se asume como un error de la gerencia y no como una disposición intrínseca de los gerentes a equivocarse deliberadamente y en beneficio propio.

Notablemente, diversos teóricos de la administración alertan que la relación con la Economía puede ser peligrosa para esta ciencia. Pfeffer (2002) sugiere que la claridad lógica y metodológica de los modelos económicos es tentadora para modelar una gran cantidad de problemas administrativos. Sin embargo, el problema es que los enfoques económicos cargan en sus entrañas suposiciones contrarias a las administrativas (por ejemplo, el asunto del oportunismo), que si bien ayudan a comprender ciertos fenómenos, también amenazan con reducir el dominio de la administración. Dado que varias de las suposiciones que sin mala intención se importan de la Economía son contrarias a las de la Administración, el abordaje de muchos problemas, como la resistencia al cambio estratégico que requiere la contribución de los participantes, se volvería imposible.

No obstante las críticas anteriores, los estudios económico-administrativos no han declinado. Por el contrario; tratando de superar las críticas, han evolucionado, dando luz sobre una cantidad de fenómenos importantes en el mundo contemporáneo. A continuación abordamos brevemente este punto.

## Nuevos rumbos de los estudios económico-administrativos

Como la mayoría de las corrientes científicas, los estudios económico-administrativos han encarado sus críticas y construido sobre ellas, expandiendo así su campo de acción. Esta expansión, sin necesidad de decirlo, brinda luz sobre nuevos fenómenos relacionados con el mundo de hoy.

Los estudios basados en la lógica de Porter, aunque en declive, no han desaparecido. Si bien tales estudios quizá ofrecen una vista parcial sobre la ventaja competitiva de la empresa, informan sobre las oportunidades que ésta puede encontrar de acuerdo con la estructura de la industria (o sector). El eje del estudio de la ventaja competitiva, sin embargo, se ha mudado, en su mayor parte, al campo de la perspectiva de los recursos estratégicos y sus derivados, así como de las capacidades dinámicas; esto último también basado en la economía evolucionista.

La perspectiva de los recursos estratégicos tiene como precursora a Edith Penrose (1959), quien sugiere que la empresa es un conjunto de recursos únicos cuya adecuada administración genera valor para la sociedad. Construyendo sobre Penrose, teóricos como Wernerfeldt (1984) y Barney (1991) indican que una empresa puede lograr una ventaja competitiva cuando aprovecha algún recurso que le sea estratégico. De acuerdo con Barney (1991), un recurso es estratégico cuando tiene cuatro características: valioso, raro, difícil de imitar e insustituible por parte de los competidores. Contraria a los postulados de Porter, la perspectiva de los recursos estratégicos no sugiere primero identificar las oportunidades de una empresa y luego obtener los recursos necesarios para aprovechar tales oportunidades; sino que, por el contrario, propone primero identificar los recursos estratégicos de la empresa y luego explotarlos en algún lugar en donde puedan generar valor (Barney, 1991). Dada la rareza que caracteriza a los recursos estratégicos, la ventaja competitiva construida sobre ellos tiende a ser perdurable pues nadie más los posee; más aún, dado que son ya propiedad de la empresa, entonces ésta no enfrenta el problema de la falta de un mercado donde adquirirlos, tal y como lo haría de seguir las recomendaciones de Porter.

En otras palabras, la perspectiva de los recursos estratégicos ha sido considerada como benéfica para la sociedad. Puesto que el recurso sobre el que una empresa construye su ventaja competitiva es único y específico a ella, entonces sólo ella puede hacer uso eficiente de él pues éste no puede ser comercializado en el mercado de los factores. Si, de acuerdo con la microeconomía, el bienestar de la sociedad es máximo cuando la empresa hace el mejor uso de sus recursos, entonces mediante el aprovechamiento de los recursos estratégicos una empresa no sólo maximiza su beneficio, sino también el de la sociedad (Montgomery, 1994).

La perspectiva de los recursos estratégicos ha sido rebasada por otro enfoque económico-administrativo: el de las capacidades dinámicas. Aunque la perspectiva de los recursos estratégicos ha encontrado un extenso soporte empírico (Newbert, 2007), ésta también adolece de un problema: si bien los recursos pueden ser fuente de ventaja competitiva, no se explica la forma en que tales recursos se administran para alcanzar tal ventaja (Teece *et al.*, 1997). Como el sentido común lo indica: dos empresas diferentes podrían controlar recursos similares y aun exhibir diferentes niveles de desempeño. Dado esto, la diferencia de desempeño entre empresas debe deberse a algo más. Según Teece *et al.* (1997), este algo más son las capacidades dinámicas de la empresa.

Las capacidades dinámicas han sido sugeridas como clave para entender la ventaja competitiva de las organizaciones, pues a través de ellas la empresa configura y reconfigura sus recursos y rutinas en formas que le permiten hacer frente a los desafíos de su ambiente (Teece *et al.*, 1997). Habilitada por sus capacidades dinámicas, cuando la empresa reconfigura continuamente sus rutinas y capacidades en formas nuevas y diferenciadas, ésta se vuelve innovadora (Teece, 2007). Cuando una empresa innova y, por consecuencia, se diferencia de su competencia, ésta puede lograr lo que en la teoría de juegos se denomina ventaja del que se mueve primero (Lieberman y Montgomery, 1998). De acuerdo con autores diversos, la ventaja competitiva cimentada en la innovación constante es poco susceptible de erosionarse con el tiempo (Jacobson, 2002; Teece, 2007).

Dada la nueva tendencia a enfocarse sobre el estudio de las capacidades dinámicas, otros temas relacionados se han vuelto relevantes para entender la ventaja competitiva de las organizaciones; por ejemplo, el conocimiento organizacional. Según autores como Zollo y Winter (2002), es el conocimiento organizacional lo que habilita a la empresa para engendrar una capacidad de inventar formas novedosas de reconfigurar recursos y rutinas que generen valor. Puesto que el conocimiento de la organización es producto de su aprendizaje, un número considerable de investigadores se ha enfocado en estudiar los mecanismos que permiten a la organización aprender. Entre tales mecanismos se encuentran las formas de colaboración con otras organizaciones (Lane y Lubatkin, 1998), y/o redes de organizaciones (Gulati, 1998).

Para cerrar este punto es de notar que la suposición de un ser humano oportunista es contraria al pensamiento de que la ventaja competitiva de las organizaciones se basa en su conocimiento. Como algunas investigaciones lo demuestran, el conocimiento organizacional depende de la compartición del conocimiento tácito individual de sus participantes (Fulk *et al.*, 2004). No obstante, compartir el conocimiento tácito es una contribución voluntaria de los participantes de la organización, es decir, no se puede forzar (Kaser y Miles, 2002; Fulk *et al.*, 2004). Si en los ambientes turbulentos actuales el conocimiento se considera una fuente de ventaja competitiva, resulta paradójico que la suposición de oportunismo sea, para la teoría de la economía de los costos de transacción, un factor que da origen a la aparición de organizaciones.

Resaltando su carácter interdisciplinario, recientemente los estudios económico administrativos han incorporado aportaciones de la Sociología. Por ejemplo, el análisis de estructuras sociales contribuye a identificar cómo una organización puede aprender de otras. En los estudios enraizados en la Economía, una de las razones para las relaciones entre empresas es el intercambio de recursos que una empresa ni posee ni tampoco sería económicamente eficiente que poseyera dado el principio de especialización del trabajo (Levine y White, 1960). Este razonamiento ha sido incorporado en el análisis del aprendizaje organizacional, pues a través de sus relaciones con otros agentes, una empresa particular puede intercambiar conocimientos (Hamel, 1991). Sin embargo, no siempre se dice qué conocimientos pueden ser intercambiados y cómo. Es en este punto en el que la Sociología auxilia a los estudios económico-administrativos con conceptos tales como el de reputación y legitimidad social. Así, mientras que la economía sugiere que las relaciones con otras organizaciones se forman por motivos de intercambio, la Sociología sostiene que tal intercambio es probable con otras organizaciones que brindan legitimidad social, o que tienen buena reputación como agentes sociales (Gulati, 1998). Estudios como los de Capaldo (2007) ejemplifican las aportaciones de la Sociología al estudio de la ventaja competitiva.

Para finalizar este documento, es de destacar que, desde una perspectiva social, los estudios económico-administrativos aún tienen una asignatura pendiente, pues si bien han ayudado a comprender fenómenos tales como la ventaja competitiva de la empresa y la aparición y evolución de ésta, han olvidado tomar en cuenta el para qué y para quién esas organizaciones se vuelven eficientes y ventajosas. Resulta innegable que si los estudios económico-administrativos informan sobre cómo hacer más eficientes a las organizaciones, éstos también tienen un impacto en la justicia social. De acuerdo con Hinnings y Greenwood (2002), es justamente el olvido de las preguntas fundamentales de la sociología organizacional lo que ha hecho que en el campo de la teoría de la organización, y por extensión en los estudios económico-administrativos, se haga difícil abordar fenómenos como los relativamente recientes colapsos financieros de varias corporaciones estadounidenses. Dada esta situación, resulta imperativo que los estudios económico-administrativos consideren más seriamente las aportaciones de otras ciencias sociales al respecto del impacto de las organizaciones y sus acciones para la sociedad en general (Cleg, 2002; Bartunek, 2002). Es interesante que en los años sesenta Ansoff haya propuesto el término "estrategia de nivel empresarial" para abordar asuntos relativos a la organización y su relación con la sociedad. Y aunque este concepto nunca prosperó en la investigación sobre la estrategia de la empresa, el futuro es prometedor para ello.

## A modo de conclusión

Si bien los estudios económico-administrativos tienen raíces teóricas sólidas en la economía y la administración, su principal virtud radica en poder abordar problemas que son eludidos tanto por la Economía como por la Administración en forma separada. Por ello, los estudios económico-administrativos han brindado luz sobre una cantidad importante de fenómenos, aunque también han sido duramente criticados porque, en ocasiones, llegan a disidir de las ciencias en las que tienen origen.

Se siguen superando tales críticas mediante la evidencia de resolución de situaciones clave para el mundo de las organizaciones y las industrias, lo que –sin duda– impacta en las sociedades futuras. Para ello, los estudios económico-administrativos recurren a tres mecanismos: complementariedad de enfoques, intersección perspectiva y abordaje independiente, toda vez que para entender las organizaciones debe abordarse el sector o sectores a los que pertenecen. Así, un reto en el ámbito educativo es reforzar la inclusión y enseñanza de la economía organizacional y de la organización industrial.

## Bibliografía

Adler, P. S. y Borys, B. 1996. Two Types of Bureaucracy: Enabling and Coercive. *Administrative Science Quarterly*, 41: 61-89.

Akerlof, 1970. The Market for Lemons: Quality, Uncertainty and the Market Mechanisms. *Quarterly Journal of Economics*, 84: 488-500.

Amihud, Y. y Lev, B. 1981. Risk Reduction as a Managerial Motive for Conglomerate Mergers *Bell Journal of Economics*, 12(2): 605.

Andrews, K. *The Concept of Strategy*. Nueva York: Dow Johns-Irwin.

Ansoff, I. 1965. *Corporate Strategy*. Nueva York: McGraw-Hill.

Bain, J. 1968. *Industrial Organization*. Nueva York: Wiley.

Balakrishnan, S. y Koza, M. 1993. Information Asymmetry, Adverse Selection, and Joint Ventures. Theory and Evidence. *Journal of Economic Behavior and Organization*. 20: 99-117.

Barnard, C. I. Cooperation, Grunsky, O. y Miller, G. (eds.). 1981. *The Sociology of Organizations*. Free Press: 84-98.

Barney, J. B. 1990. The Debate Between Traditional Management Theory and Organizational Economics: Substantive Differences or Intergroup Conflict? *Academy of Management Review*, 15(3): 382-393.

Barney, J. B. 1991. Firm Resources and Sustained Competitive Advantage. *Journal of Management*, 17(1): 99-120.

Barney, J. y Ouchi, W. 1986. *Organizational Economics*. San Francisco: Jossey-Bass.

Batunek, J. 2002. The Proper Place for Organizational Scholarship: A Comment on Hinings and Greenwood. *Administrative Science Quarterly*, 47(3): 422-427.

Berrone, P. y Gómez Mejía, L. 2009. Evironmental Performance and Executive Compensation: An Integrated Agency-Institutional Perspective. *Academy of Management Journal*, 52(1): 103-126.

Capaldo, A. 2007. Network Structure and Innovation: The Leveraging of Dual Network as a Distinctive Relational Capability. *Strategic Management Journal*, 28(6): 585-608.

Carter, R. y Hodgson, G. 2006. The Impact of Empirical Tests of Transaction Costs Economics on the Debate on the Nature of the Firm. *Strategic Management Journal*, 27: 461-476.

Caves, R., Porter, M. y Spence, 1980. *Competition in the Open Economy*. Cambridge: Harvard University Press.

Clegg, R. 2002. "Lives in the Balance"; A Comment on Hinings an Greenwood's "Disconnects and Consequences in Organization Theory". *Administrative Science Quarterly*, 47(3): 428-441.

Coase, R. 1937. The Nature of the Firm. *Económica*, 4: 386-405.

Cyer, R., y March, J. 1963. *A Behavioral Theory of the Firm*. Upper Saddle River: Prentice Hall.

David, R. y Han, S. 2004. A Systematic Assessment of the Empirical Support for Transaction Costs Economics. *Strategic Management Journal*, 25: 39-58.

Donalson, L. 1990. A Rational Basis for Criticisms of Organizational Economics: A Reply to Barney. *Academy of Management Review*, 15(3): 394-401.

Duncan, J. 2000. *Las ideas y la práctica de la administración. Los principales desafíos en la era moderna*. México: Oxford.

Eisenhardt, K. 1988. Agency and Institutional Theory Explanations: The Case of Retail Sales Compensation. *Academy of Management Journal*, 31(3): 488-511.

Eisenhardt, K. 1989. Agency Theory: An Assessment and Review. *Academy of Management Review*, 14: 57-74.

Emery, G. y Marques, M. 2011. The Effects of Transaction Costs, Payment Terms and Power on the Level of Raw Materials Inventories. *Journal of Operations Management*, 29: 236-249.

Etzioni, A. 1964. *Modern Organizations*. Upper Saddle River: Prentice Hall.

Fulk, J., Heino, R., Flanagin, A., Monge, P., y Bar, F. 2004. A Test of the Individual Action Model for Organizational Information Commons. *Organization Science*, 15: 569-585.

Goshal, S. y Moran, P. 1996. Bad for Practice: A Critique of the Transaction Costs Theory. *Academy of Management Review*, 21(1), 13-47.

Gulati, R. 1998. Alliances and Networks. *Strategic Management Journal*, 19: 293-317.

Hammel, G. 1991. Competition for Competence and Inter-Partner Learning Within International Strategic Alliances. *Strategic Management Journal,* 12: 83-103.

Hannan, M. y Freeman, J. 1977. The Population Ecology of Organizations. *American Journal of Sociology*, 82: 929-964.

Hinings, R. y Greenwood, R. 2002. Disconnects and Consequences in Organization Theory? *Administrative Science Quarterly*, 47(3): 411-421.

Jacobson, R. 2002. The Austrian School of Strategy. *Academy of Management Review*, 17(4): 782-807.

Jensen, M. y Meckling, W. 1976. Theory of the Firm: Managerial Behavior, Agency Costs, and Ownership Structure. *Journal of Financial Economics*, 3: 305-360.

Kaser, P. y Miles, R. 2002. Understanding Knowledge Activists' Success and Failures. *Long Range Planning*, 35: 9-28.

Katz, D. y Khan, R. L. 1978. *The Social Sociology of Organizations*. Wiley: 17-24.

Kau, J., Linck, J. y Rubin, P. 2008. Do Managers Listen to the Market? *Journal of Corporate Finance*, 14: 347-362.

Koch, H. y Schultze, U. 2011. Stuck in the Conflicted Middle: A Role-Theoretic Perspective on B2B E-Market Places. *MIS Quarterly*, 35(1): 123-146.

Lane, P. y Lubatkin, M. 1998. Relative Absorptive Capacity and Inter-Organizational Learning. *Strategic Management Journal*, 19: 461-477.

Lawrence, P. R. y Lorsch, J. W. 1967. *Organization and Environment: Managing Differentiation and Integration.* Harvard University Press: 185-210.

Levine, S. y White, P. 1960. Exchange as a Conceptual Framework for the Study of Interorganizational Relationships. *Administrative Science Quarterly,* 5: 583-601.

Lieberman, M. y Montgomery, D. 1998. First Mover (Dis)Advantages: Retrospective and Link With the Resource Based View. *Strategic Management Journal*, 19: 1111-1125.

Magretta, J. 1999. *La administración en la nueva economía. Nuevas perspectivas*. México: Oxford University Press.

Mankiw, G. 2007. *Macroeconomics*. Nueva York: Worth Publishers.

March, J. G. y Simon, H. A. 1958. *Cognitive Limits on Rationality*. Hoboken, N. J.: John Wiley y Sons.

Mason, E. 1939. Price and Production Policies of Large-Scale Enterprises. *American Economic Review*, 29: 61-74.

Masters, J. y Miles, G. 2002. Predicting the Use of External Labor Arrangements: A Test of the Transaction Const Perspective. *Academy of Management Journal*, 45(2): 431-442.

Meyer J. y Rowan, B. 1977. Institutionalized Organizations: Formal Structure as Myth and Ceremony. *American Journal of Sociology*, 83: 340-363.

Montgomery, C. 1994. Corporate Diversification. *Journal of Economic Perspectives*, 8(3): 163-178.

Nelson, R. y Winter, S. 1982. *An Evolutionary Theory of Economic Change*. Cambridge: Harvard University Press.

Newbert, S. 2007. Empirical Research on the Resource Based View of the Firm: An Assessment and Suggestions for Future Research. *Strategic Management Journal*, 28(2): 121-146.

O'Reilly III, C. y Tushman, M. L. (2007). *Ambidexterity as a Dynamic Capability: Resolving the Innovators Dilemma*. Working paper.

Park, S. y Russo, M. 1996. When Competition Eclipses Cooperation: An Event Story Analysis of Joint Venture Failure. *Management Science*, 42(6): 875-890.

Penrose, E. 1959. *The Theory of the Growth of the Firm*. Londres: Basil Blackwell.

Perrow, C. 1986. Economic Theories of Organizations. *Theory and Society*, 15(15): 11-45.

Pfeffer, J. 2002. *Nuevos rumbos en la Teoría de la Organización*. México: Oxford University Press.

Pfeffer, J. y Salancik, G. 1978. *The External Control of Organizations*. Nueva York: Harper and Row.

Pindyck, R. y Rubinfeld, D. 2005. *Microeconomics*. Upper Saddle River: Prentice-Hall.

Porter, 1980. *Competitive Strategy: Techniques for Analyzing Industries and Competitors*. Nueva York: Free Press.

Porter, 1981. The Contributions of Industrial Organization to Strategic Management. *Academy of Management Review*, 6(4): 609-620.

Ramos-Rodríguez, A. y Ruiz-Navarro, J. 2004. Changes in the Intellectual Structure of Strategic Management Research: A Biblilometric Study of the Strategic Management Journal, 1980-2000. *Strategic Management Journal*, 25: 981-1004.

Rumelt, R., Schendel, D. y Teece, D. 1994. *Fundamental Issues in Strategy*, Harvard Business School Press.

Samuelson, P. y Nordhaus, W. 1992. *Economía*. México: McGraw-Hill.

Schumpeter, J. 1950. The Process of Creative Destruction. Barney, J. y Ocuhi, W. 1986 (eds.). *Organizational Economics*, Jossey Bass Publishers.

Selznick, P. 1948. Foundations of the Theory of Organization. *American Sociological Review*, 13: 25-35.

Teece, D. 1980. Economies of Scope and the Scope of the Enterprise. *Journal of Economic Behavior and Organization*, 1: 223-247.

Teece, D. 1982. Toward an Economic Theory of the Multiproduct Firm. *Journal of Economic Behavior and Organization*, 3: 39-63.

Teece, D. 2007. Explicating Dynamic Capabilities: The Nature and Microfoundations of (Sustainable) Enterprise Performance. *Strategic Management Journal*, 28: 1329-1350.

Teece, D. Pisano, G. y Shuen, A. 1997. Dynamic Capabilities and Strategic Management. *Strategic Management Journal*, 18(7): 509-533.

Tversky, A. y Khaneman, D. 1986. Rational Choice and the Framing of Decisions. *Journal of Business*, 59(4): 259-278.

Weber, M. 1946. Bureaucracy. Gerth, H. H. y Mill, C. W. (eds.). *From Max Weber: Essays in Sociology*. Oxford University Press: 196-244.

Wernerfeldt, B. 1984. A Resource Based View of the Firm. *Strategic Management Journal*, 5(2): 171-180.

Williamson, O. E. 1975. *Markets and Hierarchies: Analysis and Antitrust Implications*. Nueva York: Free Press.

Williamson, O. E. 1985. *The Economic Institutions of Capitalism*. Nueva York: Free Press.

Williamson, O. E. 1991. Comparative Economic Organization: The Analysis of Discrete Structural Alternatives. *Administrative Science Quarterly*, 36(2): 269-296.

Zollo, M. y Winter, S. 2002. Deliberate Learning and the Evolution of Dynamic Capabilities. *Organization Science*, 13(3): 339-350.

# La cientificidad de la Administración Pública. Reflexiones

*Juan Miguel Morales y Gómez**

Interpretando a Leibniz: cada individualidad vale un mundo o al menos una perspectiva; la Administración Pública vale y tiene su propio mundo y perspectiva.

## Introducción

En el presente capítulo se presentan reflexiones que permiten repensar si la ciencia de la Administración Pública ha tenido cambios a lo largo de las últimas décadas, ajustes, interpretaciones que nos lleven a una concepción probablemente más acabada y que además se constituya con la confección de un nuevo paradigma en la propia esencia de la Administración Pública, no sólo para definirla sino para atraer elementos novedosos y que a la vez ayuden a explicar y entender las nuevos significados que la conforman, de tal forma que en conjunto y de manera relacional, podamos llegar a conclusiones tanto en el campo del objeto como del sujeto, pero también de su relación entre ambos, pues ello nos precisa de manera más puntual y consistente la importancia y la naturaleza de la Administración Pública. De ahí que mediante otros enfoques como: la relación con la política y su dicotomía en esa vieja pero todavía presente discusión, o en todo caso generación de corrientes que la justifican, por un lado, y que la critican hasta verla unida como un todo, por otro, incluyendo el papel que juega dentro de la división de poderes del gobierno, el poder Legislativo con el poder Ejecutivo, y en donde estos dos poderes están mucho más relacionados entre sí, puesto que las funciones que cada uno realiza son dependientes unas de otras, traduciéndose en interdependientes, ya que las funciones de un poder no se explican; sin el accionar del otro, no obstante, cada uno tiene cometidos distintos.

* Profesor-Investigador de la Facultad de Ciencias Políticas y Sociales de la Universidad Autónoma del Estado de México.

Por otra parte, la relación con el Derecho y otras ciencias como la Economía, la Sociología, la Antropología y la Psicología, así como también para algunos autores resulta relevante la relación a veces llamada dicotomía entre centralización y descentralización, son el ejemplo que hace que la Administración Pública pierda claridad en cuanto a su objeto de estudio, y con el concurso de estas ciencias y dicotomías permite, en cierta forma, la desviación para precisar ese objeto de estudio en su dimensión real actual, es decir, en el sentido de su evolución como ciencia.

Otra concepción que a lo largo de la historia de esta ciencia está presente y que en el terreno de los nuevos enfoques que se han desarrollado en la Administración Pública como el de políticas públicas, el de gerencia o gestión pública, el de gobernanza y el de valor público, dificultan explicar el papel que debe tener la concepción de lo público y lo privado o, en todo caso, entenderlos como interactuantes dependiendo de la situación, el contenido y el propósito en torno a lo social y de acuerdo con los propósitos que se buscan en la Administración Pública, podamos valorar que esta ciencia del Estado ha evolucionado aun cuando desde la posición de otras ciencias sociales no se le ha dado el estatuto de ciencia, en virtud de considerarla como un conjunto de conocimientos, técnicas y herramientas que se utilizan para gestionar, reduciendo ese cometido como un conjunto de conocimientos sin importancia, siendo que es el conjunto de conocimientos que se transforman en ciencia e incluso en arte (en la concepción de la toma de decisiones mediante el uso de la sensibilidad para los subordinados), con lo cual se reivindica el sentido y objeto de la Administración Pública, además de difundir para todos los que intervienen en ella la importancia que adquiere tanto en lo teórico como en lo aplicativo, puesto que sin ella la política carecería de concreción, de organización, de coordinación y sobre todo de decisiones acordes con las necesidades y circunstancias de cierto tiempo, espacio y grupo social.

No se puede dejar de lado que la administración pública implica planear, organizar, conducir, coordinar y controlar, en función de servir a la comunidad, pero también en un afán de mejoramiento, busca el simplificar, el elevar calidades y capacidades además de innovar permanentemente, en aras de no sólo lograr eficacia y eficiencia, sino que éstos medios sinteticen un servicio efectivo para la sociedad, que finalmente es y será el gran fin.

## Elementos que se integran para la concepción de Administración Pública

En seguida se abordarán reflexiones para tratar de recuperar todo aquello que defina el objeto y esencia de la Administración Pública, de tal manera que bajo una concepción histórica ayude a entenderla mejor. Es así que iniciar con consideraciones acerca de la importancia que tiene la Administración Pública es adecuado; para ello conviene partir de su concepción. De esta forma, la Administración Pública tiene como base entender los elementos que constituyen su objeto de estudio, el gobierno, el accionar del Estado, las formas históricas del gobierno, el papel de los funcionarios, el desarrollo y aplicación de técnicas administrativas, los servicios básicos (relaciones exteriores, hacienda, gobierno interior y justicia), etcétera.

En virtud de lo anterior, la teoría de la Administración Pública tiene como sustento entender los elementos que integran su objeto de estudio, el cual se identifica con el gobierno, en tanto acción del Estado; las formas históricas del gobierno, el papel de los funcionarios, el desarrollo y aplicación de técnicas administrativas, los servicios y responsabilidades de gobierno como: relaciones exteriores, las finanzas públicas el control de la paz pública mediante el gobierno interior y la procuración de justicia (Sánchez, 2001: 22).

Para disponer de una base sólida, en primer término, es pertinente describir y analizar la relación de la Administración Pública con la política, puesto que esto resulta fundamental; es decir, tener presente cuáles son los aspectos que las unen, lo cual implica entender lo que son las relaciones de poder concretizadas en acciones, decisiones, respuestas y soluciones a través del funcionamiento del aparato del Estado que es la Administración Pública.

Para entender esta relación de política y Administración Pública, conviene apoyarse en sustentos teóricos, mismos que se presentarán a continuación.

La obra literaria *Los espejos de príncipes*, que se constituyó como un documento auxiliar pedagógico para formar a los reyes árabes sobre el arte del gobierno, combina la política con la moral, dos importantes funciones que están presentes en el accionar de un gobierno y de su administración pública y que, al mismo tiempo, son utilizadas para ser ejecutadas por los funcionarios en el seno de la corte.

Esta preocupación de enseñar y dar consejos a los reyes es, sin duda, uno de los aportes de dicha obra, en virtud de la importancia que se tiene del hecho de que éstos sepan conducir a su nación con efectividad para, finalmente, mantener el poder político.

Como podemos apreciar, se trata de que quien gobierna debe disponer de un conjunto de personas que sepan manejar con certidumbre conocimientos, sensibilidades, técnicas, métodos y herramientas que se traduzcan en administración pública; es decir, sepan gobernar para los ciudadanos; en donde el poder se transforme en atender, resolver y satisfacer necesidades colectivas sin dejar de ejercerse.

Los chinos, por su parte, en el *Libro de los exámenes*, dedicado a la formación de la burocracia, muestran interés en la enseñanza a funcionarios públicos como parte de un servicio civil, lo que permite apreciar en su cultura el grado de importancia y responsabilidad que imprimen en su desempeño en cargos públicos.

Por otra parte, es pertinente señalar la contribución que hace Juan Bodino a la ciencia de la Administración, en la comprensión de cómo se forma la administración absolutista. Trata de los ocupantes de cargos oficiales, quienes son los poseedores vitalicios de ellos, y los que desempeñan comisarios monárquicos ocupantes de los puestos del Estado. Este autor refiere los tipos de autoridad y establece la diferencia entre los magistrados y ministros. También describe los procesos políticos del príncipe para gobernar, tomando en consideración el siguiente orden: primero, gobernar para sus colaboradores; luego, estar en capacidad de hacerlo sobre la sociedad. En este aspecto, vale destacar, como un consejo fundamental, mantener en oposición a sus subordinados para que se controlen mutuamente, a fin de reducir la posibilidad de que sumen poder, poniendo en peligro la estabilidad del monarca (Guerrero 1986: 24).

En esta aportación se puede identificar la necesidad de mantener el poder del monarca a través de la búsqueda de un accionar de comportamientos y actuaciones de sus subordinados dentro de la administración, en la que se opongan entre sí; es decir, como un instrumento de control a fin de evitar cualquier posibilidad de alterar el poder. Esta forma de ordenar y conducir la administración, la coloca como una manera de realizar las funciones públicas por parte de sus funcionarios, cuya preparación será acorde con el sistema monárquico.

En otro orden de ideas, hay que considerar que Turgot, en su calidad de funcionario, actuó como intendente, figura cuya naturaleza era la centralización, forma administrativa que favorecía el control y el adecuado manejo administrativo del régimen de la época. Además, permitía el trabajo administrativo con eficiencia en bien del rey quien, en última instancia, decidía lo que conviniera al propio régimen. En consecuencia, la Administración Pública actúa y sirve a la política, pero la política no puede actuar sin la Administración Pública, esto habrá que dejarse muy claro para todos los que participan con responsabilidades en el gobierno, cualquiera que éstas sean, por tanto, es la parte necesaria y funciona de acuerdo con su dirección, pues sirve a los intereses del grupo que detenta el poder; sin embargo, este poder, al menos en las sociedades democráticas, deberá estar para servir al mayor número de ciudadanos y, de manera general, habitantes de una nación o región.

La ciencia de la Administración es la disciplina, según Bonnin, que estudia la administración y su división: administración pública y administraciones especiales, que son las partes integrantes de la propia Administración Pública. Define a la Administración en relación con las leyes administrativas y a los funcionarios públicos. Analiza, por otro lado, la aplicación de sanciones a los malos funcionarios (Guerrero, 1986: 61 y 62).

La obra de este autor resulta básica para cualquier estudio serio sobre la Administración Pública, por el hecho de que identifica, en la época Napoleónica, la importancia de la administración concebida en tres aspectos fundamentales, a saber:

1) Vínculo con las leyes, lo cual implica que el actuar de la Administración no puede estar alejado de la norma jurídica, pues el buen funcionamiento administrativo debe disponer de una base legal que permita su aplicación, dándole rumbo y estableciendo límites para los que administran y para los administrados.
2) El desempeño del personal público, el cual adquiere relevancia dado que es actor principal de la administración pública en función de que es el responsable de dar respuesta a las demandas sociales de acuerdo con lo que establezca la autoridad gubernamental.
3) La organización administrativa, elemento vital para el funcionamiento eficiente de la administración pública en virtud de que la estructura, los procesos, los métodos, la comunicación, las funciones y las obligaciones son el marco de actuación de los funcionarios públicos, ellos se desempeñan de acuerdo con todos estos instrumentos técnicos que conforman la organización y que sirven para desarrollar las tareas que les son encomendadas por la autoridad gubernamental.

Por otra parte, conviene señalar como un aspecto fundamental para entender la esencia de la Administración Pública –la cual tiene que ir acompañada de quien realiza la función pública y es precisamente el especialista en ciencias políticas y administración pública que se concretiza principalmente en la formación de funcionarios públicos o también, bajo un enfoque más amplio, servidores públicos– ha sido uno de los aspectos tratados con una menor atención en los estudios para mejorar y modernizar las administraciones públicas. Los esfuerzos que existen en la materia son limitados y aislados; un ejemplo de ello fue el estudio que en la década de los ochenta realizó el CLAD con Bernardo Kliksberg, mismo que derivó en un libro. En ese texto se reflejaba, por un lado, la diversidad de programas y tendencias en la formación de expertos administradores públicos; y por otro, la falta de perspectiva estratégica y sentido de formación de los profesionales en las temáticas del Estado. Además, si se analizan las experiencias de diversos países del orbe, específicamente América Latina, podemos detectar que falta consistencia, continuidad y desarrollo de programas de formación y desenvolvimiento de gestión pública en todo servidor público.

Resulta también pertinente precisar, desde la óptica de la formación del profesional de la ciencia política y administración pública, los atributos teóricos que se traducen en conocimientos, así como los correspondientes en el terreno de las habilidades y, finalmente, en el campo de las actitudes. Todos ellos deben tomarse en consideración para poder estar en condiciones de formar a un profesional en estas disciplinas interrelacionadas que hacen un todo.

En lo que respecta a los conocimientos, se requiere de una efectiva valoración del espacio público. Mantener los principios del servicio público con un claro referente al cumplimiento del bienestar colectivo, siendo esencial conocer tres lógicas: la del poder (propia de los políticos que gobiernan); la de la burocracia, que busca generar las condiciones de administración y uso de recursos en la gestión; y la del ciudadano, referente a la satisfacción de necesidades públicas.

Los postulados de Mintzberg en torno a las actividades de los directivos son por demás fundamentales, pues se ha encontrado que la mayor parte del tiempo que dedica un directivo público está distribuida entre las citas programadas, no programadas y llamadas telefónicas en un 80%, y que sólo un 20% del tiempo lo dedica al trabajo de oficina; es decir, a realizar las actividades propias de la administración pública, con lo cual se empobrece de manera contundente la función pública de transformación de las demandas en productos, servicios y decisiones para la ciudadanía. Entonces, estas habilidades en su desarrollo son imprescindibles para hacer evolucionar la administración pública y en consecuencia para gobernar con capacidad.

De lo anterior se puede establecer que la administración va encontrando caminos hacia la teorización y, por ende, hacia la cientificidad en tanto estudio, análisis y conceptualización de un objeto de estudio específico que es el accionar del gobierno a través de su estructura administrativa y mediante el personal, y de herramientas como técnicas, métodos, sistemas, sensibilidades y tecnologías de información y comunicación, que todas ellas forman parte de las diferentes áreas que componen la administración pública.

Un punto que merece destacarse es la doble posición que tiene la Administración Pública, ya que necesariamente tiene que ser vista y utilizada en esas dos dimensiones, "teórica y aplicada, las cuales permiten construir un conocimiento único, aunque no quiere decir que no pueda o deba valerse de otras disciplinas para concretar y especificar su verdadera identidad científica [...], lo cual tiene que demostrarse porque en la naturaleza de la Administración Pública está el accionar del gobierno, que reviste su fundamento como disciplina científica" (Morales, 2009: 32-33).

Ahora bien, resulta pertinente presentar la consideración de que el gobierno es autoridad pública para regir al Estado, en tanto administración suprema.

Puede así señalarse que el concepto de administración surge para darle al Estado los instrumentos de gobierno que le permitan, a través de las estructuras, las funciones, los procesos y las personas, transformar todas estas herramientas en satisfactores con base en las demandas de la ciudadanía (Morales, 2009: 35).

Queda ampliamente visible que la Administración Pública es ciencia porque cumple con los estatutos en términos de la sistematización, del método, de la metodología, también en el uso de instrumentos y sobre todo en el aspecto del propósito, que es la transformación de demandas en servicios, en productos, en decisiones; finalmente, en satisfactores para que con ello los gobiernos aseguren la gobernabilidad y su continuidad.

Para reafirmar el hecho de que la Administración Pública es una ciencia, resulta muy importante recuperar la obra de Baena de Alcázar, *Manual de la ciencia de la administración*, producida en el siglo XX por un autor de tradición y de amplio conocimiento en el área, mismo que hace una importante aportación al no ver a la administración en el campo de lo instrumental, o como la racionalización de impresos o los procesos administrativos de los expedientes, tampoco sustenta su trabajo académico en el Derecho, sea constitucional o administrativo.

El autor destaca una cuestión muy importante, que es el objeto y su relación con el método. En este sentido, establece que la ciencia de la Administración tiene su propio objeto, que es el conocimiento de las administraciones públicas desde las más amplias perspectivas, es decir, reconocer la situación real y sus relaciones con el poder y la sociedad. Plantea la importancia de clarificar la esencia de la cientificidad de la Administración Pública, porque el objeto de estudio está en las relaciones con el poder y con la sociedad, aspectos que no pueden ser vistos separados sino todo lo contrario, es menester tener esta visión de interrelación; de este modo, se está aportando el valor científico de la Administración Pública bajo esta argumentación (Morales, 2009: 40).

## La necesidad de repensar la dicotomía Política-Administración

En esta parte se pretende abundar en la dicotomía Política-Administración, con el ánimo de establecer con claridad la verdadera razón de concebir a la Administración Pública ligada a la política y no separada de ella, como algunos autores la definen. Se parte de la idea de que la Administración Pública se fusiona con la Política, donde cada parte tiene funciones y cometidos distintos, pero lo más importante a efecto de darle sentido a sus esencias es que confluyen siempre hacia la sociedad, que en algunos casos puede ser para su servicio en general, o bien, para el beneficio de un grupo o clase social, donde el beneficiario sea este grupo o clase, aunque los otros grupos sociales están presentes quizá teniendo servicios y respuestas paliativas, sólo para lograr la estabilidad política, cuestión que habrá que desterrar, puesto que lo fundamental es tener una administración pública en acuerdo con la política para que busque y logre atender y superar las necesidades demandadas socialmente.

La separación entre Política y Administración es ampliamente cuestionable. Para empezar, varios estudiosos sostuvieron que separar la Política y la Administración era, ni más ni menos, imposible. Los servidores públicos no podían ser autómatas y tenían valores propios que influirían en su conducta en el cargo. Dado que la Administración Pública trae consigo valores, un buen servidor público tendrá opiniones concordantes con las de uno u otro partido respecto a las políticas. Sin embargo, si esas opiniones partidarias les impiden servir lealmente al gobierno de otro partido, entonces deben renunciar (Peters, 2010: 758).

Este mismo autor también plantea que existen diversos modelos de gobierno que vinculan directamente al sector público con la sociedad y trascienden a la burocracia representativa, incluso en las versiones activas, para asumir que la burocracia debe desempeñar un papel casi político en el establecimiento de ese vínculo con los grupos sociales (2010: 766).

En estos dos planteamientos se deja ver que la relación política y administración reúne una consideración que se juzga de peso, puesto que tiene que ver con la actuación y el desempeño en su naturaleza humana de un servidor público, al ponerle en cada acción la sensibilidad apoyada en valores, los cuales van a ir determinando en la concreción del servicio y decisión que presta y toma. Así, en ciertas circunstancias y momentos, el servidor público apoyado en sus conocimientos y su experiencia, además de sus valores inmersos, podrá tomar decisiones acordes con las necesidades de la sociedad para finalmente buscar su satisfacción.

Para fortalecer esta idea de la íntima relación de la Administración (o en términos modernos, gestión con la Política y ahora también con la sociedad) estaremos evolucionando mediante la concepción de gobernanza, en donde la participación social es más necesaria y fundamental, ya que el gobierno, y por ende su administración pública, interactúa obligadamente con diversos grupos sociales que se manifiestan como organizaciones civiles y que son al mismo tiempo concebidos como grupos de interés, y en donde tales grupos cumplen con un rol de ayudar al gobierno a que ejecute programas de una mejor manera y con la garantía de la participación social que se traduce en legitimidad.

En épocas recientes se ha incrementado el interés en el papel de las redes sociales como medios para vincular al gobierno con la sociedad civil. En el extremo, algunos estudiosos y otros defensores de las redes han sostenido que estas estructuras son capaces de gobernar con más eficacia que las burocracias públicas, en vista de la rigidez y la falta de respuesta de estas últimas (Peters, 2010: 767).

Desde luego que es una característica de la gobernanza pero al mismo tiempo de la Administración Pública en su concepción más amplia que explica en su naturaleza la relación, una relación que se expresa con la política pero bajo este enfoque directamente con la sociedad mediante grupos entrelazados en redes cuya potencialidad es mayúscula.

Sin duda que bajo esta forma de vincular, es decir de establecer dicotomía entre administración o gestión pública, con política y sociedad, se dirige hacia la idea de que un término es fuerte y el otro débil, entonces uno es la negación del otro. Sin embargo, la dicotomía es útil en tanto permita contrastar los dos términos, describirlos, analizarlos y explicarlos, incluso apreciar la oposición de uno y otro, para luego obtener de todo este estudio, definiciones concluyentes como en el caso de la administración pública y la política que ofrece interrelaciones y evidentemente no admite divisiones para detentar separaciones. Siendo un reto todavía en esta concepción el de que desde la posición de varios autores se logre perfilar una aceptación universal. En este caso se considera como uno de los retos que tiene la cientificidad de la administración pública en el sentido de definirla como ciencia de la interacción con el poder para ofrecer resultados que beneficien a la sociedad en su conjunto.

Con la idea de reafirmar el rompimiento de la dicotomía se presenta lo siguiente "[…] apareció como un subproducto de las inquietudes principales en las universidades a fines de los años sesenta y principios de los setenta, encontraron su expresión en las enseñanzas, escritos y actividades profesionales de administradores públicos jóvenes, tanto en el ámbito universitario como en el gobierno. Conocido como 'la nueva administración pública', este movimiento no sólo reafirmó la ruptura de la dicotomía Política-Administración, sino también lanzó un reto al énfasis tradicional en las técnicas administrativas, y recalcó la obligación de que los administradores públicos se interesaran por los valores, la ética y la moral y aplicaran la estrategia del activismo para afrontar los problemas de la sociedad (Heady, 2000: 35).

Lo anterior evidentemente deja claro que la administración pública incorpora nuevos temas específicamente a quien es formado en esta disciplina, como la ética y la moral, rubros que necesariamente son parte de los valores que no sólo se deben tener para el desempeño profesional, sino que deben estar considerados en el actuar de cualquier ser humano, y desde luego para quien realiza funciones de responsabilidad pública, dada la trascendencia que implica, puesto que se hace indispensable y, como bien se dice, es parte de los valores que se deben tener y profesar para cubrir el perfil de quien se dedica a servir a la sociedad.

En el mismo sentido, "Weber reconoció la dicotomía entre Política y Administración, y quiso trazar importantes distinciones entre los papeles del político y del burócrata, aunque también observó que "todo problema, sin importar cuán técnico parezca, puede adquirir importancia política y su solución puede estar influida decisivamente por consideraciones políticas" (Heady, 2000:493).

Desde luego habrá que tener cuidado en el papel que juega la burocracia, en el sentido de constituirse como un peligro si logra extralimitarse, y para ello se generan condiciones que permiten arribar a ese efecto y entonces el dominio ya no es el de la política como tal, sino de la burocracia haciendo política y quizá usurpando el poder que se refleja con el crecimiento de entidades y dependencias gubernamentales que necesariamente deberán manejar los administradores públicos.

Es claro que bajo esta posibilidad se requiere, como se ha venido reflexionando y hasta determinando, medidas que evitan esta situación, puesto que no se ve adecuado que esto se genere y quede bajo el dominio ahora de la burocracia y de la función pública mediante los procesos, las estructuras, las técnicas y las acciones del gobierno que finalmente es el actuar de la burocracia, por lo que se deberá establecer un control político sobre los departamentos gubernamentales a efecto de que no se evite el escenario en el que la burocracia ya no pueda controlarse.

Por otra parte, conviene en el contexto que se está abordando la dicotomía, considerar lo siguiente: "La pobreza puede inclusive tornarse, inadvertidamente, un mecanismo regulador que aplique el Estado, y de control, en lugar de ser un foco para la acción"(Lautier, 1998: 103-134 en Spink, 2001: 33).

> La discusión de las relaciones entre el Estado y la sociedad civil es a nivel de mediano plazo en el espectro de acciones públicas, una cuestión de compromiso social, de representación y de la forma en que la administración pública es capaz de romper con muchas de aquellas prácticas que han estado demasiado al servicio de intereses privados, del patrimonialismo y de los monopolios de poder. La administración, se dice, debería comenzar en lugar de terminar con lo público (Spink, 2001: 20).

De este planteamiento se clarifica que la relación Política-Administración está orientada en un terreno más amplio y profundo, ello significa que la política en su cometido, que es el poder, y por tanto la toma de decisiones; entonces la Administración Pública hace que esas decisiones puedan ser concretizadas y aplicadas para que se concentren en satisfacer con servicios y productos a los diversos grupos de la sociedad, apartándose de servir a intereses privados o a grupos cerrados de poder, debiendo estructurarse y operar en el cumplimento de compromisos con la sociedad. Aquí es posible que se incorpore una responsabilidad desde el gobierno y su administración pública, en el sentido de hacer que día a día se pueda servir mejor a las diversas comunidades que integran una sociedad, buscando elevar su nivel de vida.

## Los retos de la Administración Pública

Uno de los primeros retos que hoy en día debe afrontar la Administración Pública es encontrar el equilibrio entre los recursos, las necesidades permanentes y que van en aumento, los requerimientos de eficiencia y eficacia, así como las expectativas de equidad, teniendo como objetivo reducir la expansión de los gastos y de organización. Debe convertirse en la actividad dirigida a fortalecer el poder del Estado para que, desde allí, éste genere condiciones para construir un mejor nivel de vida. Ello a través de desarrollar orden, organización y capacidad para producir civilidad.

La gestión del sector público en esta época de cambios constantes se ha convertido en un difícil reto para el quehacer gubernamental, en cuanto a la toma de decisiones, la elaboración de planes, programas y del funcionamiento general de la propia administración pública. Por ello resulta importante tocar el tema de la Administración Pública para observar su organización y el deber de su actuación por propio interés y a favor de la sociedad.

Uno de los aspectos primordiales para poder vislumbrar a la Administración Pública es definir en un primer plano su contexto. Ello quiere decir que, tal como ha sido concebida por Wilson, es la parte más visible del gobierno, es el gobierno en acción, es el poder ejecutivo el que actúa. Ante estas circunstancias, Wilson entendía a la administración como la actividad organizada de lo que puede hacer adecuadamente y exitosamente el gobierno y cómo puede hacerlo con máxima eficiencia y al mínimo costo posible.

Como se puede apreciar, habrá que poner énfasis en que debe existir una organización de Estado, misma que defina el funcionamiento de sus órganos en el marco de la normatividad que lo regula, así como la puesta en operación de las competencias y facultades necesarias para cumplir eficazmente su cometido.

Michael M. Harmon y Richard T. Mayer (1999) señalan los procedimientos llevados a cabo por la Administración Pública, implican un alto grado de coherencia para poder dar solución a los problemas existentes en la sociedad. Igualmente, mediante la Administración Pública el Estado puede realizar actos denominados justamente administrativos para lograr sus fines y objetivos.

En este sentido, el desafío ahora es buscar la correspondencia entre todos los elementos que conforman la Administración Pública en el ánimo de que se logre racionalidad y con ello organización para que los resultados sean los que se han fijado con anterioridad a fin de lograr mayores satisfactores para la sociedad.

La Administración Pública, de acuerdo con Ignacio Pichardo Pagaza (2003), "[...] tiene como objeto regular la distribución de la riqueza y de los recursos sociales entre las clases sociales que conforman la nación". En otras palabras, la Administración Pública también es factor de regulación social en virtud de que actúa frente al ciudadano y frente a las organizaciones de intereses, desactivando o resolviendo los conflictos y abriendo paso a la negociación y al consenso, lo cual a su vez, permite una mejor aceptación de las políticas estatales.

En este planteamiento se señala que la Administración Pública no sólo es el conjunto de sistemas, técnicas y métodos para dar respuesta a ciertas necesidades, sino que va más allá, puesto que su cometido está ligado con propósitos sociales como la distribución equitativa de la riqueza para todas las clases sociales, elevando los niveles de vida para toda la sociedad en su conjunto.

Michael Barzelay (1998) plantea que no sólo en la Administración Pública hay instituciones, sino que algo dentro de ella la mueve. Ese motor son las personas o, mejor dicho, los "funcionarios" que en su conjunto conforman la burocracia, y que se desenvuelve cumpliendo su función impulsada por valores, patrones de conducta, emociones, sentimientos, intereses, pero también conocimientos y capacidades.

En el aspecto de las actitudes, considerando el estudio de Carlos Losada, se toman en cuenta los dos tipos de presión a los que está expuesto un servidor público: sus capacidades intelectuales y habilidades afectivas. Para poder generar los mecanismos de formación necesarios en materia de presión intelectual, se sugiere el uso de estudios de caso. El uso de este método en la Administración Pública es menor, incluso en México existen pocas instituciones que lo utilizan en la formación de sus alumnos; y en las que existen, generalmente se usan casos desarrollados en otros países y con muy pocos referentes al sector público. El uso de estudios de caso tiene muchas bondades. Así, es ampliamente desarrollado en las escuelas de los Estados Unidos, siendo la más famosa la John. F. Kennedy School of Government de la Universidad de Harvard. Dentro de los diversos objetivos que permite generar el estudio de caso está la simulación al introducir a los actores a situaciones en las que necesariamente se conjugan los conocimientos, las habilidades y el desarrollo de actitudes ante situaciones complejas (Macías y González, 2003: 28-31).

Este es otro reto que la Administración Pública debe enfrentar, en virtud de que se confirma que los estudios de caso son útiles para conocer la planeación, proceso de gestión y los resultados tanto de implementación como de operación, y con ello obtener el bagaje de conocimientos y la experiencia necesaria, a efecto de poderlos tomar como referencia en casos semejantes pero, desde luego, haciendo los ajustes y adaptaciones necesarios a los nuevos casos que se presenten y, de cualquier forma, documentar los nuevos casos para continuar aportando nuevos conocimientos, metodologías, técnicas y la actuación de los liderazgos para conducir la organización, resolver los problemas y tomar las decisiones para buscar satisfacer a los grupos sociales a los que van dirigidos.

Otro de los retos de ayer y hoy para la administración pública es desarrollar la ética para la burocracia profesional, como un atributo que debe tenerse, mantener, probar y demostrar para construir por parte de la ciudadanía, la confianza por muchos años perdida del desempeño de las agencias del gobierno.

Con base en la experiencia de Japón, resulta importante considerar en el desarrollo de la Administración Pública, la profesionalización de los funcionarios públicos con el propósito no sólo de hacer y responder con eficiencia en los programas de gobierno que se tengan establecidos, sino que adicionalmente se conforme desde la burocracia un liderazgo en el papel de modernización de la nación. De esta manera, la burocracia debe tener el compromiso con la solución de los problemas que aquejan a la sociedad; visto así, la sociedad se crea una opinión del funcionario como alguien que está para resolver los problemas y con ello ganarse la confianza y el reconocimiento de los ciudadanos, puesto que de esta manera se logra el honor como una consideración muy especial. Se agrega que todos los funcionarios públicos están al servicio de la comunidad en general y no de un grupo en particular (Heady, 2000: 295).

Este reto tiene que ver mucho más con la cultura y la historia de un pueblo como Japón; no obstante, es posible valorar la firme decisión del pueblo Japonés para transformarse a sí mismo, para luego transformar a su gobierno y administración pública hasta encontrar un verdadero desarrollo por el bien de toda una nación. Incluso es pertinente considerar que la alta jerarquía ocupante de los cargos de decisión debe ser formada en las universidades más prestigiosas y con graduaciones con honores, como uno de los requisitos para primero aprobar los exámenes (ciencias del derecho, ciencias económicas, ciencias políticas y ciencias administrativas), para luego seleccionar a los más aptos para que se integren a desempeñar estas responsabilidades de alto nivel burocrático.

"Una buena gobernación y administración pública consiste justamente en la capacidad de administrar el cambio, de conducirlo y acompasarlo, de saber cuáles materiales (formas organizativas, esquemas directivos, cuerpos normativos, ideas, procesos laborales) ya dieron de sí y cuáles merecen ser revalorados y reelaborados porque encierran todavía nuevas posibilidades y alcances" (Aguilar, 2008: 13).

Este es un gran reto que tiene ahora la Administración Pública, puesto que debe salir de una condición estática y subordinada de la política; es decir, tiene que encarar nuevos desafíos, los cuales deben ser enfrentados con capacidad para que sus administradores públicos sean actores de cambio y no sólo eso, sino participar en él para conducirlo, lo cual implica una gran responsabilidad, un dominio en el conocimiento y en la práctica, así como en el uso de nuevas técnicas, procesos, métodos y, evidentemente, tecnología de información y comunicación, además de la sensibilidad para ponerla en práctica al servicio de la ciudadanía.

> [...] la capacidad de la burocracia para gozar de autoridad y desempeñar un papel eficaz en el gobierno es crucial, ese control político sobre el sector público también es muy importante para el gobierno contemporáneo. Esta preocupación por la rendición de cuentas suele expresarse en forma de controles democráticos, pero son menos los sistemas políticos democráticos que comparten algunas de estas preocupaciones sobre la manera en que los individuos nominalmente responsables de gobernar pueden controlar esas organizaciones, cuyo propósito es auxiliarlos. Los instrumentos que se usan para el control incluidas las ideología y la coerción, pueden ser diferentes, pero la cuestión básica de la rendición de cuentas tal vez no difiera en absoluto (Peters, 2010: 771).

En la actualidad, la capacidad de rendir cuentas es un nuevo reto para las administraciones públicas modernas bajo un sistema democrático, de ahí que se convierte en un desafío, dado que en muchos gobiernos –los que corresponden a un nivel de desarrollo menor– los sistemas democráticos no son todavía fuertes y plenamente estables. No obstante, el que se introduzca estos sistemas, prácticas y posteriormente se convierta en cultura, demuestra el grado de madurez de una gestión de gobierno. Sin esa capacidad se debilita cualquier avance y se generan dudas en cuanto al manejo de recursos, el desarrollo de programas y por supuesto el cumplimiento de metas. Para poder rendir cuentas adecuadamente la organización gubernamental, y por consecuencia su administración pública, debe disponer de una funcionalidad tal que le permita conocerse a sí misma y, más aún, debe estar disponible la información y, al mismo tiempo, operar prácticas, la asignación de recursos y los logros demostrables. Ello permitirá construir paso a paso la confianza en los ciudadanos sobre el buen desempeño de sus gobiernos.

En suma, la administración pública ha evolucionado en virtud de las aportaciones que han efectuado diversos autores durante el último siglo, en el intento de darle sentido y de plantear que se produce una renovación teórica, puesto que al estudiarla con mayor detenimiento y ponerla en operación, se aprecian los avances que ha tenido esta ciencia, para que a partir de esta situación se construyan paradigmas, mismos que se reflexionan, discuten y se aplican en la realidad concreta, lo cual ha llevado a determinaciones comprobables, pero en otras ocasiones no ha sido así, como es la dicotomía Política y Administración, o la idea de la subordinación de la administración a la poética.

Es claro que hoy en día se continúa transformando y adaptando la propia Administración Pública a los nuevos tiempos y a los gobiernos que buscan ser más efectivos desde una posición democrática, en virtud del nacimiento en diversas realidades del mundo de lo que es ser ciudadano y del papel que juega en las sociedades civilizadas y modernas para que se avance hacia la construcción de una sociedad civilizadamente democrática.

## Bibliografía

Aguilar Villanueva, Luis (2008). *Gobernanza y gestión pública,* FCE, México.

Baena de Alcázar, Mariano (2005). *Manual de la ciencia de la Administración*, Madrid, España.

Barzelay, Michael (1998). *Atravesando la burocracia. Una nueva perspectiva de la Administración Pública,* FCE/Colegio Nacional de Ciencias Políticas y Administración Pública, México.

Heady, Ferrel (2000). *Administración pública una perspectiva comparada*, FCE, México.

Guerrero, Omar (1985). *Introducción a la Administración Pública*, Harla, México.

Guerrero, Omar (1986). *Teoría de la Administración Pública*, Colección textos universitarios, Harla, México.

Harmon, Michael M. y Richard T. Mayer (1999). *Teoría de la organización para la Administración Pública*, FCE, México.

Macías, Alejandro y González Calderón, Marcela (2003). "VIII Congreso Internacional del CLAD sobre la Reforma del Estado y de la Administración Pública", CLAD, Panamá.

Morales y Gómez, Juan Miguel (2009). *Actualidad y prospectiva de la profesionalización de los servidores públicos municipales en el Estado de México,* Miguel Ángel Porrúa/Cámara de Diputados/Conocer para Decidir/UAEM/Facultad de Ciencias Políticas y Sociales/IAPEM, México.

Peters, Guy (2010). "Cincuenta años de Administración Pública". *Foro internacional*, México.

Pons, Hugo (s/a). Gestión pública: "un acercamiento al concepto socialista", mimeo, Facultad de Economía-Universidad de La Habana, Cuba.

Pichardo Pagaza, Ignacio (2003). *Introducción a la nueva Administración Pública de México*, INAP, México.

Sánchez González, José Juan (2001). *La Administración Pública como ciencia: su objeto y su estudio*, IAPEM/Plaza y Valdés, México.

Spink, Peter (2001). *Modernización de la Administración Pública en América Latina. Nueva gestión pública y regulación en América Latina. Balances y desafíos*, CLAD, Venezuela.

# LOS TEXTOS Y EL ESTUDIO DE LA CULTURA. ESBOZO PARA EL ABORDAJE TRANSDISCIPLINAR DEL TEXTO URBANO EFÍMERO O *GRAFFITI*

*Gustavo Garduño Oropeza*
*María Fernanda Zúñiga Roca**

> Al no haber ya un único centro económico, cultural o político en el mundo contemporáneo, y al multiplicarse los centros de información, comunicación y tecnología, las jerarquías históricas se relativizan y los roles sociales se diseminan. Así, todas las culturas parecen ser, por primera vez en la historia, contemporáneas de la nuestra. Esto significa que son contemporáneas de la yuxtaposición de los tiempos, las razas y las visiones del mundo características de nuestra historia, en un espacio donde lo popular, lo culto y lo masivo se confunden entre sí, estableciendo un diálogo que obliga a redefinir nuestra propia identidad cultural.
>
> LAURO ZAVALA

## INTRODUCCIÓN

El epígrafe nos acerca a una dimensión contemporánea de la problemática y las exigencias a las que se enfrenta todo estudio sobre la complejidad presente en el término cultura y sus múltiples manifestaciones/objetos.[1]

El término "cultura" implica, en su sentido más general, una serie de problemas de definición cuyo esclarecimiento no puede partir ni de una visión globalmente orientada ni de múltiples perspectivas particulares que, desde el interior de ámbitos cerrados de pensamiento (y a través de la fuerza, una forma de racionalidad o poder), pretendan pasar por alto a la pluralidad, la diferencia y la

* Profesores-Investigadores de la Facultad de Ciencias Políticas y Sociales de la Universidad Autónoma del Estado de México.

[1] Especialmente cuando éstas se conjugan y chocan en el interior de grupos humanos que buscan constantemente rasgos que distingan a sus miembros (identidad), una presencia frente a otros grupos (imagen) y una cuota de participación de los beneficios que los modelos mundialmente orientados prometen a quienes se someten a ellos (desarrollo).

diversidad de modelos de expresión o valor. En pocas palabras y para fines de este texto, la problemática implícita en el párrafo de Zavala se puede enunciar como la de la complejidad que implica referir conceptualmente a la cultura como una "pluralidad" pero también y a la vez como una "unidad".

¿Cómo asir entonces un encuentro de relatividades que conduzca a la definición de lo que es "propio" y a la vez de lo que resulta "diferente" al interior de grupos, sociedades y prácticas?, ¿cómo "autorreferirse" y "referir al otro" en un marco de generalidad que impone esquemas trascendentales y que hoy han rebasado ya los límites de los Estados nacionales?

Si no es a partir del reconocimiento de que la cultura es el marco de desarrollo de un diálogo en el que participan múltiples voces, que implica muchos contextos y en el que sólo la interacción entre las relatividades permite acceder a perspectivas más heterogéneas y polivalentes, se correría el riesgo del determinismo o, peor, de los extremismos paradigmáticos.[2]

En este sentido, un encuentro de voces que dialogan no necesariamente permitiría acceder al acuerdo o a la común apreciación de "universos" al interior de un grupo de usuarios de un lenguaje o código común (como rezaría la definición más elemental de comunicación[3]), sino que implicaría, además, la generación de contrasentidos, la confrontación, las oposiciones, la ruptura e incluso las formas de tropos como la ironía.

De esta forma, la cultura viene a convertirse en un ambiente complejo que queda reflejado solamente en las consecuencias o evidencias emanadas de múltiples niveles de diálogo,[4] mismas que implican:

- Tiempo y espacio de interacción: que dan lugar a contextos que determinan o condicionan las formas de expresión de los grupos que los conforman.
- Lenguajes y formas de expresión: como mecanismos para el entendimiento y/o comprensión del "otro" a partir de las expresiones manifiestas mutuamente.
- Poder y legitimidad: estrategias y mecanismos para imponerse al resto de las voces y, de esta forma, constituir una racionalidad, una visión dominante del mundo o una verdad instituida.

[2] Ejemplos de lo dicho bien podrían constituirlos esos lugares comunes de la jerga en Ciencias Sociales como: la "Historia escrita por los ganadores", los " relatos oficiales", el "Estado de derecho", las "ciencias empíricas o positivas como vías para validar conocimiento" o los "cánones de academia", todos ellos son conceptos parciales que tienen como característica la orientación del área o aparato axiomático que los genera.

[3] *Communicalis* es la expresión latina equivalente a "poner en común".

[4] Heteroglosia.

- Crítica o mecanismos: buscan la salida de las voces silenciadas o apartadas del diálogo a partir de su incorporación por mecanismos alternos, mediante el desarrollo de nuevos niveles o formas de diálogo e incluso a través de la invención de códigos o lenguajes que alimenten las posibilidades de una determinada forma simbólica de la cultura.

Los anteriores y, por supuesto, otros encuentros comunicativos que logren niveles de orden, de puesta en común de particularidades, de acuerdo y de conciliación serían los primeros resultados de la búsqueda de un nexo identitario por parte de quienes forman a una determinada cultura.

## La relación de identidad

Del mismo modo que sucedió en el apartado anterior con el término cultura, tratar el concepto de identidad supone enfrentar la imposibilidad de hacerlo bajo el artificio de una sola idea aislada toda vez que se trata de un conjunto de condiciones dinámicas que, interactuando, presentan facetas lingüísticas, expresivas, de poder, legitimidad y crítica dinámicos y relativos que si bien se hallan inmersos en un contexto, presentan variantes o alteraciones que alejan al observador de aquello que pretende identificar.

Ante la cultura, uno de los grandes problemas del observador es observar bajo las condiciones que él identifica y no bajo las posibilidades que lo observado presenta en sí mismo. Su esfuerzo resulta a todas luces inútil si se realiza bajo el artificio de un modelo unívoco y tendiente a privilegiarse desde una visión o racionalidad.[5]

Hoy las disciplinas sociales han reconocido la necesidad de romper fronteras paradigmáticas y metodológicas a partir de la incorporación de perspectivas que den a cada concepto la posibilidad de dinamizarse en función de su uso o extensión dentro de un marco de diálogo. Ante ello, entender a

[5] Autores que representan a campos de estudio tan diversos como la Filosofía, la Sociología, la Lingüística, la Semiótica, la Historiografía, la Hermenéutica y la Literatura han buscado las variables del problema identitario a partir de la creación o derivados artísticos (la forma simbólica más innovadora y evolucionada para autores como Eco y Cassirer), más específicamente, en la literatura narrativa. La razón es que la novela presenta una cualidad polifónica (presencia de diversas voces) necesaria para contemplar de manera menos unívoca (monológica) a la sociedad. Recordemos que las disciplinas sociales tradicionales van por perspectivas que definan objetos de estudio claramente delimitados y, por tanto, insuficientes para poder "entender", a partir de ellos, la complejidad que distingue al ambiente donde éstos se dan.

la investigación cultural como un cúmulo complejo de procesos que, en forma yuxtapuesta o convergente,[6] se alejen de los marcos delimitados por la presencia de objetos de estudio aislados o relativos a sólo una dimensión de la vida cultural (social, política o económica) no sólo aparece como algo necesario sino ya inexcusable.

Comprender la complejidad del contexto cultural implica establecer dimensiones de los objetos sociales como "textos" ó "marcos de narración" que aparecen en forma compleja en tanto contienen series de variables heterogéneas que no siempre se corresponden mutuamente y varían en función de un número variable de voces más que dialogan dentro y ante ellos.

A manera de ejemplo: la política como disciplina –vista desde su propio interior (paradigmas, métodos y procesos)– nos refleja una perspectiva particular de la sociedad (relaciones de poder y subordinación) que, al ser colocada en posición de diálogo con visiones de la Historia, la Antropología, la Sociología o la Lingüística, pierde la posibilidad particular de abarcar la dimensión de un fenómeno y tiende a modificar su propio marco de lenguaje para abarcar modelos o visiones alternas no sólo de carácter global o general sino local y particular que se confrontan y/o complementan. Después, al confrontarla socialmente en su dimensión práctica entre actores (políticos y no políticos, oficiales y no oficiales, legítimos o ilegítimos) y dimensionarla en torno a una problemática específica (económica, de seguridad, desarrollística, educativa) las voces proliferan y las posibilidades de univocidad que su propio aparato lingüístico le permite, se diluyen.

Las disciplinas por sí mismas se vislumbran insuficientes para leer la complejidad de los objetos –mucho más si estos son sociales y se modifican permanentemente–, ante éstos sólo queda la posibilidad de interpretaciones o lecturas basadas en la dinámica misma de relación; es decir, de la forma y uso que se dé a los mecanismos que expresan las identidades e imágenes múltiples de las mismas: los productos simbólicos que recrean los contextos generales y particulares, los lenguajes que expresan a la sociedad y a las dinámicas de relación poder-crítica y transformación en su velocidad, pluralidad y caducidad aglutinadas.

[6] La historiografía y los trabajos de hermenéutica social contemporáneos han dado muestras de la necesidad de una combinación de perspectivas epistemológicas que busquen comprender *in extenso* la acción creadora del hombre. Autores como Paul Ricoeur (Ricoeur, 1995) o, en México, Lauro Zavala (Zavala, 1998) han aventurado la práctica de estas formas eclécticas de proceder ya no sólo a la literatura, sino a manifestaciones antropológicas como los rituales, el folclore y la costumbre.

En la política, muchas veces, las decisiones, sus trasfondos y su naturaleza permanecen velados o condicionados a lo identificable. Por tanto, se puede interpretar sólo lo manifiesto; esto es, los productos del discurso y los actos de gobierno, las condiciones textualizables y las dinámicas de diálogo perceptibles. Lo demás es hipótesis y se subordinará a lecturas condicionadas por referentes externos.

Es por ello que las posibilidades de comprensión de lo social apelan a recursos de investigación ya no abocados a los "hechos en sí", sino a los encuentros comunicacionales presentes en las perspectivas y visiones míticas, rituales, científicas, artísticas y lingüísticas (formas simbólicas) de una determinada manifestación.

Los estudios de la cultura, en su complejidad, pretenden ser usuarios de un objeto capaz de referir a las distintas dimensiones de la misma. Esta búsqueda lleva a menudo al estudio de las diversas formas de escritura producidas[7] por diferentes niveles y estratos culturales: la literatura, la música, la pintura, la arquitectura, los derivados simbólicos de los medios masivos de comunicación, los productos de la industria cultural, los nuevos lenguajes informáticos y hasta la textualidad de los espacios públicos y privados que, en definitiva, refieren perspectivas de una realidad múltiple y polivalente.

Lauro Zavala habla de la importancia de estas manifestaciones culturales como base de una lectura dialógica: "La escritura es una forma de etnografía; es la mejor estrategia de aproximación al otro; es la forma idónea para establecer un diálogo entre distintos sujetos, culturas y discursos. Es, en síntesis, una estrategia de objetivación de la propia identidad" (1998: 113).

Muchos elementos de lo que se ha argumentado hasta el momento están presentes en esta cita; sin embargo, al hablar de escritura, y a diferencia de Zavala, se buscará no referir en forma exclusiva a la literatura (objeto preferido como ejemplo por el investigador), sino que se pretenderá aludir a una noción más amplia que considere también las formas alternas de articulación de sentido ya enunciadas. Dichas formas pueden partir de las categorías simbólicas y mecanismos codificantes propios de cada cultura. Entre ellos, las bases de estructuras míticas, rituales, artísticas, científicas y, por supuesto, lingüísticas que bien pueden

[7] Se desprende de lo anterior la importancia que han adquirido disciplinas nuevas como la semiótica, la comunicación y la sociología de sistemas (comunicacionalmente orientados), además de comprender las razones de un resurgimiento de la llamada hermenéutica posmoderna a la que defienden los autores citados en la llamada anterior.

ser consideradas por sus derivados concretos como *textos* que son producidos a través de codificaciones específicas.[8]

## TEXTOS Y TEXTUALIDAD

Al referir el término *texto* se introduce ya el concepto clave a ser definido como base objetual de toda observación y análisis en el terreno de lo cultural.

Las posibilidades que brindan "los textos" como marcos de la complejidad cultural han sido ya aprovechadas como opción teórica en la actividad tanto antropológica como historiográfica y comunicacional;[9] todas ellas áreas que se han preocupado por los alcances interdisciplinarios que tiene el "sentido" gracias al grado de apertura con el que enfrenta diferentes ámbitos de estudio. El texto resulta importante en las líneas mencionadas porque constituye en sí la evidencia física (anclada por cualquier forma de manifestación/escritura) de una pluralidad de posibilidades al interior de un contexto, es decir, discursos: "Llamamos texto a todo discurso fijado por la escritura. Según esta definición, dicha fijación es constitutiva del propio texto" (Ricoeur, 1999: 59).

Al igual que con las nociones planteadas por Zavala, un texto, según Paul Ricoeur, podría conducir al equívoco de entender su naturaleza como una manifestación estrictamente literaria. La posición sería válida sólo si no se tomase en consideración que la escritura es un fenómeno que no puede restringirse exclusivamente al tratamiento gráfico del lenguaje verbal;[10] además, la inclusión del término discurso evoca la presencia de elementos que, coherentemente ordenados y bajo ciertos criterios de uso, promueven la incorporación de funciones

[8] "Una filosofía de la cultura comienza con el supuesto de que el mundo de la cultura no es un mero agregado de hechos disgregados y dispersos; trata de comprenderlos como un sistema, como un todo orgánico [...] La definición del hombre como animal social no es suficientemente amplia; nos ofrece un concepto genérico pero no la diferencia específica [...] en el caso del hombre no encontramos sólo, como entre los animales, una sociedad de acción, sino también una sociedad de pensamiento y sentimiento. El lenguaje, el mito, el arte, la religión y la ciencia representan los elementos y las condiciones constitutivas de esta forma superior de sociedad". (Cassirer, 1997: 325-326).

[9] Los géneros narrativos en literatura, ciertas manifestaciones rituales y la apelación a fuentes documentales han sido objetos de exploración de las disciplinas en cuestión bajo la perspectiva que se expresa.

[10] Resultaría útil remontarse al *Curso de lingüística general*, de Ferdinand de Saussure, para ampliar conceptos como "lenguaje", "langue" y "parole", los cuales aluden en forma directa a la estructura general, a la modalidad de uso de dicha estructura y a las variaciones formales de la misma en ámbitos de uso específicos. Del *Curso de lingüística general* las ediciones son variadas, así como las editoriales. Las referencias las obtuve de la edición marcada como Saussure, 1993.

significantes ajenas al trabajo literario y que, como éste, son susceptibles de ser estructuradas sintáctica, semántica y pragmáticamente.

Tomemos, por ejemplo, los casos de los discursos "cinematográficos", "museográficos", "televisivos", "teatrales", etcétera, los cuales incorporan en su estructura distintos lenguajes que son manejados en forma yuxtapuesta o encontrada. Y es que, si bien podemos entender "el habla" como la realización individualizada de un lenguaje, tenemos que acordar que cada lenguaje podrá poseer sus "lenguas" y "hablas" derivadas, sus hablantes propios y, por tanto, sus textos característicos. Esto se cumple básicamente para todos los derivados de formas simbólicas cuyos productos pueden, por su relación con un contexto determinado, erigirse en textos que busquen abordar situaciones contextuales complejas para las que no se pueda apelar a códigos unívocos o plenamente consensuados. Expresiones culturales emergentes.

De este modo, los textos pictóricos, musicales, informáticos y sus consecuentes híbridos se vuelven susceptibles de presentar estructuras que, si bien les son propias, se erigen o están basadas en un lenguaje que usa a otros lenguajes de los cuales se derivan hablas múltiples y discursos aun más numerosos.

En el mismo tenor, los derivados de esas manifestaciones también podrán entenderse como nuevos campos de sentido formados mediante la combinación de textos precedentes que, al ser alterados en uno o varios de sus constituyentes formales o de contenido, generan como resultado nuevos niveles de relación textual o, incluso, de lenguaje (tal como sucede en el caso de los lenguajes modernos como el cine o el *comic*, el de los medios masivos, el de los géneros informativos de los medios de comunicación masiva, los de corte científico y los lenguajes técnicos de alta especialización, así como el de las artes de vanguardia como el *happening*, la *instalación* o el *performance*). Éstos ya no obedecen a sus precedentes textuales específicos previamente segmentados sino a modelos complejos y no plenamente codificados.

## El texto en Antropología e Historia

La posibilidad de encontrar en los textos formas heterogéneas de lenguaje se manifiesta más claramente en la obra del semiólogo ruso Yuri Lotman, quien define al texto dando una visión menos basada en el monolingüismo y mucho más abierta a las posibilidades, la cual engendraría una yuxtaposición de los lenguajes emanados de las manifestaciones propias de cada forma simbólica de la cultura.

> [...] el texto se presenta ante nosotros no como la realización de un mensaje en un solo lenguaje cualquiera, sino como un complejo dispositivo que guarda variados códigos, capaz de transformar los mensajes recibidos y de generar nuevos mensajes, un generador informacional que posee rasgos de una persona con un intelecto altamente desarrollado (Lotman, 1996: 82).

Esta visión abre las posibilidades de un entendimiento de contextos culturales específicos a partir de sus referencias tácitas, implícitas o posibles en textos de articulaciones diversas. De esta forma, no sólo la literatura, la filosofía o la mitología, sino también la plástica, la música, el cine, el teatro y las creaciones híbridas de los nuevos lenguajes pueden ser un punto de partida para el conocimiento de un contexto cultural específico que aparece "representado" en su totalidad o parcialmente dentro de cualquiera de dichas manifestaciones.

En la actualidad, las modalidades textuales a través de las cuales podemos "leer" a nuestras sociedades son muy diversas y van desde los casos difundidos por los mecanismos de registro tradicionales ya mencionados[11] hasta los que son llevados a públicos muy segmentados a través de nuevos medios de difusión masificada. Como en otros casos de generación de sentido y codificación, aquí las características de la textualidad presentan un doble juego:

a) El del condicionamiento de éstos por la audiencia, y
b) El del condicionamiento de las audiencias por ellos.

Hoy por hoy, las sociedades aparecen "narradas" no sólo en los anclajes propuestos por una denominada "alta cultura" como el museo, la música de culto, la literatura o las manifestaciones plásticas y escénicas, sino –y más aún– en la textualidad de lo cotidiano[12] y las manifestaciones de lo popular. Estudios antropológicos contemporáneos (abocados principalmente a los grupos urbanos latinoamericanos) permiten ver que tanto contenidos como estructuras y soportes de la textualidad se han transformado a causa de nuevas tecnologías: "No sólo ha cambiado lo que hay que narrar sino quienes lo hacen. Aunque la escuela, los museos y los libros siguen conformando la mirada sobre los otros, los actores de la cultura letrada son desplazados por la comunicación audiovisual y electrónica" (García Canclini, 1999: 77).

[11] El libro, la continuidad oral de la tradición, las fiestas, la pintura, la arquitectura, la escultura y la música.

[12] Me refiero a las formas que adoptan los géneros discursivos de los medios como los televisivos, radiofónicos, cinematográficos, propagandísticos y publicitarios.

Los textos cambian, evolucionan y se abren al ambiente en el que se engendran. De este modo, mientras la escritura, las formas de transmisión oral de información cultural, los procesos institucionalmente orientados y la llamada "alta cultura" permanecen como patrimonio de ciertos sectores, grandes grupos humanos acceden exclusivamente a textos creados a partir de la yuxtaposición de lenguajes que centran su contenido en elementos y problemáticas estereotipados que se difunden masivamente a través de tecnologías como el televisor, la radio o la industria del cine y videocine. Con esto, las representaciones del contexto al interior de dichos mecanismos textuales generan visiones rígidas y también tipificadas de la sociedad y el mundo. Más aún, visiones que en poco o nada corresponden a las perspectivas cotidianas o idiosincrásicas de audiencias heterogéneas.

La correlación entre la distinción cultural (identidad) entre grupos humanos determinados y el sentido, cosmovisión y modos de relación expresos en sus propios textos es intrínseca, por lo que actualmente estudios antropológicos e históricos tienden a tomar, como punto de partida para el entendimiento de un marco cultural o una época, los productos textuales surgidos en el interior de dicho marco o contexto.[13]

En los marcos de los estudios históricos y etnográficos podemos encontrar que toda manifestación implica tiempo y una cierta posición, en la conversación, de sectores o grupos pertenecientes a un marco contextual. De esta forma, paralelamente a las manifestaciones textuales surgidas de una élite, el pueblo genera sus propios recursos de narratividad a los que se les ha denominado, con base en términos nunca lo suficientemente claros, "cultura popular", "folclore", "artesanía", "tradición", "carnaval", etcétera.

En cuanto a la relación con manifestaciones de la llamada "alta cultura" las perspectivas de estos derivados del pensamiento y acción del pueblo han sido estigmatizadas y subestimadas al considerar sus productos como subespecies de un campo estético legitimador (baste recordar el mote francés "*naive*" con el que se aludió a la aparente simpleza de la manifestación pictórica y escultórica de ciertas etnias o grupos humanos que encuentran en la imagen una modalidad de escritura tan útil como resultó el texto literario para occidente) fuertemente instituido.

[13] Clifford Geertz es un ejemplo claro de la aplicación de una metodología semiótica-hermenéutica a la Antropología y Etnografía a partir de la lectura de productos culturales entendidos como textos (*cfr*. Geertz, 1997).

Si bien el pueblo no ha contado con las ventajas de legitimación que las instituciones han brindado bajo la perspectiva de cánones y tendencias a los géneros literarios, pictóricos, musicales y escénicos surgidos de una élite, sí mantiene mecanismos de transmisión de su propia abstracción del mundo en la tradición oral, en sus propias danzas, en la producción artesanal, sus carnavales y, hoy día, en los movimientos denominados "marginales urbanos" y/o de apropiación, en los que se yuxtaponen manifestaciones de todo tipo.

Un recurso clave para la expresión popular ha sido el uso de la imagen gráfica que es fundada y expresada en espacios públicos o de reunión. Las posibilidades de la imagen como mecanismo de expresión han sido tratadas ampliamente desde el punto de vista de la historia. En este terreno, estudios como los del francés Serge Gruzinski[14] han dejado clara la posibilidad de ver los nexos entre lo que podríamos llamarlos discursos populares y los discursos oficiales,[15] no tanto en el lenguaje oral o escrito sino en el uso político dado a los textos basados en la imágenes o pictogramas.

La imagen, para Gruzinski, permitió y ha permitido empatar, subordinar o privilegiar racionalidades entre grupos culturalmente diferenciados que se han "encontrado" y que, como consecuencia, han tendido a coexistir históricamente en un espacio determinado mediante el control y subordinación de los lenguajes usados para expresar sus particularidades culturales como cosmovisiones y valores.

Según Serge Gruzinski, la imagen icónica[16] fue fundamental en el momento de establecerse un contacto entre las racionalidades de una España prerrenacentista y una América prehispánica, ya que constituía una especie de vocabulario común que cada parte interpretó a su conveniencia pero a partir del cual se tendieron los nexos que fundamentarían una nueva cultura híbrida y sincrética.

[14] Concretamente me refiero al texto *La guerra de las imágenes. De Cristobal Colón a "Blade Runner". 1492-2019*, (Gruzinski, 1994), en el que se plantea una exploración histórica de las políticas de imagen en México desde 1492 hasta el presente.

[15] Ambos conceptos, "cultura popular" y "cultura oficial", serán tratados más adelante en el segundo capítulo de este trabajo, particularmente desde la perspectiva de Bajtín, en quien basaremos parte del marco de referencias.

[16] La definición más simple de iconismo lleva a entender una relación de similitud entre el signo y el referente basada en propiedades particulares y distintivas del segundo plasmadas en el primero. Sin embargo, actualmente esta postura se ha hecho a un lado al desentrañar la complejidad que podría estar comprendida en dicha relación, lo que obligaría al semiólogo a actuar –una vez más– ya no en bases estructurales simples sino en interpretantes que conduzcan al concepto de convencionalismo arbitrario. Información muy detallada al respecto la da la última obra teórica de Umberto Eco a la fecha: *Kant y el ornitorrinco* (Eco, 1999).

Antes que el texto literario fue justamente la imagen el recurso sígnico que habló por ambos grupos.

La política de subordinación icónica ejercida por un grupo hacia otro se basó en un procedimiento de imposición paulatina de las imágenes cristianas occidentales que fueron sustituyendo en valor, sentido y pertinencia a las del grupo cultural subalterno (nativo-aborigen). Se trató, de acuerdo con Gruzinski, de una colonización de lo imaginario,[17] de los textos fundamentales del sentido y la apreciación del mundo por parte de un grupo humano.

El caso de Latinoamérica como ejemplo de "lo local" puede ser referido a partir del México colonial y no carece de fundamento por ser nuestro continente un auténtico laboratorio para el estudio del encuentro y desencuentro de culturas cuyos textos siguen estableciendo diálogo y conformando un crisol donde se funden varias culturas.

## POLÍTICA DEL TEXTO

La misma política de la imagen –como espacio textual de encuentro y enseñanza– se vio completada por una serie de manifestaciones en las que no sólo hablan los representantes de las instituciones –base de la llamada cultura oficial[18]– sino también los diferentes sectores a los que éstas representan: vulgo, pueblo, colectividad. La mitología guadalupana es muy ilustrativa a este respecto y Gruzinski la refiere como claro ejemplo de la adecuación de la imaginería popular a las estrategias de control organizadas por el poder eclesiástico en la época colonial de los primeros años.

En el marco de esta política de colonización del imaginario a partir de la sustitución de imágenes es común encontrar una difusión de figuras arquetípicas reinterpretadas –estrategia usada ampliamente por la Iglesia colonial y aún la actual– que tiende a establecer vínculos unívocos de identidad cuyo verdadero objeto es conservar un cierto orden y control de pensamiento ante las figuras prehispánicas precedentes cuya heterogeneidad ha sido sometida a su potestad.

Productos considerados "típicos" de la cultura popular se han venido manifestando bajo esta tónica de sincretismo no sólo en el nivel de la apropiación que de ellos hagan sectores específicos de la sociedad, sino mediante la partici-

[17] Gruzinski, 1995. Este imaginario se traducía específicamente en iconos y símbolos yuxtapuestos que se complementaban con la fuerza de la forma ritual y plástica (escultura religiosa).

[18] Bajtín, 1990, Específicamente, confrontar el capítulo introductorio en el que se trazan las diferencias entre lo "oficial" y lo "popular".

pación directa de su sentido en todos los procesos que implicaría un modelo de comunicación usado como base de estudio de los mensajes iconográficos. Dicha participación implica la elaboración, difusión y consiguientes niveles de lectura y reproducción de los propios textos.

A una política oficial de la imagen se van contraponiendo aún hoy apropiaciones polivalentes, heterogéneas y hasta carnavalescas de los productos que se manifiestan en múltiples espacios públicos –verdaderos campos de encuentro de la diversidad que caracteriza a las sociedades históricamente referidas y a las contemporáneas–.

Dado lo anterior, el texto desde su misma conformación comienza a hablar de la complejidad que busca representar.

> No sólo los elementos pertenecientes a diferentes tradiciones culturales, históricas y étnicas, sino también los constantes diálogos intratextuales entre géneros y ordenamientos estructurales de diversa orientación, forman ese juego interno de recursos semióticos que, manifestándose con la mayor claridad en los textos artísticos, resulta, en realidad, una propiedad de todo texto complejo. Precisamente esa propiedad hace del texto un generador de sentido y no sólo un recipiente pasivo de sentidos colocados en él desde afuera. Esto permite ver en el texto una formación que llena el lugar que se queda vacío entre la conciencia individual [...] y el dispositivo poliestructural de la cultura como inteligencia colectiva (Lotman, 1996: 86).

Resumiendo: el texto aparece ante nosotros como cualquier formación estructurada de sentidos que no puede ser referida en su contenido como producto de un determinado núcleo, ya de racionalidad o sentido y, formalmente, de lenguaje.

Bajo esta premisa, la cultura (comunicacionalmente entendida) podría referirse en términos de un encuentro de textos que engendran en su interior intercambios de voces y nuevas textualidades que se yuxtaponen mientras se abren nuevas posibilidades de lectura del mundo y se generan, al mismo tiempo, múltiples identidades y visiones de "la otredad".[19]

Es innegable la presencia de circuitos de validación o legitimación del carácter de la imagen: circuitos que proveen referencias sobre parámetros de evaluación (belleza/fealdad, bueno/malo, propio/impropio, etcétera) y cuya acción tiende a incorporar o marginar discursos ante audiencias disímiles. Hablar de política de

[19] *Cfr*. Todorov, 1998: 195-212. Todorov trata el problema de la otredad desde la perspectiva del entendimiento cultural durante la época de la Conquista y la Colonia en el Nuevo Mundo.

la imagen implica tocar el tema de la estética o de la validación de un carácter artístico en las comunicaciones de corte gráfico.

## El texto estético (entre semiótica y cultura)

> [...] en el mundo humano encontramos una característica nueva que parece constituir la marca distintiva de la vida del hombre. Su círculo funcional no sólo se ha ampliado cuantitativamente sino que ha sufrido también un cambio cualitativo. El hombre, como si dijéramos, ha descubierto un nuevo método para adaptarse a su ambiente. Entre el sistema receptor y el sistema efector, que se encuentran en todas las especies animales, hallamos en él como eslabón intermedio algo que podemos señalar como sistema "simbólico". Esta nueva adquisición transforma la totalidad de la vida humana. Comparado con los demás animales el hombre no sólo vive en una realidad más amplia sino, por decirlo así, en una nueva dimensión de la realidad [...] El hombre no puede escapar a su propio logro[...] ya no vive solamente en un puro universo físico sino en un universo simbólico. El lenguaje, el mito, el arte y la religión constituyen partes de este universo, forman los diversos hilos que tejen la red simbólica, la urdimbre complicada de la experiencia humana (Cassirer, 1997: 47).

Se cita a detalle esta parte de la "antropología filosófica" porque contiene elementos suficientes para ilustrar lo que sería una posible "semiósfera"[20] o ámbito de acción simbólica relativo a cada grupo y subgrupo humano o, en lo general, como marco cultural sin el cual el hombre perdería su esencia ontológica para convertirse en "algo" incapaz de ponderar o mediar entre toda causa y efecto.

La condición cultural humana deviene de una capacidad de comunicación que, al permitir compartir las posibilidades de dichos mediadores simbólicos, garantiza un cierto orden en la vida comunitaria (base de lo social-humano).[21] Aquí, el sentido surge a partir de esquemas básicos de distinción que se van complejizando ante las exigencias del entorno y de la misma relación entre individuos. De esta forma, se van dando nuevos acuerdos y puntos comunes o mayoritariamente reconocidos que permiten evocar a los llamados bien común, sentido común, lo propio, lo bueno, lo malo, lo bonito o lo feo, etcétera, sobre los intereses y perspectivas de sentido individual o particular. Estos acuerdos pueden redundar en marcos de significación de tipo mítico, ritual, científico, lingüístico, estético o moral que re-

[20] Término acuñado por Lotman. Confróntese la compilación de textos del autor que realizó la Universidad de Valencia bajo la editorial Cátedra en 1996.

[21] La antropología y el cognitivismo comparten ciertas hipótesis relacionadas con un principio de "sentido" como base de lo social-cultural.

sultan relativos según los grupos que los usan y que, al entrar en contacto entre sí, se afecten mutuamente generando cambios y alteraciones dialógicas.

Por lo anterior, las formas simbólicas evocadas por Cassirer, si bien integran las bases de los esquemas de relación que se aceptan y usan en un grupo determinado, generan al mismo tiempo las formas de la movilidad o evolución de los mismos.

Sin embargo, al tratar el término "arte" restringiremos la acepción a las posibilidades de comunicación generadas a partir de los esquemas de significación del objeto a considerar, de sus textos característicos y de los marcos expresivos orientados desde el emisor de un proceso comunicativo.

Desde las posibilidades de comunicación basadas en la sensibilidad o capacidad para percibir por los sentidos, el arte alude a modalidades como lo visual, lo auditivo, lo espacio-temporal, lo escénico y lo gustativo. Éstas, al ser compartidas como posibilidad para un emisor y un receptor, pueden redundar en la formación de auténticos lenguajes que valdrán por sí mismos y podrán impactarse mutuamente de acuerdo con las posibilidades de codificación (el arte no es traducible al lenguaje oral o escrito tradicional, sino que sólo puede ser explicado[22]). Toda movilidad al interior de una cierta forma de codificar el arte será con y mediante los recursos propios que éste tenga. El ambiente del que parte todo proceso codificante resulta de un acuerdo que permita sentar las bases de un orden inicial a apreciarse. Bajo esta óptica, dicho ambiente puede expresarse mediante el término *continuum* que Umberto Eco usa al referir el estado entrópico de un ámbito de sentido no codificado.[23]

El acto de codificación resultante de acuerdos arbitrarios pero compartidos generará niveles de orden que podrán ser mantenidos y reproducidos bajo la enunciación de ciertas reglas.[24] Cuando dichas reglas obtienen pregnancia y se asientan con rigidez como marco de actividad y de sentido entre los miembros de un determinado grupo humano se genera una cierta racionalidad ortodoxa que poco posibilita el desarrollo la actividad de este grupo al tener que relacionarse con otros grupos y, por consiguiente, con otros esquemas de razón. Ante

[22] Ex-plicare, cuyo significado es "colocar fuera del plano". La etimología nos acerca a este proceso en el que el lenguaje oral sólo puede hablar fuera del arte sobre el arte. Jamás podrá hacer relación de toda su carga significante expresa en su propio lenguaje.

[23] Relacionado también con la incertidumbre, la impredictibilidad de eventos y la contingencia que reina en un ámbito o sistema sobre el cual no media un proceso reductor de entropía –en el caso de la cultura, una razón–.

[24] Cada proceso codificante tendrá las suyas propias y éstas serán la base de la erección de un lenguaje determinado.

lo anterior no hay otra posibilidad que la de permitir que los códigos –donde se engendran los acuerdos mencionados que sustentan al grupo– puedan cambiar, mutar y así adaptarse a las nuevas exigencias o perspectivas proporcionadas por un entorno de contactos e intercambios entre racionalidades. Muchas veces, estos cambios serán conflictivos; otras tantas, evolutivos; en otras, imprevistos o no buscados ni planeados. Como ejemplo de lo anterior, el semiólogo Yuri Lotman propone que un producto de un proceso de codificación, es decir, un texto en cualquiera de sus manifestaciones lingüísticas, puede ser contemplado como un sistema secundario (construido como estructura sobre las bases del lenguaje natural o la metarracionalidad) capaz de generar por sí mismo modelos de la realidad que, por su carácter finito y relativo, tiendan a cambiar y a adaptarse a pluralidad de circunstancias.

No hay en esta concepción una necesidad tácita de *mimesis* aristotélica o de una imitación directa de referentes reales sino de un uso de perspectivas, conceptos, ideas y singularidades codificadas en sucesión *ad infinitum* a través de textos: "la obra de arte es traducción de una singularidad a otra".[25] Este es un punto en el que Lotman y Cassirer confluyen, ya que para ambos autores resulta claro que los ámbitos de sentido no pueden entenderse como sistemas cerrados y sin posibilidad de transformación. Cassirer sugiere también una capacidad propia de las formas simbólicas a través de la cual tanto el individuo como el ámbito de sentido son mutuamente condicionados y transformados.

> Podemos hablar de una tensión entre estabilización y evolución, entre una tendencia que conduce a formas fijas y estables de la vida y otra que propende a romper este esquema rígido. El hombre gira entre estas dos tendencias, una de las cuales trata de preservar las viejas formas mientras que la otra intenta producir nuevas. Se da una incesante lucha entre tradición e innovación, entre fuerzas reproductoras y fuerzas creadoras. Este dualismo lo encontramos en todos los dominios de la vida cultural (Cassirer, 1997: 328).

Semióticamente, el proceso puede ser ilustrado al considerar que cada una de las formas simbólicas mencionadas genera sus propios mecanismos codificantes y textualizantes así como sus factores de cambio y ruptura en el campo de sentido. Aquí, me permito colocar en un mismo nivel los términos código y texto porque ambos –en un intercambio comunicacional– se van estableciendo como puntos

[25] *Cfr.* "La poética de Lotman, opacidades y transparencias" en Sánchez Vázquez, 1996: 35-50. México, FCE.

comunes entre usuarios y van creando así la primera de las tendencias, es decir, la de la rigidez que buscará –por las ventajas de uso y acción que genera– prevalecer en el sistema de usuarios al volverse incompatible con nuevas perspectivas o ámbitos significantes. Ilustraré de la siguiente forma lo aquí dicho.

Ante un entorno de *continuum* contingente surgen criterios elementales para generar niveles de orden determinados que, al ser compartidos por dos o más usuarios en forma unívoca, generan un código del cual partirán las formas de explicación, reproducción y transformación del mundo natural en mundo cultural (formas simbólicas). Sus productos serán los textos que garantizan el mantenimiento de las posibilidades de un código y que, a la vez, generan nuevas necesidades de codificación de eventos externos al ambiente o contexto.

Umberto Eco explica los niveles en los que se da un proceso de codificación en tres etapas que parten de la segmentación de un *continuum* caótico (universo o entorno) del que se van tomando niveles de pertinencia (códigos) que al ser reconocidos en su forma, función y aplicación por dos o más individuos alcanzarán un estado de convención comunicativa (código).

Las formas simbólicas de la cultura que nombra Cassirer explicarán parcialmente (resultan ser relativas y no siempre complementarias) las relaciones de socialización de los usuarios de los códigos en función de entornos determinados. Aún así, serán siempre limitadas al enfrentar nuevos desafíos de la contingencia que el ambiente aún presenta y de las disfunciones generadas al interior por los códigos ya en uso. Será entonces cuando una transformación se requerirá. El proceso de revisión y adecuación del código a nuevas exigencias del entorno generará niveles de caos al interior de la semiósfera que harán que el proceso inicial de codificación se revierta una y otra vez regenerando instrumentos significantes existentes y creando otros nuevos y cada vez más complejos. Confróntese, para ilustrar lo anterior, la Figura 1 que busca facilitar la lectura y comprensión de los códigos y sus posibilidades de generación de sentido al interior de las formas simbólicas –en nuestro caso, el arte (subrayado en el recuadro)–.

Al generarse, por contacto externo o surgimiento al interior del mismo grupo de usuarios del código, un nuevo corpus textual o ámbito de significación, se generará una tensión que sólo podrá reducirse al establecerse –nuevamente– a un acuerdo entre los integrantes del sistema de sentido que valide o invalide definitivamente la nueva forma codificada.

Después de lo anterior no resulta complicado comprender que la historia del arte podría girar en torno a un proceso similar en el cual las perspectivas de enunciación del o los contextos van dependiendo del grado de evolución o cambio en los códigos presentes en un núcleo social determinado.

**Figura 1**

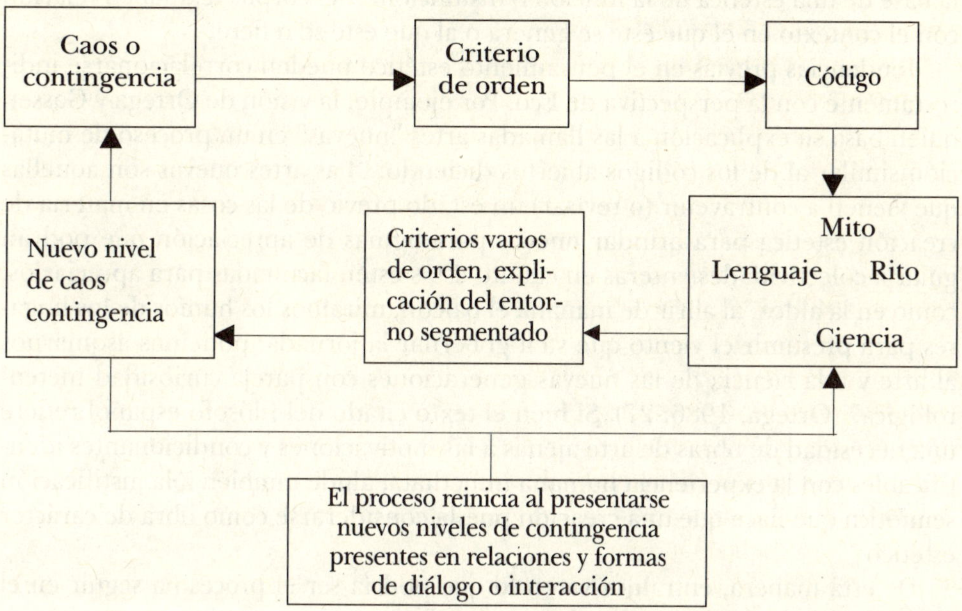


Como ya lo ha sugerido Umberto Eco en su *Tratado de semiótica general*:

> El uso estético del lenguaje merece atención por varias razones: (i) un texto estético supone un trabajo particular, es decir, una manipulación de la expresión [...] (ii) dicha manipulación provoca (y es provocada por) un reajuste del contenido [...] (iii) esa doble operación al producir un tipo de función semiótica profundamente idiosincrásica y original [...] va a reflejarse de algún modo en los códigos que sirven de base a la operación estética, con lo que provoca un proceso de cambio de código [...] (iv) toda esa operación, aunque se refiera a la naturaleza de los códigos, produce con frecuencia un nuevo tipo de visión del mundo [...] (Eco, 1995: 367).

Si bien los cambios de los que Eco habla van a obedecer a lo que él llama los funtivos –la expresión y el contenido[26]– de la función semiótica o signo, cabe también establecer que las características de intertextualidad que toda obra puede presen-

[26] Umberto Eco desarrolla, en el inciso 2 del segundo capítulo del *Tratado de semiótica general*, una vasta explicación en torno a la naturaleza de codificación de ambos términos que no son sino los funtivos que integran a una función semiótica o signo (1995: 86-92).

tar constituyen, en un momento determinado, lo que podríamos nosotros llamar la base de una estética de la función o disfunción[27] del corpus textual en relación con el contexto en el que éste se genera o al que éste se refiere.

Tendencias previas en el pensamiento estético pueden correlacionarse indirectamente con la perspectiva de Eco. Por ejemplo, la visión de Ortega y Gasset, quien basa su explicación a las llamadas artes "nuevas" en un proceso de mutación similar al de los códigos abiertos diciendo: "Las artes nuevas son aquellas que vienen a contravenir (o revisar) un estado previo de las cosas en materia de creación estética para brindar nuevos paradigmas de apreciación que podrán guiar a colectividades enteras en cuanto éstas estén facultadas para apreciarlos, como en la aldea, al abrir de mañana el balcón, miramos los humos de los hogares para presumir el viento que va a gobernar la jornada, podemos asomarnos al arte y a la ciencia de las nuevas generaciones con pareja curiosidad meteorológica" (Ortega, 1986: 27). Si bien el texto citado del filósofo español refiere una necesidad de obras de arte ajenas a las motivaciones y condicionantes identificables con la experiencia humana inmediata, alude también a la justificación semiótica que hace que una creación pueda considerarse como obra de carácter estético.

De esta manera, entramos ya en lo que podría ser el proceso a seguir en el abordaje del objeto de estudio al que nos referimos en este trabajo.

Por un lado, tenemos un conjunto de textos icónicos de determinadas características que pueden ser abordados en términos semióticos como expresión y contenido y, por otro, a un conjunto de textos accesorios al interior de los mismos que nos permiten leer funciones y disfunciones del código con respecto a sí mismo y con respecto a la relación de éste con el mundo exterior y al corpus textual.

Los trabajos de teóricos de la hermenéutica del texto y de la semiótica como Yuri Lotman, Mijail Bajtín y Umberto Eco[28] pretenden acceder a la comprensión del

[27] Con estos dos términos pretendo evocar el carácter de la representación. El primero de ellos, la función, tiene íntima relación con el concepto de mimesis que es manejado desde la poética aristotélica y hace referencia a la intención de representación de la realidad desde una perspectiva determinada. Por otra parte, con el segundo término –disfunción– apelo a los conceptos derivados de la intención de contravención de la realidad a partir de la ironía, la parodia, el grotesco y formas lúdicas del carnaval, etcétera. Figuras todas manejadas siempre en términos de disfuncionalidad con un esquema determinado, sea éste de razón o de acción (culturales ambos al fin y al cabo).

[28] Refiero particularmente a ellos porque enmarcarán teóricamente el presente trabajo. No por ello los formalistas, estructuralistas o desconstructivistas resultarían menos importantes. Por otro lado, semiólogos contemporáneos como Aquiles Esté, Eliseo Verón o Román Gubern han desarrollado también las premisas expuestas en textos que bien podrían calificarse de eclécticos por su capacidad de conciliación pluridisciplinaria, sin embargo, no serán tampoco usados para el trabajo aquí presentado.

hombre como ser cultural a través de sus derivados simbólicos y de su capacidad de dialogar en forma permanente generando cambio textual y contextual, evolución o progreso a partir de esquemas significantes. Sus principios podrán ser integrados como base teórica a la caracterización y explicación de una textualidad determinada presente en la dinámica social: tal será la meta del presente trabajo.

## La construcción comunicativa del objeto de estudio. El *graffiti* como texto

Es importante recalcar que las concepciones sobre texto referidas previamente derivan de formas simbólicas que son inherentes y comunes a todas las culturas y que podrían considerarse modelos o patrones base sobre los que se erige la sucesiva producción sígnica dentro de un ambiente.[29] De allí su importancia al referir por medio de códigos compartidos niveles de contenido diversos y siempre relativos a los espacios y tiempos en los que fueron originados.

Tras haber considerado una revisión de la importancia de los textos en el conocimiento de la cultura, surgió la inquietud de trabajar una modalidad de los mismos que, por un lado, se alejara de los códigos de formas más comunes

[29] *Cfr*. Cassirer, 1997, último capítulo.

(la escritura, producto de la palabra) y, por otro, presentase una vigencia patente en nuestras sociedades modernas. En una primera instancia apareció la idea de buscar los niveles de información sobre lo social (propios de la novela, el cuento y otras formas narrativas del lenguaje escrito) en discursos que resultasen consecuencia de las formas masificadas de creación (medios masivos) pero su rígido esquematismo formal daba pocas posibilidades de encontrar elementos de una pluralidad propia de lo urbano-marginal. Ante ello, se partió a las posibilidades no institucionalizadas de textos surgidos de un lenguaje propio que expresaran características del entorno que los genera: la imagen visual urbana y anónima.

Al realizar una revisión de la literatura al respecto, observamos que, por un lado, quedan los productos mediáticos –textos vigentes y de uso común en las sociedades contemporáneas y que podemos visualizar como antípodas de los textos escritos en formas tradicionales como lírica, narrativa, etcétera–. Las llamadas ciencias de la comunicación se han encargado de desarrollar ya dichas perspectivas o estudios que van no sólo del corte semiótico, sino desde puntos de vista relativos al proceso general de la comunicación humana visto como recepción, emisión, transmisión, mensaje y efectos.[30] Por otro lado, obtuvimos una perspectiva de otro campo en la investigación sobre las formas artísticas –plásticas, escénicas y musicales de vanguardia– que, finalmente y por ser códigos de complejidad considerable, tienden a volverse patrimonio de grupos aún más reducidos que los de los lectores tradicionales.[31]

¿Cuáles serían, entonces, los textos (como productos simbólicos y espacios de expresión) no literarios de la colectividad?[32] Al intentar responder tuvimos que remitirnos a los productos resultantes de formas simbólicas popular y tradicionalmente reproducidas como el ritual, la religión, los pensamientos míticos y los usos del lenguaje (que en sí mismos encierran diferentes textualidades). Éstos han sido campo de estudio particular de disciplinas ya citadas como la Antropología, la Etnografía y la Historia en sus diferentes vertientes.

[30] Los tres elementos fundamentales (emisor-mensaje-receptor) de los modelos comunicativos que son abordados generalmente por separado según las escuelas de esta disciplina emergente: escuela funcional-estructuralista, escuelas de análisis de contenidos, escuelas sobre estudios de recepción, escuelas de análisis de los efectos, etcétera.

[31] Melómanos de culto, asistentes regulares a teatro, instalaciones, performances, exposiciones, muestras y festivales relacionados con las distintas expresiones artísticas oficialmente reconocidas.

[32] Por evitar el término masa (que de acuerdo con las nociones comunes y generales, correspondería a una mayoría anómica, silenciosa e inactiva) se apela a símiles como colectividad, entendido como grupo cuyo acceso a las formas tradicionales y mediáticas de textualidad se limita a la simple recepción sin oportunidad de emitir.

Ante este estado de la cuestión, se encontró que la producción en investigaciones sobre estas supuestas formas de creación textual derivadas de las formas simbólicas es ya muy extensa; sin embargo, en medio de la propia cotidianidad, se contó con la oportunidad de entrar en contacto con lo que podríamos llamar mecanismos expresivos o textos informales (no catalogados bajo rubros específicos) de carácter efímero sobre los cuales poco o nada han hecho las disciplinas mencionadas anteriormente (en el caso de que los puedan haber considerado posibles objetos de investigación). Procesos de expresión no legitimados por las instituciones de la "alta cultura" o las "industrias culturales" que se dan de forma subrepticia o contraria a los códigos comúnmente reconocidos –que, engendrados en el marco de contextos dominados simbólicamente por los productos mercadológicos y publicitarios de la industria cultural trasnacional, se erigen como vínculo de sectores específicos que buscan su participación en los procesos de intercambio simbólico para garantizar la "salida a la luz pública" de su propia identidad, problemática y perspectiva del mundo. Formas que *per se* denotan ya una necesidad de expresión del habla propia de la colectividad negada y referida tradicionalmente como marginal urbana. Hablo del fenómeno conocido en lo cotidiano como *graffiti*, una modalidad de expresión surgida en el marco de lo popular urbano y marginal que presenta fuertes implicaciones de réplica a la textualidad institucional que se integra como forma autónoma y que posee fuertes capacidades de crítica y transgresión hacia los referentes políticos, lingüísticos y contextuales a los que alude.

El *graffiti* es un caso interesante de textualidad basado en la yuxtaposición lingüística, la cual, como forma narrativa, permite acceder a posibilidades de reconocer consignas ideológicas o mensajes subjetivos que caracterizan a diferentes dinámicas de relación en el contexto de las sociedades urbanas contemporáneas.

En realidad, lo escrito en nuestro país sobre el tema está prácticamente apegado al ámbito de la investigación periodística o hemerográfica a un nivel plenamente descriptivo. Lo que puede llegar a considerarse "especializado en *graffiti* o hip hop" está fundado en un cúmulo de publicaciones bastante irregulares que es representado, primordialmente, por lo que se edita en el Distrito Federal,[33] capi-

[33] Resultan muy interesantes los comentarios sobre eventos de *graffiti* que aparecen en la sección "Aztlán Underground" del periódico *La Jornada*. Asimismo, opciones hemerográficas especializadas en el tema pueden ser ilustrativas, como el caso de "Clandestilo", publicación que se aboca en todo lo relacionado con los movimientos hip hop. *Cfr.* <http://www.geocities.com/area51/Hollow/6085>. Existen también los ocasionales comentarios al tema que se realizan en publicaciones de periodicidad irregular en fanzines independientes o revistas de giro musical y, más esporádicamente, en publicaciones de arte como *Tierra Adentro* (*cfr.* núm. 102: 25-30) del CNCA.

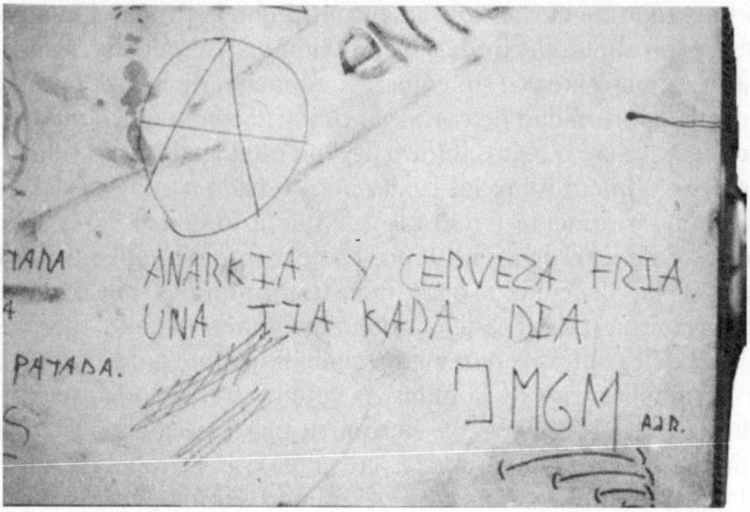


tal de México. Se carece por completo de investigación sistemática en torno a este fenómeno en México y, aunque no podemos decir que pase desapercibido, no es tratado como objeto de estudio particular; más bien se ha buscado integrarlo a investigaciones más amplias como una variable propia de fenómenos tales como "vandalismo", "culturas juveniles", etcétera.

Autores como Rossana Reguillo del ITESO, Eduardo Nivón de la UAM, así como el mismo Néstor García Canclini, entre otros,[34] han estudiado movimientos de cultura urbana informal y marginal de las grandes ciudades, resaltando los niveles de interacción juvenil en torno a fenómenos concretos –entre los que se encuentra el *graffiti*– en los que, finalmente, subordinan el texto a los procesos en los que éste se engendra. Se trata, obviamente, de trabajo de corte sociológico y antropológico.

Otros investigadores de áreas sociales distintas no han puesto énfasis en la manifestación abocándose –en el caso de lo popular– a usos del habla,[35] a la literatura y comunicaciones masivas o de alcance colectivo[36], a la hermenútica narrativa[37] y a los impactos de la semántica del espacio público y la publicidad.

[34] Reguillo, 1991, 1994 y 1995; Nivón, 1999; Canclini, 1990, 1994 y 1999.

[35] *Cfr.* la obra de Herón Pérez M. del Colegio de Michoacán quien, además de constituir una importante referencia al pretender hacer un estado de la cuestión en el terreno semiótico, presenta casos de análisis arquitectónicos, de refranes populares, caló y usos de lengua popular.

[36] *Cfr.* Monsiváis, Florence Toussaint, Esteinou Madrid, García Canclini, etcétera.

[37] *Cfr.* Mauricio Beuchot, Lauro Zavala, Samuel Arriarán, Michel de Cerateau y Françoise Perús, entre otros.

Este panorama nos muestra que el estudio del texto *graffiti* –como fuente informativa y documental para trabajos de tipo historiográfico o etnográfico– es aún terreno prácticamente virgen en el ámbito académico nacional.

Lo expuesto anteriormente no sólo otorga cierta legitimidad y justificación al presente ensayo, sino que también deriva, a la larga, en una serie de problemas relacionados con la familiaridad que los posibles lectores nacionales puedan tener con el objeto de estudio en cuestión.

Las limitaciones a las que un estudio de esta naturaleza puede conducir van desde lo que se podría llamar límites del texto (toda creación es limitada, subjetiva y parcial) hasta las posibilidades de relación que éste tenga con cuestiones específicas del contexto (que nunca estén al alcance del investigador como es una psicología del autor, una carga arquetípica o grados de condicionamiento extrasemiótico). Si contamos además con el grado de indefinición que la semiótica misma tiene como disciplina, se puede llegar a momentos en los que el grado de desarrollo de la disciplina no alcancen para acceder a los estándares de cientificidad que los trabajos de investigación estructural o positiva requieren.[38]

## Alcance y problemática en los textos urbanos efímeros

Como ya se mencionó en el primer inciso de este ensayo, las sociedades contemporáneas mantienen la característica de contener en su interior todo un cúmulo de voces dialogantes cuyo reconocimiento es requisito clave para su comprensión en un nivel más justo y equilibrado en perspectivas. El *graffiti*, como reflejo de un cierto contexto, presenta dicha capacidad al ser un vínculo comunicante entre el marginal (autor) y un conjunto de receptores anónimos, indeterminados pero no indiferentes (transeúntes, automovilistas y otros impactados ocasionales) que confluyen en el espacio público (calles, parques, instituciones, edificios, etcétera).

Aparte de la concepción teórica de *graffiti* tratada por Gomes Andrade, la narrativa nos ha brindado una visión –a juicio nuestro, más precisa– del fenómeno en Cortázar, quien en su tercera serie de cuentos *Queremos tanto a Glenda* retrata el carácter y esencia del *graffiti* como acto de creación realizado en un marco de clandestinidad dentro de cierto contexto urbano.

[38] Muchos conflictos han surgido al interior de la semiótica, donde los argumentos esgrimen cualidades no científicas al considerar que el objeto de estudio no está determinado y delimitado, arguyendo, además, que el método no es unificado ni cuenta con posibilidad de verificabilidad universal o de control estricto. Estas perspectivas, sin embargo (y a la luz de nuevos paradigmas como el de la complejidad o el del caos) resultarían legitimadores de un carácter científico que, como la sociedad, se puede volver relativo y siempre circunscrito a los contextos y variables –previamente enunciadas– sobre las que versarían los análisis.

> Tu propio juego había empezado por aburrimiento, no era en verdad una protesta contra el estado de las cosas en la ciudad, el toque de queda, la prohibición amenazante de pegar carteles o escribir en los muros. Simplemente te divertía hacer dibujos con tizas de colores (no te gustaba el término *graffiti*, tan crítico de arte) y de cuando en cuando venir a verlos y hasta con un poco de suerte asistir a la llegada del camión municipal y a los insultos inútiles de los empleados mientras borraban los dibujos. Poco les importaban que no fueran dibujos políticos, la prohibición abarcaba cualquier cosa, y si algún niño se hubiera atrevido a dibujar una casa o un perro, lo mismo lo hubieran borrado entre palabrotas y amenazas. En la ciudad ya no se sabía demasiado de qué parte estaba verdaderamente el miedo; quizá por eso te divertía dominar el tuyo y a cada tanto elegir el lugar y la hora propicios para hacer un dibujo [...] (Cortázar, 1994: 397).

En la cita anterior está presente la mayoría de los elementos que podrían ser necesarios para definir al *graffiti* con base en un carácter eminentemente social-urbano que se manifiesta a través del proceso de creación en un marco de clandestinidad y de oposición al derecho vigente (se daña la propiedad pública y/o privada ajena) que redunda en un carácter efímero y cierta recurrencia a las posibilidades de gozo estético en el proceso creador y contemplador de lo creado por el mismo autor.[39]

El *graffiti* es un lenguaje específico cuyo anclaje está dado por la acción de grafismos de diverso carácter sígnico que convergen en un espacio público determinado. Su realización es de carácter enteramente clandestino y obedece a una lógica de acción que pretende expresar el sentir de una cierta colectividad a partir de la transgresión, la parodia y la burla al contexto en el que vive. Su permanencia es contingente (efímera y sujeta a la acción de otros entes sociales) y su autoría generalmente es enmascarada, anónima o colectiva.

Omitiremos –por salir del carácter clandestino o subrepticio– los ejemplos de obras de *graffiti* subvencionadas o realizadas con patrocinio de instituciones, ya que al ser lo legal requisito de permanencia, de realización específica y de reconocimiento, los colocaría más hacia lo que podría llamar muralismo o ciertas formas de publicidad.[40]

[39] Los autores de *graffiti* suelen catalogar sus creaciones fotografiándolas tras haberlas terminado para comentarlas entre otros miembros de su *crew* o entre *crews* ajenos con los que intercambian técnicas y estrategias y hasta logran desarrollar un cierto grado de competencia y presunción al presentar fotos de piezas realizadas sobre zonas muy vigiladas, poco accesibles o hasta cerradas (trabajo de campo). La vinculación entre la etnografía, la percepción cotidiana, la literatura y la comunicación funden sus límites disciplinares en torno al objeto común.

[40] Concretamente, el Ayuntamiento de Toluca otorgó durante 1999 más de ocho bardas en sitios públicos y de fuerte tránsito para que miembros de grupos locales se expresaran. Las obras permanecen, por lo que su carácter no es ya de tipo contingente o efímero. También varios negocios han optado por la contratación de servicios por parte de los autores a quienes pagan como si realizaran rótulos para identificar sus giros comerciales.

El *graffiti*, como concepto que alude a textos emanados de dicha clandestinidad –y marginalidad–, nos puede llevar a inferir discursos que nos permitirán obtener visiones sobre el estado tanto de un metacontexto –globalmente entendido, ya que el proceso se puede aplicar a cualquier parte del orbe– como al de los contextos relativos en los que se origina –barrios, colonias o, más en general, ciudades–. Lo anterior acarrea la dificultad de segmentar y procurar un curso y pertinencia a la información que hemos de buscar al interior de los textos.

Partiendo de este imperativo y bajo un procedimiento de corte semiótico, cabrá definir *a priori* las posibilidades del texto en su relación con los contextos en los que se origina y con una estructura propia interna. Procederé de acuerdo con los siguientes puntos:

El *graffiti* como marco de significación que incorpora elementos de diversos lenguajes en un solo texto implica:

- *Contextualmente*

A colectividades locales y específicas que se identifican entre sí por medio de signos particulares de carácter identitario anclados por estrategias creativas de orientación externa mediante el reconocimiento y práctica de una manifestación global que se realiza bajo esquemas condicionados por la producción cultural de los *mass media*.

• *Artísticamente*

A contenidos manejados bajo la apelación a tropos o figuras retóricas que proyecten una aposición o idea del grupo frente a imposiciones de poder o autoridad y que, por tanto, se distancien culturalmente de los centros de poder aunque tengan como característica común un desenvolvimiento en contextos urbanos.

• *Sintáctica o formalmente*

A funciones semióticas (signos) adoptadas de diversos códigos y lenguajes (desde la escritura formal, la reproducción iconográfica y la escritura hermética) que se yuxtaponen y dan vida a una forma expresiva nueva capaz de generar nuevas estructuras.

• *Semánticamente*

A posibilidades de significación, pero además y, lo más importante, de transgresión a formas precedentes, de ironía, de parodia y subversión.

• *Poéticamente*

A una forma de expresión que adquiere su carácter estético de la revisión y transgresión (en la mayoría de los casos inconsciente) de dichas formas precedentes y la integración de un nuevo código con posibilidades reales de recreación de la realidad.

Las anteriores posibilidades nos permiten ver al *graffiti* como un nexo integrador de comunidades culturales dispersas que encuentran en la manifestación artística (un lenguaje común) el vínculo que les permite "hablar" de sus "realidades parciales" a través de códigos de uso globalmente compartidos.[41]

Si hemos mencionado ya el carácter global de la forma expresiva (sus anclajes y soportes, así como los procesos de creación), hemos de hablar también del complemento que toda forma significante o textual debe tener, es decir, el contenido (lo que el texto refleja, implica dice y/o relata). Esta parte será el punto del que partiremos para comprender la riqueza del objeto de estudio en cuanto a su capacidad para representar no sólo realidades del contexto sino medios para contravenirlo en crítica grotesca, paródica y llena de ironía.

Con base en lo anterior y tomando al *graffiti* como texto relativo a una colectividad, podemos decir que éste "integra" al grupo bajo un plano de expresión globalmente difundido y aceptado, pero también "critica, contraviene y parodia" –incluso a su propio esquema– en lo que respecta a la parte de contenido en el que se dan reinterpretaciones y alusiones al contexto externo.

Un alcance que el seguimiento a estudios de este tipo tendría podría enunciarse en términos del descubrimiento teórico de una revolución basada en elementos de la cultura difundida por las instituciones de *mass media* que se da en contra de las mismas formas y características que distinguen a los mecanismos de difusión controlados trasnacionalmente para satisfacer a la supuesta colectividad marginal no propositiva y anómica.

Por ello, la hipótesis que guiaría este estudio –y que partiría de las premisas anteriores– puede enunciarse de la siguiente forma:

Las funciones semióticas del texto *graffiti* obedecen, desde el plano de expresión (forma), a una técnica globalmente orientada de creación y, desde el plano de contenido (fondo),[42] a un cúmulo de alusiones de carácter grotesco, irónico y paródico sobre el contexto en el que se generan las obras.

[41] Los mecanismos de integración de los textos se traducen en maniobras equivalentes en urbes de los cinco continentes. Una excelente fuente para constatar lo anterior la constituye el sitio virtual de Art Crimes que vincula a creadores de diferentes puntos del planeta a partir de la práctica compartida de la escritura *graffiti*. El impacto local se mantiene pero revestido de elementos globales que van desde la estructura de la forma expresiva hasta el contenido en mensajes donde el estereotipo coexiste con el elemento identitario local y elementos de tropo o transgresión.

[42] Al hablar tanto de plano de expresión como de contenido me baso en el *Tratado de semiótica general*, de Umberto Eco (1995).

## Caracterización del texto *graffiti* y delimitación del problema

Considerando que trato una problemática globalmente manifiesta y relacionada con prácticamente todos los núcleos urbanos del planeta, haré las siguientes consideraciones tendientes a hacer factible la lectura del *graffiti*.

Al presentarse como una práctica extendida en la mayoría de las grandes urbes del mundo, el *graffiti* no es susceptible, como texto, de restringirse a una delimitación geográfica o espacio específicos. Como una forma lingüística plenamente codificada es capaz de exponer en términos globales posiciones o ideas tanto generales como propias de un contexto local. En este caso, será la actividad de los autores y el reconocimiento de sus contextos inmediatos lo que implicará un ajuste a los límites del estudio. Por ello, ante la posibilidad de acceder al fenómeno en forma directa (local y temporalmente hablando) y dada la impresionante velocidad con la que nuevos "crews"[43] o grupos de graffiteros han aparecido en el entorno local inmediato,[44] se vio la oportunidad de trabajar mayoritariamente casos provenientes de las obras de uno de los más prolíficos grupos de autores (graffiteros) de la zona, el del "3K" (nomenclatura que corresponde a K.K.K. o sea –y de acuerdo con su uso particular del alfabeto– a las iniciales de Kreando Kaos Klandestino)[45] y en particular a los del escritor "Alien", cabeza del grupo o *crew*.[46]

En lo que toca a una delimitación de corte temporal, los ejemplos de piezas fueron documentadas a lo largo de 1998 y 1999; y respecto al marco de restricciones semánticas o conceptuales de este texto, se enunciará una serie de términos que –por su extensión– pueden dar pie a ambigüedades o ideas divergentes. Desde este momento, siempre que se aluda a ellos como parte de la problemática, será bajo el enfoque que enunciaré a continuación:

[43] Denominación que reciben grupos de jóvenes que se asocian informalmente para realizar actividades relativas al denominado movimiento *Hip-Hop*: *Graffiti*, *Break Dance*, *D-J'ing*, *Rap*, *freestyle* y *skating*.

[44] La zona conurbada Toluca-Metepec en el Estado de México. Se incorporan también trabajos de "Don Porfirio" y anónimos no identificados.

[45] Los miembros activos actuales del *crew* son cinco: Alien, Baxter, Fire, Crazy y Pikos. Algunos de ellos han creado una nueva denominación del *crew* que trabaja legalmente (al amparo del Ayuntamiento de Toluca) bajo el apelativo de "CK", o sea, Cultura Kaótica. Otra de sus denominaciones con las que han marcado zonas –en especial del centro de la capital mexiquense– es ASK o Arte Sucio de la Kalle.

[46] El grupo tuvo actividad durante el periodo comprendido entre 1996-1999.

## Graffiti

Para establecer lo anterior procedí a referir *a priori* tres grandes categorías de creación de *graffiti* bajo las cuales puede subsumirse desde el punto de vista formal el grueso de los casos a estudiar en la presente tesis.

Las tres categorías fueron planteadas inicialmente en un ensayo de mi autoría en la revista literaria de la Universidad Autónoma del Estado de México "La Colmena" en enero del 2000. Este ensayo constituye un primer acercamiento a la tipificación de signos, la cual puede expresarse en los diversos modos de creación de *graffiti*:

Del *graffiti* en cuanto a su formación material podemos decir que es una creación o una modalidad específica de creación plástica que en términos de una lectura semióticamente orientada puede presentar características generales como:

- Una base material heterogénea que en su formato más usual se da con base en pinturas de aerosol, vinílicas aplicadas por aerógrafo o marcadores de tinta.
- Un anclaje o soporte de la expresión de tipo informal que surge a partir de las posibilidades que los espacios públicos de alta visibilidad brindan como *tabula rasa*.

Las configuraciones generales de los diversos (tipos) pueden expresarse en tags o firmas de autor, pintas o manifestaciones híbridas y leyendas o expresiones lingüísticas.

### *Tags o firmas de autor*

Con base en una expresión inglesa se alude a las firmas de autores o miembros de *crews* determinados. Son trazos sumamente estilizados –generalmente monocromáticos– que corresponden a mecanismos de identidad y de diferenciación hacia y entre los diversos grupos urbanos abocados a pintar muros e infraestructura.

Por su carácter hermético e ilegible, su relación con códigos previamente establecidos se rige por *ratio* difícil,[47] aunque pueden aspirar a poseer un patrón de lectura según puedan o no, mediante el uso de referencias concretas, ser catalogados al interior o exterior del *crew*. El manejo material es heteromatérico y, como ya se dijo, monocromático. Su técnica de aplicación puede basarse desde la ralladura de una superficie cualquiera con objetos punzo-cortantes hasta la marcación de la *tabula rasa* de infraestructura con carboncillos, plumones de aceite, brochas y pinturas vinílicas, aerosoles o tintas aplicadas con rodillos de variado grosor.

***Pintas o manifestaciones híbridas***

Es una modalidad de reproducción de pensamientos, frases y abstracciones basada en el uso de unidades sígnicas combinatorias que se yuxtaponen en un solo texto, brindando efectos no codificados previamente que pretenden la generación de un efecto determinado (generalmente apologético, reivindicativo, paródico o inventivo). Sintetizan la esencia global del *graffiti* toda vez que carecen de una lógica de enunciación y se basan más bien en una yuxtaposición de signos icónicos de corte hipocodificada; es decir, las pintas privilegian los efectos formales sobre los posibles contenidos (simulación de volumen, colorido intenso y contrastante, uso de composición y recurrencia a la reproducción de figuras preexistentes en imaginarios o mensajes masificados). Entre ellas tenemos a las "bombas" o escritura abreviada de letras con volumen. Pueden ser monocromáticas y sin coloración al interior del trazo o perfectamente rellenas de tonalidad de color.

[47] Es decir, se trata de especímenes gráficos no pertenecientes a tipos concretos pero que son susceptibles de codificación y clasificación.

***Leyendas o expresiones lingüísticas***

Se trata de un caso de escritura literaria realizada en condiciones de uso material similares o idénticas a las de las *tags*. La diferencia con la otra gran clasificación formal está en que, lejos de tratarse de una estilización de nombre propio o apodo, es un escrito perfectamente comprensible que persigue un objeto comunicacional y denotativo, claro pero anónimo. En este caso, lejos de aludirse a la identidad de los creadores mediante estilización, se busca privilegiar la carga semántica de mensajes múltiples que buscan la reivindicación, la protesta, la declaración o hasta la argumentación filosófica. Se trata del uso del lenguaje escrito en la superficie de infraestructura pública. El *continuum* material es heteromatérico pero la modalidad en la que se articula obedece al código lingüístico dominante en el contexto.

De esta manera refiero el estudio no a una forma independiente de creación, sino a muestras de las tres categorías en las que he definido previamente a las formas de creación que van desde la simple expresión lingüística donde el autor es anónimo, pasando por la expresión de identidad de grupo llevada a cabo a través de la firma estilizada hasta llegar al texto complejo que yuxtapone iconismo, palabra y estilización en un solo marco. Los ejemplos gráficos obedecen a una intención de clarificar lo anterior.

***El contexto del desarrollo. Parámetro para la creación***

La creación plástica, la expresión urbana y las nuevas manifestaciones de corte efímero son productos modernos. Es decir, surgen en un contexto creativo determinado por la idea de "desarrollo". Implican, por tanto, desenvolvimiento y avance aunque sus parámetros nunca sean claros. Para el caso de la expresión urbana, el desarrollo generalmente está determinado por referencias inmediatas a lo político, lo social, lo económico y lo informativo, y los procesos por los cuales se avanza hacia la incorporación de la creación a dichos parámetros es la burla y la transgresión.

Las disciplinas sociales que se abocan al estudio de lo político, lo económico y lo informativo parecen ser las que más han teorizado sobre un término tan polivalente como es el desarrollo;[48] y es que en el actual escenario mundial, son, justamente la política, la economía y las ciencias de la información las áreas que más contacto e incidencia tienen en los programas de producción de las sociedades no sólo de lo que conocemos como primer mundo, sino también de los países periféricos.

Los debates sobre las formas en las que naciones, pueblos o Estados pueden y deben acceder al desarrollo –incluso la idea misma de desarrollo– han dejado de librarse en el seno de los poderes tradicionales (político, eclesiástico y militar) y han pasado a subordinarse a las características del espectro informatizado cotidiano al que se someten las grandes colectividades.[49] Las batallas de opinión y de convicción han sido, desde mediados de la década de los ochenta, dominadas por el pensamiento de orientación tecnológico –neoliberal– que, gracias al apoyo de los grandes corporativos transnacionales (quienes detentan el poder económico real), pugna por alcanzar el desarrollo de los pueblos mediante la incorporación de los mismos en cauces económicos que van siendo orientados hacia lo que llamaríamos los centros económicos mundiales y/o transnacionales.[50]

Las élites dominantes en las naciones periféricas han encontrado la mejor forma de legitimar el crecimiento macroeconómico (acción a la que se ha circunscrito la política) en la divulgación masiva e indiscriminada de ventajas formales, indiciales y matemáticas de la participación local dentro de los mercados mundiales. Esto se ha hecho enunciando enfáticamente datos cuantitativos que no parten de lo que debería ser un desarrollo superestructural. A todas luces, su único respaldo cualitativo sería –tan sólo– la incorporación de fuerzas de trabajo baratas y

[48] *Cfr.* los términos correlativos pueden ser: mundialización (lo consideraría el término relativo a *globalización* ya expreso en castellano), trasnacionalización (que no corresponde al tratarse de un fenómeno circunscrito al ámbito y modalidad de acción de las empresas que trabajan en distintos países bajo un esquema productivo abocado al aprovechamiento de ventajas en costo y punto de venta que ofrecen distintos ámbitos y políticas nacionales) e internacionalización (como proceso de expansión).

[49] Características basadas en la inmediatez, la cantidad y el perfil de contenido de los datos que cotidianamente impactan al individuo en las sociedades urbanas.

[50] Las alusiones a este modelo Centro-periferia pueden ser fundamentadas políticamente pero en el caso que nos ocupa en esta investigación aludiré a lo referido por Lotman en cuanto a los flujos hegemónicos y los flujos subordinados de diálogo y esquemas de sentido que se dan entre diferentes culturas y semiósferas que entran en contacto. (Lotman *Op. Cit.* Pp 33-35).

competitivas ("enajenadas", diría Marx) que motivan a la industria transnacional a actuar (maquilar) y subcotizar su fuerza de trabajo en el interior de los mismos territorios del margen mundial.[51]

Bajo esta óptica no es raro que el mayor número de estudios que tratan a la globalización como un fenómeno inserto en la modernización de América Latina nos hablen de la interrelación entre los niveles económico-político e informativo. Aún así, ¿podríamos trascender estos niveles?, ¿podríamos hablar de una globalización que ya no implique sólo al desarrollo material de los pueblos, sino también –e incluso en mayor grado– a su desarrollo racional, simbólico, tradicional y mítico, es decir, la forma en la que los productos culturales –en forma de textos– se manifiestan?

El investigador mexicano-argentino Néstor García Canclini (1999) ha tomado la iniciativa al ver estos procesos de conversión y/o adaptación de lo particular a lo general en el tramado simbólico de núcleos sociales que se desarrollan en las grandes urbes y/o migrando entre regiones fronterizas de los Estados nacionales.

Se trata de colectividades que han adoptado una forma global de expresión para hablar de sus particularidades, para dar cabida a sus racionalidades y perspectivas locales del entorno[52] a través de un idioma que resulta de uso común para otros que, como ellos, mantienen una necesidad de trascendencia.

> Se dice que la globalización actúa a través de estructuras institucionales, organismos de toda escala y mercados de bienes materiales y simbólicos más difíciles de identificar y controlar que cuando las economías, las comunicaciones y las artes operaban sólo dentro de un horizonte nacional [...] Sin embargo, dado que la globalización se presenta como un objeto evasivo e inmanejable, quienes la gestionan la cuentan también con narraciones y metáforas. En consecuencia, desde una perspectiva socioantropológica de la cultura, es preciso analizar tanto las estadísticas y los textos conceptuales como los relatos e imágenes que intentan nombrar sus designios (García Canclini, 1999: 11).

Para García Canclini, hablar de globalización no es un hecho que pueda restringirse a los ámbitos empresariales, comerciales, informativos o de gobierno, esto es importante para el presente trabajo porque implica un comportamiento de sentido e intercambio simbólico. El término, entonces, debe extenderse y estar presente en los distintos niveles de la recepción y uso por parte de una colectividad

[51] *Cfr.* el ensayo de Heinz Dieterich Steffan en Chomsky, Noam y Heinz Dieterich, 1997: 49-75.

[52] *Cfr.* el concepto de "globalización tangencial" que utiliza en su más reciente obra, *La globalización imaginada*, (García Canclini, 1999). Aquí, el autor deja a un lado las perspectivas radicales del mercado, la economía y la política y se ocupa de, justamente, los procesos de apropiación por los que el resto de la población se hace de lo global como comportamiento, apreciación simbólica, uso y respuesta a los estímulos de un entorno simbólico que trasciende los espacios nacionales.

que los interpreta, adecua y transforma al manifestar las particularidades que la distinguen. Lo expreso obedece a un proceso común de lectura de los productos simbólicos del llamado "mundo globalizado":

> Hay que elaborar construcciones lógicamente consistentes, que puedan contrastarse con las maneras en que lo global "se estaciona" en cada cultura y los modos en que lo local se reestructura para sobrevivir, y quizás obtener algunas ventajas en los intercambios que se globalizan (García Canclini, 1999: 35).

Por ejemplo, en el caso de la creación artística contemporánea, la tendencia ha sido el recurrir a la incorporación de las particularidades del contexto de los creadores en procesos de anclaje, difusión y sostenimiento de textos que pretenden ser adecuados a una serie de requerimientos impuestos por las tendencias globales de reproducción del modelo de mercado capitalista.

Nociones como "escuela artística", "movimiento artístico" o "ismo" (incluso la moda y la tendencia) son ejemplos claros de lo anterior y han sido lugar común en la historia del arte latinoamericano.

García Canclini es claro al establecer la relación entre un arte originario y un arte relacionado con la lógica de lo global:

> Las referencias al arte extranjero acompañan a toda la historia del arte latinoamericano. Apropiarse de las innovaciones estéticas de las metrópolis fue un recurso de muchos artistas plásticos para repensar el patrimonio cultural propio [...] Innumerables pintores se nutrieron en el cubismo, el surrealismo y otras vanguardias parisienses para elaborar discursos nacionales [y/o locales] (García Canclini, 1999: 146).

Complementando la cita anterior, cabe decir que los procesos de creación, circulación, legitimación y reconocimiento de las obras (en el presente caso, plásticas)[53] presentan una serie de factores que lleva a los artistas locales incorporar en sus discursos formas expresivas que trascienden sus propios núcleos de relación. Dichas formas se ajustan generalmente a las tendencias globales o "circuitos de arte", por lo que el artista tiende a buscar

- La inteligibilidad de su obra y consiguiente cotización en el mercado del arte, lo cual debe obedecer a leyes de oferta y demanda fijadas por dicho mercado tanto en los contextos locales como globales.

[53] Tomamos la licencia de incorporar en este rubro al *graffiti* y darle el carácter de una forma de arte, buscando una justificación a sus posibilidades como tal.

- Satisfacer la necesidad de legitimación institucional que proporcionan ya los museos o las galerías e, incluso, los medios de comunicación masiva, ajustándose a ciertas tendencias o estereotipos a los que los autores deben, si no considerar como referencias, al menos sí como parámetros y condicionamientos.
- La posibilidad de adopción en la temática de los textos de los discursos y perspectivas estereotipadas moldeadas por el mismo contexto o la industria cultural es innegable, sobre todo desde que los seguidores de la corriente "pop" hicieron de los productos del mercado los nuevos sujetos de la expresión plástica.
- El sentido de pertenencia a un grupo social que legitime la creación como nexo de identidad y perspectiva uniforme (escuela).

De esta forma, las manifestaciones urbanas efímeras o *graffiti*, como las llamadas artes visuales, pueden ser claramente definidas como un producto de ideas surgidas en un contexto localizado y definido que encuentran como posibilidad de proyección los mecanismos globales de producción, circulación, legitimación e intercambio. Las fronteras[54] entre lo autóctono y lo externo se diluyen en una lógica impuesta no sólo por el mercado, sino también por las llamadas corrientes, estilos y modos de trabajo adoptados por los creadores.

## Concluyendo

El *graffiti* urbano puede ser considerado como una manifestación específica de textualidad que permite el reconocimiento de elementos de sentido contextual porque cumple una función comunicativamente orientada en la forma de un mensaje que es dirigido del portador de una información a un destinatario; porque como mensaje está articulado de elementos semánticamente pertinentes que se codifican a partir de una o varias memorias colectivas en el seno de una cultura determinada. Esto lo prueban las alusiones a estereotipos locales o regionales manejados por una articulación formal que está globalmente difundida (técnicas, funciones, trazos y principales modalidades de codificación); porque afianza y actualiza determinados aspectos reconocibles propios del modelo de codificación o del destinatario. En este sentido, también se puede hablar del *graffiti* como texto estético (siempre desde un plano de lo semiótico) en

[54] Hablar de frontera implica remontarse a la obra citada de Lotman, en la que se especifica que el término puede servir para nombrar a los límites entre lo que podría ser una semiósfera determinada y un espacio no semiótico que constituye la "otredad" como el dominio de otra semiósfera.

función de su naturaleza cuestionadora de códigos y generadora de sentidos. Esta modalidad de creación comunicante toma referencias del entorno y sobre ellas construye su propia expresión, generando contrasentido y transgresión; porque está articulado con base en una estructura altamente organizada que posee autonomía con respecto al emisor y al receptor integrándose como portador de múltiples diálogos y procesos comunicativos que se manifiestan en forma dialógica; porque mantiene relación de implicación múltiple con uno o varios contextos de enunciación que entran en función directa de los planos que distinguen a los signos integradores del discurso y a la extensión general de las obras como textos.

Cada texto aislado de *graffiti* guarda una relación de correspondencia formal (funtivo de expresión en terminología semiótica) con otros textos distanciados física y temporalmente. Esto queda expreso en los tres grandes modos de estructuración de textos: los *tags*, las leyendas y las pintas.

Para los casos de los textos anexos se pudo verificar la existencia de las categorías de articulación general y de ciertos usos o aplicaciones: identificación (a través de los tags), expresión de pensamiento (por medio de las leyendas) y representación del imaginario circundante (en pintas).

Finalmente, para el caso de la forma, los elementos que estructuran un texto *graffiti* tienen la posibilidad de trascender el ámbito de lo inmediato e incorporarse en una forma de discurso globalmente aplicado que tiene claras repercusiones en relación con los procesos de creación, los usos y los campos de delimitación del sentido (identidad-pensamiento-transgresión) dada su proclividad para el aprovechamiento de cualquier superficie para la creación.

## Bibliografía


Bajtín, Mijail M. (1990). *La cultura popular en la Edad Media y en el Renacimiento. El contexto de François Rabelais*. México. Alianza Universidad.

——— (1997). *Estética de la creación verbal*. México. Siglo XXI Editores.

Berain, Josetxo (1996). *La integración en las sociedades modernas*. España. Anthropos.

Cassirer, Ernst (1997). *Antropología filosófica*. México. FCE.

——— (1999). *Filosofía de las formas simbólicas vols. II-III*. México. FCE.

Cortázar, Julio (1994). "Graffiti". En *Cuentos completos vol. II*. España. Alfaguara.

Chomsky, Noam y Heinz Dieterich (1997). "Globalización, educación y democracia en América Latina". En Chomsky, Dieterich *et al. La sociedad global*. México. Joaquín Mortiz.

De Saussure, Ferdinand (1993). *Curso de lingüística general*. España. Planeta-Agostini.

De Ventós, Rubert (1982). *De la modernidad*. España. Península.

Galtung, Johann (1975). *Una teoría estructural del imperialismo*. Venezuela. Monte Ávila.
García Canclini, Néstor (1982). *Las culturas populares en el capitalismo*. México. Nueva Imagen.
——— (1999). *La globalización imaginada*. México. Paidós.
Gasca, Luis y Román Gubern (1994). *El discurso del cómic*. España. Cátedra.
Geertz, Clifford. (1997). *La interpretación de las culturas*. España. Gedisa-Antropología.
Gruzinski, Serge (1994). *La guerra de las imágenes. De Cristobal Colón a "Blade Runner". 1492-2019*. México. FCE.
——— (1995). *La colonización de lo imaginario. Sociedades indígenas y occidentalización en el México español. Siglos XVI a XVII*. México. FCE.
Eco, Umberto (1995). *Tratado de semiótica general*. España. Lumen.
——— (1996). *Interpretación y sobreinterpretación*. Australia. Oxford University Press.
——— (1999). *Kant y el ornitorrinco*. Barcelona. Lumen/Bompiani.
Lotman, Iuri M. (1996). *La semiósfera I*. España. Frónesis/Cátedra/Universidad de Valencia.
——— (1998). *La semiósfera II*. España. Frónesis/Cátedra/Universidad de Valencia.
——— (1999). *Cultura y explosión*. España. Gedisa-semiótica.
———. (2000). *La Semósfera III*. España. Frónesis/Cátedra/Universidad de Valencia.
Maffesoli, Michel (1996). *Elogio de la razón sensible*. España. Paidós.
McCanell, Dean y Juliet McCanell. (1990). *La era del signo*. México. Trillas.
Morris, Charles (1972). *Fundamentos del lenguaje y del conocimiento*. Estados Unidos. Prentice Hall.
Nivón, Eduardo *et al*. (1999). *Antropología urbana*. México. Anthropos.
Olivé, León (1999). *Multiculturalismo y pluralismo*. México. Paidós/UNAM.
Ortega y Gasset, José (1986). *La deshumanización del arte*. México. Porrúa.
Pérez, Herón (1992). *En pos del signo*. México. El Colegio de Michoacán.
Perús, Françoise *et al*. (1997). *Historia y literatura*. México. Instituto Mora.
Reguillo, Rossana (1991). *En la calle otra vez*. México. ITESO.
——— (1994). "Las bandas, entre el mito y el estereotipo. ¿Emergencia de nuevas formas de comunicación?". En Galindo, Jesús. *Medios y mediaciones*. México. El Colegio de Michoacán.
——— (1995). "Discursos, rollos y camaleones, Las tonalidades claroscuras en la producción discursiva de las bandas juveniles". En Seneff y Lameiras, *El verbo popular*. México. El Colegio de Michoacán.
Roth, Andrew *et al*. (1994). *El verbo oficial*. México. ITESO-El Colegio de Michoacán.

——— (1995). *El verbo popular*. 1995. México. ITESO-El Colegio de Michoacán.

Ricoeur, Paul. (1999). *Historia y Narratividad.* España. Paidós.

——— (1995). *Teoría de la interpretación.* México. Siglo XXI Editores.

Sánchez Vázquez, Adolfo. (1996). *Cuestiones estéticas y artísticas contemporáneas.* México. Fondo de Cultura Económica

Todorov, Tzvetán. (1998). *La conquista de América, el problema del otro.* México. Siglo XXI.

Zavala, Lauro. (1999). *La precisión de la incertidumbre. Postmodernidad, vida cotidiana y escritura.* Universidad Autónoma del Estado de México.

## Referencias electrónicas y mediáticas

### *Referencias generales sobre imágenes de graffiti usadas y tomadas de internet*

<http://www.graffiti.org/> (página principal del sitio "Art Crimes" que conecta con las referencias a textos *graffiti* en diferentes países).

<http://www.graffiti.org/index/world.html> (página de links a otros sitios sobre *graffiti*).

### *Referencias generales sobre teoría del graffiti usadas y tomadas de internet:*

<http://www.geocities.com/area51/Hollow/6085> (Clandestilo)

<http://www.graffiti.org> (página principal del sitio que conecta con las siguientes referencias).

<http://www.graffiti.org/index/faq/diego.html> (De Diego, Jesús. *La estética del graffiti en la sociodinámica del espacio urbano.* Universidad de Zaragoza).

<http://www.graffiti.org/faq/stowers.html> (Stowers, George. *An Essay Concerning the Recognition of Some Forms of Graffiti as Art*).

# La Antropología. El estudio de la unidad y de la diversidad de lo específicamente humano

*Felipe González Ortiz**

## Introducción

El estudio del Hombre, con mayúscula, constituye, en términos muy generales, el objeto de estudio de la Antropología. Le interesa la unidad y la diversidad de lo específicamente humano; es decir, la cultura, comprendida, interpretada y analizada a través del estudio de las culturas; la singularidad de la humanidad mediante el estudio de su pluralidad. Llevado esto a la dimensión biológica, le interesa la unidad en tanto biología universal con continuidad histórica y, por otro lado, su heterogeneidad, con base en las múltiples manifestaciones de adaptabilidad al medio, de evolución biosocial o de las maneras propias de organización social para comunicar las singularidades de hacer sociedad y construir particularmente el proceso histórico. El planteamiento sobre la unidad y la diversidad de lo específicamente humano representa el argumento antropológico fundamental, el insumo clave para la construcción del objeto de estudio de esta disciplina. La Antropología, al interesarse en la singularidad de las humanidades, plantea la cuestión de la alteridad, pero al ocuparse de la universalidad o unidad humana se interesa por la identidad. El par conceptual identidad/alteridad representa la plataforma desde la que se construye el corpus argumentativo de la Antropología, el cual contiene un carácter teórico y uno político, pero además se encuentra inmerso en el carácter metodológico de esta disciplina, en la medida que la etnografía implica la interacción entre el antropólogo y los sujetos de estudio.

* Profesor-Investigador de la Facultad de Ciencias Políticas y Sociales de la Universidad Autónoma del Estado de México.

En tanto teoría, la Antropología ha construido la otredad desde categorías ancladas en paradigmas que buscan la comprensión del diferente. En este devenir histórico de comprensión del otro, se le redujo a salvaje, a primitivo, a exótico, a representante del folclor, a subdesarrollado, a tradicional, a existencia tribal, a comunidad rural, etcétera. La fuente primigenia, no científica, de estas representaciones y construcciones de la otredad se encuentra en los relatos de viajeros, comerciantes y misioneros que nos legaron una serie de documentos y descripciones sobre distintos pueblos del mundo (Palerm, 1974).

En su dimensión política, quizás sea el programa estructuralista francés, conocido por la hermosa y compleja escritura de Lévi-Strauss, el que enarboló con mayor ambición esta idea, "su meta era darle una explicación global y racional a la organización social y mental [de la humanidad]" (Abélès, 2007: 21); con ello se buscaba encontrar aquella estructura elemental del pensamiento que nos definía, pese a nuestras diferencias empíricas, como una sola humanidad. *El pensamiento salvaje* y *Mitológicas* son claros ejemplos de la intención teórica y política de este programa. El costo fue la necesaria descontextualización que implicaba desplegar este método para alcanzar dicho objetivo.[1] Pero la fortaleza radicaba, como afirma Abélès, en un planteamiento de cuya pretensión universalista se edificaba a la Antropología como la ciencia del hombre, como la ciencia humana. Este carácter humano ponía en la agenda política la necesidad de conocer a las humanidades para formular una política humana.

Se trata de comprendernos en nuestra diversidad para plantear los esfuerzos de la convivencia política de la humanidad como una unidad. El principal debate teórico y político de la Antropología se encuentra enclavado en el interés por la construcción del otro, del diferente. Identidad y alteridad son conceptos con los que construye la Antropología, pero aun más, dicho par conceptual constituye el instrumento para el trabajo de campo, pues "la noción de alteridad no

[1] Cada mitema era sacado de su contexto de significación y analizado comparativamente con otros mitemas, también expulsados artificialmente de sus contextos particulares o de otras sociedades. El resultado es espectacular en la medida en que se muestra la correlación entre signo y significado, independientemente de su contexto social de producción y creación. Esta construcción teórica se basa en una importación de la Lingüística a la Antropología, en la que los fonemas son las partículas más pequeñas del lenguaje como los mitemas a la mitología. No obstante, hay que señalar que la fonología se encuentra siempre analizada en el marco del sistema general de un lenguaje en particular, es decir, como un conjunto de relaciones funcionales entre los fonemas que constituyen el inventario fonológico de una lengua. Cuando Lévi-Strauss saca de su contexto el mito, lo que hace es expulsarlo de su universo de significado, es decir, del sistema en el cual adquiere significación social dicho mito, o dicha partícula (mitema) del mito.

ocupa el centro de la actividad antropológica únicamente porque ésta trate de la diversidad, sino porque es su instrumento. El proyecto de una investigación implica forzosamente una distancia entre el observador y su objeto" (Augé y Colleyn, 2005). En este sentido, la construcción del objeto de estudio de la Antropología posee un carácter teórico en la medida en que la identidad y la alteridad funcionan como categorías relacionales; y un carácter político en la medida en que de la diversidad se plantea el conocimiento del diferente y su comparación para construir modelos que expliquen la unidad universal de lo humano.[2] La metodología de la Antropología, además, no escapa a estas consideraciones, pues la alteridad es el instrumento de la investigación etnográfica en la medida en que el etnógrafo es, de entrada, un forastero ante la mirada de los nativos o los observables.

El hombre como tema o como problema del ser es un planteamiento de la Filosofía; el hombre en su unidad y diversidad empírica es un problema de la Antropología. Esta es la especificidad de la ciencia antropológica. Su objeto de estudio se centra en la diversidad (biológica, cultural, histórica, lingüística, genotípica, fenotípica).

Ahora bien, la argumentación en torno a la construcción del otro, a la construcción de la identidad y la alteridad se ha planteado de distintas maneras según la época y la escuela de pensamiento o paradigma dominante.[3] No obstante, es importante destacar que el objeto de estudio se centra en el análisis del diferente, del otro. La argumentación en el planteamiento evolucionista, funcionalista, relativista, estructuralista o hermenéutico da cuenta de un objetivo; conocer las culturas, compararlas y luego formular abstracciones de carácter universal, aplicables a la humanidad en su conjunto. Esta formulación holística constituyó el criterio de la división de los programas de Antropología en las universidades, pues in-

[2] En la actualidad, el planteamiento se relaciona estrechamente con la emergente importancia que han adquirido los Derechos Humanos, pues se piensa que la humanidad, por el simple hecho de existir en su singularidad, tiene derecho a desplegar sus formas culturales, por lo que se deben implementar acciones públicas que protejan las condiciones de reproducción de estas culturas (Taylor, 2009). Este debate tiene su contraparte en la argumentación de Habermas, para quien los derechos humanos y las justificaciones jurídicas deben conseguirse sin atender las singularidades culturales. La propuesta de Habermas se sustenta en un Estado de Derecho con instituciones sólidas que se piensen como creaciones propias de la ciudadanía reflexiva.

[3] Utilizo el término paradigma en el sentido de Kuhn (1995), es decir, como un corpus argumentativo que aglutina a un conjunto de pensadores en torno a un tema específico y que se caracteriza por explicar eficientemente el objeto hasta que llega a un punto de declive a favor de nuevos paradigmas.

cluían la antropología física o biológica, la social, la etnología, la etnohistoria e historia, la lingüística y la arqueología. Todas estas disciplinas unidas por el estudio de la humanidad expresada en sus singularidades.

No obstante, con el transcurrir de los tiempos esta unidad epistemológica ha experimentado un proceso de segmentación disciplinar. Es seguro que los conocimientos de Biología de un antropólogo social sean mínimos o nulos; y al revés también, es probable que los conocimientos sobre cultura de un antropólogo físico sean insuficientes. Este paso de una Antropología con pretensiones holísticas a una Antropología fragmentada experimentó su momento más álgido con la emergencia de la Antropología simbólica interpretativa, donde el estudio de la cultura se convierte en el asunto de mayor interés, separándola completamente de los posibles componentes biológicos, lingüísticos e históricos; pero también de los componentes geográficos y geológicos, por citar otras ciencias. Es importante anotar esto, pues desde la última década del siglo XX antropólogos de la talla de Marshall Shallins ya anunciaban que los estudios de Antropología iban a la baja y que esta disciplina ya no tenía mucho que ofrecer (Reynoso, 2008). Este planteamiento es importante atenderlo en la medida en que anuncia la necesaria actualización de la ciencia antropológica si es que se quiere contribuir al conocimiento. Aquella etapa de culturalismo y hermenéutica rampante de trazos posmodernos se mantuvo en la medida que la bella retórica tuvo el costo de ser la voz de una Antropología en crisis que construyó su objeto abusando de la metáfora. Ante la caída de aquellas posturas vemos ahora, en la primera década del siglo XXI, un retorno de la Antropología a estudios relacionados con la Biología y el evolucionismo, además de una revitalización del paradigma del particularismo pero ahora vinculado estrechamente con la política global. Volveré sobre estos temas.

Este apartado tiene por finalidad hacer una breve descripción sobre las formas en las que la Antropología ha construido su objeto de estudio. No pretende ser exhaustivo en la medida que interesa fundamentalmente contribuir a la polisemia de las disciplinas y contribuir en algo a detectar posibles campos interdisciplinarios, en el marco general de este libro, y formular así una serie de intuiciones en torno a la necesaria interdisciplinariedad en un mundo que obliga a pensar con base en la complejidad.

Describiré este proceso resaltando las ideas principales de la Antropología (en torno a la construcción de su objeto de estudio) en las diferentes épocas. Parto de un primer supuesto que vincula al pensamiento antropológico con la disciplina histórica: todo pensamiento es producto de su época, del espíritu de la época, como diría Durkheim.

## LA CONSTRUCCIÓN DEL OTRO DESDE LOS EVOLUCIONISTAS

A los primeros antropólogos de finales del siglo XIX se les llamó evolucionistas. Influidos por los debates de la Biología de aquella época en la que Darwin tuvo un papel relevante que transitaría de la Biología a la Sociología a través de Spencer y de éste a los teóricos del evolucionismo antropológico. En este sentido, varias pueden ser las fuentes de la Antropología evolucionista decimonónica: la discusión teórica y política sobre el orden y el progreso, así como los planteamientos evolucionistas de los primeros sociólogos de la talla de Saint-Simon y Comte en Francia; la adecuación de los argumentos de la Biología al contexto social que hizo el inglés Spencer, quien afirmaba que las sociedades evolucionaban de lo simple a lo complejo a través de procesos de heterogeneidad. Se plantea una época en la que el evolucionismo será el paradigma sobre el que se hacen las primeras construcciones teóricas sobre la alteridad.

Se puede afirmar que esta época coloca a Europa como el centro de las ideas. El surgimiento de la ciencia es boyante y los debates se encuentran por todas partes. En este contexto, los grupos no europeos serán el objeto privilegiado de la Antropología. El otro, la alteridad a occidente será enmarcada en algún grado de evolución, cuyos constructos ideacionales se centrarán en la producción de bienes materiales o en los tipos de organización social existentes. Expresiones de este evolucionismo, muy influenciado por las ideas evolutivas del positivismo de la época y por los planteamientos de Spencer, se encuentran en Morgan (1986), para quien las sociedades se encontraban en un continuo evolutivo que transitaba por los estadios salvaje, primitivo y civilizado, definiendo cada uno de estos escaños con criterios materialistas o el uso de tecnologías.

En esta misma perspectiva pero en una dimensión más idealista se encuentran las argumentaciones de Maine (1994), para quien las sociedades primitivas se caracterizan por poseer un tipo de organización social basada en un *status* diferente al de la sociedad europea, cuyo principio organizativo se funda en la *civitas* o el contrato.

En los planteamientos de Maine se pueden descubrir trazos que diferencian a la Antropología de la Ciencia Política. En la medida en que la Antropología parte del mundo empírico en el contexto de las sociedades no europeas, la dimensión de la Política es asignada a las relaciones que emanan de los principios primarios tales como el parentesco y los intercambios matrimoniales, las formas de apropiación del territorio y las maneras peculiares de establecer alianzas políticas entre grupos diferentes. Este alejamiento entre la Antropología y la Ciencia Política se observa cuando ésta centra su análisis en una situación imaginaria de un estado de naturaleza en el que no rigen ni la ley ni el orden sociales, lo que genera la necesidad del poder público para el beneficio de los particulares, según la recurrente teoría de Hobbes (Piccinini, 2005). Lo que Maine y la Antropología muestran es precisamente que no hay evidencia empírica para sostener el argumento de creación del Estado a la manera de la ciencia política (Krotz, 2003).[4]

Pese a este carácter empírico que la Antropología buscó desde el comienzo de su argumento, es importante anotar que a excepción de Morgan, los antropólogos decimonónicos eran poco entendidos a partir de la evidencia empírica (como será el rasgo fundamental de la Antropología posterior), y basaron sus hipótesis partiendo de las historias escritas por viajeros, cronistas, militares o misioneros. Aquellas descripciones, no hechas con criterios antropológicos, fueron usadas para construir una alteridad empírica. A partir de dichos relatos se colocó a las sociedades en su respectivo estadio evolutivo o se argumentó sobre la fuerza que el *status* tenía, contraponiéndolo al contrato, en sus propias formas de organización social.

Del planteamiento teórico de construcción de la otredad se desprendía otro de tipo político. Si todos los grupos de la humanidad se dirigen hacia la civilización, al estilo europeo, entonces la historia de Europa puede explicarse a través del análisis de aquellas sociedades contemporáneas menos evolucionadas. Este planteamiento no sólo es eurocentrista sino que a la vez genera una posición de mayor jerarquía para Europa respecto de las sociedades contemporáneas de aquella época. El argumento decía que todas las sociedades pueden tomar caminos de evolución diferentes, pero que en lo general todas se dirigían hacia un mismo nivel o escaño evolutivo: el que presentaba Europa. Este patrón evolutivo describía la alteridad como inferior a occidente.

[4] Hobbes plantea que antes del monarca (Estado) las personas se relacionan sin ley ni orden. En este estado originario la vulnerabilidad es la marca en la que todos viven, pues no hay ley que detenga los impulsos egoístas de los demás; de ahí que se justifica que los ciudadanos otorguen el poder al monarca, pues de esa manera se inhiben aquellos impulsos (Piccinini, 2005). En esta misma perspectiva, Spinoza apoyará la argumentación del individuo egoísta diciendo que el deseo principal de todo ser humano es apropiarse del cuerpo del otro. Posteriormente, Locke establecerá la necesidad del poder ciudadano para defenderse de los impulsos egoístas del Monarca, de ahí que el poder ciudadano será la contraparte al poder monolítico del ejecutivo. Por último, dados los intereses agregados de cada uno de los ciudadanos, se construye la voluntad general, es decir, aquellas ideas compartidas por todos que nos unen en un mismo interés general, argumentará Rousseau. Este argumento dará entrada a la construcción kantiana de las ideas universales como constructos que inician en lo que a cada individuo conviene, pues lo que individualmente conviene también lo hace en la dimensión colectiva. Por otro lado, a favor de la diversidad como dato empírico, Esteban Krotz argumenta que es necesario dejar aquella construcción del Estado que la ciencia política hace, en la medida que a favor de la igualdad nominal se deja fuera la diversidad empírica (Krotz, 2003).

El inicio de la Antropología puede citarse en 1871, con la obra *Primitive Culture*, de Charles Tylor. En aquella obra se describe el primer gran concepto antropológico de cultura de la siguiente manera: "Aquel conjunto complejo que comprende el conocimiento, las creencias, el arte, la moral, el derecho, las costumbres y cualquier otra capacidad y hábito adquiridos por el hombre en cuanto miembro de una sociedad". Este concepto le asignaba a la cultura una dimensión holística y transversal, se encontraba en todos los aspectos de la vida. Las distintas dimensiones de lo social estaban impregnadas de eso que se llamaba cultura, en la medida que se trataba de cualquier capacidad o hábito adquirido por el hombre como miembro de una sociedad. A su vez, el carácter social resalta de dicho concepto pues, según esto, la cultura se adquiere socialmente. Este punto es importante retenerlo para contrastarlo con la hipótesis de algunas investigaciones en Antropología que han regresado a los planteamientos biologicistas del evolucionismo decimonónico, pues se afirma no tener la plena seguridad sobre esta determinación social sobre la cultura en la medida que se empiezan a hacer correlaciones entre familias lingüísticas y diversidad genética, por ejemplo (Durham, 1991).

Otro teórico que contribuyó fuertemente con el programa cultural de la Antropología fue Durkheim, sobre todo en *Las Formas elementales de la vida religiosa*, publicado en 1912. Para este autor de la Sociología, lo que explica cualquier tipo de sociedad son los actos emotivos, culturales, que se asocian al par de lo profano y lo sagrado. A partir de dichos conceptos se elaboran pares conceptuales de simbología que pueden aglutinarse en parámetros morales como lo bueno y lo malo, o en parámetros estéticos como lo bello y lo feo. Todas las sociedades funcionan en torno a este esquema dual. La metodología usada en este extraordinario libro parte del estudio de las religiones sencillas para mostrar, mediante ellas, que todas las sociedades se construyen de la misma manera. En este sentido, Durkheim aporta a la tradición antropológica mediante el estudio de la cultura a través de la religiosidad de las sociedades, formadora de ese telón simbólico que ordena el cosmos, que modula las conductas sociales en torno a significados delimitados por las concepciones en torno a lo sagrado y lo profano. Los estudios sobre el ritual serán los que se desprendan de esta hipótesis, los que darán entrada a los estudios de antropología simbólica, pero sobre todo al programa de sociología cultural enarbolado por Jeffrey Alexander (2006), cuya construcción se basa, en su mayor parte, en la crítica de la antropología turneriana y en la crítica de la sociología goffmaniana.

Otros temas importantes que la Antropología consideró giraron en torno a la organización social. Las preguntas sobre el parentesco, sobre las formas de matrimonio, del parentesco y la comunicación, del parentesco y el territorio serán estudios que la Antropología considere como parte de su objeto. Se puede afirmar incluso que el trabajo de campo etnográfico inicia con la construcción de genealogías, propuesta por el evolucionista Morgan, entre los iroqueses. A pesar de que se le asigna a Malinowski la creación del trabajo etnográfico como una peculiaridad de la Antropología, pienso que es precisamente con Morgan con quien se define el trabajo metodológico de recolección y generación de información empírica que el antropólogo realiza.

Es importante destacar que pese a las limitaciones de este paradigma en la Antropología, el programa fuerte se centra en la comparación de las culturas para construir/descubrir la estructura subyacente, la unidad psíquica, que es de tipo universal, es decir, humana. El evolucionismo siempre buscó esa unidad psíquica con la que se podía explicar la tendencia general o el patrón evolutivo unilineal. El programa del evolucionismo se inscribe en un *metadiscurso* holístico y universal que busca aquella unidad (biológico/cultural) de la que participamos todos pese a nuestras diferencias. Se trata, por tanto, de construir al otro, quien lleva en su singularidad el elemento común que nos identifica como humanidad.

## La construcción del otro desde los funcionalistas

Si el evolucionismo representó un capítulo de asombro ante los descubrimientos científicos, los debates, los aportes tecnológicos, las innovaciones en la Economía, los avances en los planteamientos ideológicos/políticos dados por el avance de la democracia, etcétera, el funcionalismo representa un paradigma en el que aquella contemplación de la otredad se convertirá en objeto de estudio que obliga a la sistematización. En este periodo, la Antropología se construye mediante dos etapas: una primera de trabajo de campo (las excavaciones en Arqueología, la documentación lingüística o la etnografía) y una segunda de sistematización de la información generada u obtenida en campo. Un aspecto importante a destacar es la experiencia vivida por parte del etnógrafo, pues será la principal cualidad del trabajo de campo que emprende el antropólogo. La etnografía será la experiencia documentada del antropólogo que busca, en una relación cara a cara, comprender al diferente. Este periodo histórico puede contextualizarse como el de la expansión del capitalismo y la construcción de las colonias por parte de las potencias. Los países europeos se embarcan en el proyecto colonialista y la presencia de la Antropología para conocer a los pueblos coloniales, se piensa, constituye un acto científico que contribuye con aquellas intenciones.

Más allá de aquellas acusaciones (independientemente de su veracidad o falsedad), la Antropología siguió desarrollando sus estudios a partir de las primeras preguntas sobre la unidad y la diversidad de lo específicamente humano. Es importante anotar que si bien se piensa que el Estado es la forma propia de organización social de occidente, las preguntas antropológicas se centran en las formas políticas de la organización social de los pueblos que no cuentan con Estado. El estudio sobre el parentesco representará una vía de explicación en este sentido, y será un tema desarrollado por Radcliffe-Brown (1996). Las limitaciones del lenguaje inglés reducen al parentesco a las líneas consanguíneas, dejando fuera de éstas a la línea de relación social por afinidad, es decir, la que se desarrolla mediante el matrimonio (Dumont, 1975). Para Radcliffe-Brown, el parentesco representa la estructura social de los pueblos no occidentales y es visible a la mirada del etnógrafo. Es allí donde se puede descubrir la lógica de las relaciones y de la sociedad en su conjunto. La pregunta sobre las formas de hacer sociedad de cada uno de los grupos humanos se vuelve central. Para los funcionalistas ingleses, toda sociedad logra resolver problemas a través de la estructura social, ya que en ella se alcanza a observar el tipo de relaciones. De esta manera, la estructura social se constituye como una forma estructurante de la sociedad. Es importante anotar que la focalización de la Antropología se genera en las sociedades que, se dice, carecen de Estado al estilo occidental, por lo que hay un sustrato que indica el estudio de las relaciones primarias en las sociedades.

En este mismo orden de ideas, Evans-Pritchard hará estudios sobre la organización social de los pueblos azande y los nuer del continente africano. Específicamente, para los nuer el autor hace una relación estrecha entre el clan, los linajes y las tribus. En ese estudio clásico de la Antropología se relaciona estrechamente el tipo de organización social con el territorio (1977). Es importante anotar que los estudios funcionalistas que se enfocaron en la organización social llegarán a México o a la región mesoamericana. De esta manera, de la misma forma que el parentesco a través de los linajes explicaba el sistema de organización social de las tribus africanas, el sistema de cargos lo hace para las sociedades mesoamericanas (Cancian, 1989). La línea de interpretación sobre los pueblos mesoamericanos encuentran una veta de análisis a partir de la experiencia de campo que busca describir en sentido funcionalista la organización social de los pueblos indígenas. Tesis como ésta son las de Sol Tax (1937), la de Cámara Barbachano (1952) (quien intenta una explicación según fuerzas centrípetas y centrífugas) o la de Erick Wolf, quien busca los mecanismos internos para resistir a los embates de fuera (1957). Estas ideas dieron fruto a la concepción de la resistencia cultural, según la cual las formas de organización social de las comunidades indígenas representaban formas políticas para resistir los embates del capitalismo. Estas tesis se encuentran fuera de lugar cuando las sometemos a la era global en la que todas las comunidades se encuentran dentro de la vorágine del capitalismo global.

Es importante anotar que la búsqueda teórica se centra en las formas estructurantes de lo social, las cuales se encuentran a la vista empírica del etnógrafo. Se busca comprender los componentes microsociales con los que se puede dar cuenta de una realidad social en su conjunto. Este funcionalismo parte del estudio de las partes, de su comprensión microscópica, para así ir armando el todo social y comprenderlo en su dimensión macrosocial. La búsqueda de esos componentes pequeños, observables en las relaciones cara a cara, buscan la comprensión de un grupo en particular. Aquella dimensión universalista y metafísica propia del evolucionismo no es tomada en cuenta por este funcionalismo. La validez de la forma estructurante se sostiene solamente para el grupo en cuestión; fuera de él, valen las observaciones y resultados sólo para fines comparativos.

El ejemplo más paradigmático de esta postura se encuentra en el extraordinario libro *Los Argonautas del Pacífico,* de Malinowski (1922). Este autor de origen polaco es considerado el constructor del paradigma del trabajo de campo de la Antropología, la etnografía. Para él, todo antropólogo debe ir a vivir un periodo de tiempo a alguna comunidad o pueblo aborigen. De esta manera, la experiencia antropológica se convierte en un pilar de distinción de la ciencia antropológica respecto a cualquier otra ciencia. Pero además, si bien la antropología evolucionista construyó sus hipótesis a partir de fuentes de segunda o tercera mano, la antropología de Malinowski lo hizo generando información de primera mano a través de la vivencia con el grupo en cuestión, de observar su vida cotidiana. La imagen del antropólogo blanco vestido como un cazador de leones africanos entre un grupo de negros descamizados se la debemos a este autor.

En esta intención por construir el objeto de estudio antropológico se le delimita insularmente (es decir, metodológicamente) al grupo que se quiere estudiar (Cruces y Díaz, 1991). De esta manera, el autor se coloca en el centro de un pueblo que habita una isla y desde ella analiza el sistema de intercambio kula que los nativos hacen con habitantes de otras islas. A partir de allí se descubren las partes para ir construyendo el sistema social que explica a ese tipo de sociedad en particular, generalmente analizado en función de las necesidades sociales. La elección de la sociedad en cuestión es un asunto individual del investigador.

Este método insular, que delimita el campo de observación, tendrá una expresión similar en los estudios sobre Mesoamérica, como ya lo indiqué anteriormente. Se trata de los estudios de comunidad iniciados por Redfield (1941). Para este autor, la delimitación radical del universo de estudio funda a la comunidad, objeto privilegiado de estudio de la Antropología mesoamericana.

## La construcción del otro desde el relativismo cultural

Una escuela de pensamiento antropológico, cuyos orígenes se encuentran en la filosofía romántica, es el particularismo o relativismo cultural iniciada por Franz Boas. Para este autor, todo pueblo es único y singular, no se encuentra sumergido en la vorágine del evolucionismo ni se debe buscar en su estructura social el elemento para hacer sociedad. Para este autor, la cultura se manifiesta en la expresividad, de ahí que mira en el arte las formas que pueden explicar a dicha sociedad.

El planteamiento teórico de esta escuela de pensamiento se puede encontrar en la dicotomía que hizo Dilthey para diferenciar las ciencias físicas de las ciencias del espíritu. Para Boas, se trata de llegar a un entendimiento profundo del fenómeno en cuestión, mas no de llegar a la deducción de sus leyes inmanentes. Es muy importante resaltar esta actitud ante el fenómeno de estudio en la medida en que se parte de un deseo humano hacia la vida de los otros, de un reconocimiento de su unicidad y particularidad, entendidas estas cualidades como un asunto propio de esa humanidad, de ese objeto de estudio en particular.

De la misma manera que lo hicieron los estudios funcionalistas, los particularistas no se proponen el descubrimiento de la unidad psíquica de las humanidades para descubrir los procesos y etapas evolutivas, sino más bien pretenden el estudio acotado de un universo, generalmente un pueblo, y las comparaciones posibles acerca de los factores culturales. Los patrones estéticos o las formas organizacionales singulares no se comparan buscando dicha unidad sino solamente en un rango espacial o territorial no muy alejado del grupo en cuestión pues, dada la cualidad única del grupo humano analizado, no es posible argumentar en pro de una posible unidad metafísica para la humanidad en su conjunto. En este sentido, se puede afirmar que los estudios emprendidos por el relativismo cultural poseen un componente geográfico muy bien delimitado: el territorio se convierte en un asunto clave de los estudios antropológicos para explicar la unidad y diversidad de lo específicamente humano.

No obstante, el pensamiento de Boas es contradictorio y ambiguo, pues cuando se le cuestiona que dos grupos asentados en territorios distantes han logrado crear un mismo patrón estético, el autor reclama la unidad psicológica de la mente humana, pero desecha cualquier posibilidad de que a través de dicha hipótesis se logren avances importantes en la ciencia antropológica, de ahí que es más deseable lograr una adecuada comprensión del grupo o fenómeno estudiado en particular, que aventurarse en hipótesis universalistas.

Es importante anotar que Boas visitó México en varias ocasiones. En esas visitas se propusieron formas de organizar la investigación en México. Expresiones como ésas se observan en la disposición de las salas del Museo Nacional de Antropología e Historia, en el que cada una de ellas, ya sea arqueológica o etnográfica, alberga a un grupo en particular (Sierra, 1994).

El componente romántico de esta escuela de pensamiento originó una generación de antropólogos de suma importancia que poseían la cualidad de la buena escritura. Entre ellos destaca Margaret Mead, Ruth Benedict, Alfred Kroeber, Ralfh Linton y Robert Lowie.

Antes de ir a otra escuela de pensamiento es importante anotar una más de las ambigüedades que se encuentran en Boas. Ya se dijo que, para este autor, cada cultura o grupo humano era único y particular. Dicha singularidad se encuentra ligada al territorio. No obstante, las declaraciones deterministas con prejuicios sobre la superioridad o inferioridad de las razas serán expresiones permanentes de este autor. Si bien en dichas declaraciones se puede entender un rasgo hacia la vinculación entre cultura, entorno y mente, es claro que no pudo dejar de lado el sentido evolucionista que regía en su época.

No obstante, en la actualidad existe un grupo de investigadores que intentan hacer este vínculo entre mente, cultura y entorno, lo cual ha generado un campo de investigación interesante sobre las maneras que el entorno se articula con las posibilidades culturales y cómo éstas terminan por insertarse en el sistema biológico que explica la mente (Durhan, 1991).

## La construcción del otro desde el estructuralismo

El estructuralismo del Lévi-Strauss representa un programa sumamente complejo y culto. La lectura de las obras de este autor no sólo plantean un militante humanismo, sino también el intento continuo por darle a la Antropología un carácter sistémico de rigurosidad científica. Esto llevó a Lévi-Strauss a la redacción de libros extraordinarios de una lectura compleja y barroca, imbricada siempre por argumentaciones literarias, con algoritmos y hasta lógicas musicales sacadas del pentagrama.

Esto se debe a que el estructuralismo buscaba fundamentalmente determinar los universales de la cultura, analizar la lógica del espíritu humano para dar cuenta de la estructura elemental humana, de la cual todos, desde nuestra singularidad, participamos. Es por eso que el programa del estructuralismo se encuentra en los planteamientos humanos que, al buscar una solución teórica a sus planteamientos, demuestra al mismo tiempo la necesaria salida política universal para comprender y tratar la diversidad cultural. En este sentido, la igualdad de la humanidad se encuentra sumergida en la estructura elemental que da cuenta de ella, más allá de cualquier planteamiento político de corte nacional o jurídico.

Esta vinculación entre una naturaleza humana expresada a partir de la singularidad de las distintas humanidades será la forma en la que el estructuralismo abarque el estudio antropológico. Una influencia clara en el pensamiento estructuralista en Antropología (distinto al estructuralismo de corte sociológico que se inserta más en la estructura de clases o en las distintas dimensiones de lo social, por lo que la ideología será una estructura similar a la política, la religiosa o la económica), se encuentra en la lingüística estructural de Ferdinand de Saussure, cuya obra fue escrita en 1906, sobre todo en la distinción que se hace entre la lengua y el habla. La lengua mantiene la estructura, en ella se observan los fonemas, la sintaxis, la morfología y la gramática, se establecen las reglas del uso de los lenguajes; mientras que el habla refiere a la comunicación en específico, al acto de la comunicación como tal.

En todos los libros de Lévi-Strauss puede verse la misma preocupación: querer resolver el asunto de que pese a la diferencia y singularidad cultural que se manifiesta empíricamente, existe una lógica universal que se encuentra sumergida en cada pueblo.

Esta pregunta se tiene en *Mitológicas* (1982), como se dijo antes, pero también en *El pensamiento salvaje* (1972), donde se argumenta que a través del *collage* se llega a descubrir esta metafísica propia de la humanidad. En *Las estructuras elementales del parentesco* (1985) se observa la misma intención, pues el autor parte de una estructura sencilla para complejizar el análisis hasta llegar al parentesco de matrimonio generalizado.

Vale decir que el parentesco, tema central de la Antropología, obtiene adelantos significativos con las tesis levistraussianas, respecto de la antropología funcionalista inglesa. Una diferencia metodológica fundamental es que para los ingleses la estructura se podía deducir de la observación directa del etnógrafo, el carácter estructurante de dicha estructura no se ponía en duda. Pero en el planteamiento de Lévi-Strauss la estructura no se encuentra a la mirada del observador; por el contrario, la estructura es una hipótesis de potencia humana que puede descubrirse mediante la sistemática observación reflexiva de las infinitas maneras culturales que existen. Es por eso que lo que el investigador de campo observa es un juego, una ceremonia, un acto de curación, una forma particular de sembrar mandioca, una forma específica de pedir a la novia, otra forma de adquirir nupcias, un ritual mortuorio, etcétera, pero lo relevante de todos estos sucesos singulares es que pertenecen a una estructura lógica universal.

Otra diferencia con los funcionalistas ingleses respecto a la pregunta sobre el parentesco radica en las limitaciones de las respectivas lenguas, pues mientras el inglés reduce el parentesco a las líneas consanguíneas, el francés encuentra que la relación de afinidad es fundamental para entender el parentesco. Es tan así que la ley de la prohibición del incesto se genera por esta línea de parentesco por afinidad. De esta manera, el parentesco requiere la existencia de dos grupos y de mujeres que sean intercambiadas entre ellos mediante las fórmulas del matrimonio; aquí se encuentra el fundamento de la ley de prohibición del incesto. Dentro de esta lógica se encuentra la posibilidad de las alianzas políticas entre los grupos, por lo que la prohibición del incesto no sólo representa una forma estructurante del parentesco sino también de la sociedad en su conjunto, pues es a través de ella que los grupos se emparentan entre sí.

Otro aspecto que es importante destacar es la construcción del símbolo en las sociedades. A Lévi-Strauss le interesa el símbolo no solamente porque permite la comunicación (el habla en la lingüística) sino fundamentalmente porque el símbolo es una partícula de la cultura a través de la cual se puede deducir la estructura elemental o universal del pensamiento humano (la lengua en la lingüística). El símbolo es producto de lo real, de lo social, pero además es un patrimonio de la humanidad y como tal en él se sintetizan reglas de carácter universal que contribuyen a la construcción de la lógica racional humana.

La búsqueda de la sociedad no tocada por el capitalismo y la modernidad es una intención de investigación propia de un científico que ha planteado la pregunta sobre lo humano en este sentido. *Tristes trópicos*, escrito en 1955, es un libro encantador lleno de tristezas y comentarios resignados ante la imposibilidad de encontrar (ante la experiencia de ser uno de los hombres modernos que puede contar como experiencia propia el haber conocido a una sociedad antes que cualquier cosa externa a ella) a aquella sociedad limpia de elementos externos. La tesis metafísica del estructuralismo llevaba prisa ante una modernidad que avanzaba sin freno hacia todas las sociedades del mundo. Una vez que la modernidad alcanzara a los pueblos del globo sería casi imposible distinguir qué pensamiento era propio y cuál no. En la actualidad, el pensamiento de Lévi-Strauss se encuentra en el olvido, pero su tesis política de la unidad y diversidad de lo específicamente humano se sigue sintiendo como una necesidad global, más ahora que las diversidades empíricas se encuentran conviviendo como sociedades contemporáneas.

## La construcción del otro desde la antropología hermenéutica

Los planteamientos teóricos, metodológicos y políticos que hemos descrito hasta el momento, excepto el relativismo cultural que se desarrolló en Estados Unidos por el alemán Franz Boas, tienen su epicentro en Europa. La antropología hermenéutica, también conocida como antropología simbólica, nace fundamentalmente en Estados Unidos siendo su máximo exponente Clifford Geertz. Alumno del sociólogo Talcott Parsons, Geertz encuentra en las posturas funcionalistas el centro de su ataque teórico. Para Geertz, la Antropología debe focalizar el estudio y reflexión en el símbolo, éste es entendido de manera semiótica y constituye un programa a partir del cual los miembros de un grupo en particular establecen y pueden establecer comunicación. En este sentido, dicho programa modula la conducta social de los miembros de una sociedad. El símbolo es una construcción hecha por los miembros de una sociedad y al tiempo que la hacen quedan "atrapados" en dicha urdimbre (1997).

Para Geertz es fundamental conocer la cultura de los pueblos, para ello se deben conocer las formas particulares de significación, pero más fundamentalmente, el contexto particular en que dichas fórmulas simbólicas son eficientes. Contrario a Lévi-Strauss, el símbolo representa un dato concreto y contextualizado, fuera del cual nada sirve. De ahí que la propuesta metodológica de Geertz se centre en el trabajo de campo y en el descubrimiento del significado profundo observable e identificable al etnógrafo más o menos versado.

Otro exponente de esta corriente en Antropología será Víctor Turner (1980). Este autor retoma una de las preguntas fundamentales de la Antropología: el ritual. Para él, todo acto humano ceremonial se trata de un ritual, y en cada acto se entra en un tiempo liminal, es decir, en un tiempo encantador y mágico en el que los roles sociales y las jerarquías asignadas a ellos son transgredidas a favor de relaciones horizontales a las que él llama *communitas*. El ritual encarna, así, un momento en el que el tiempo y el espacio se transforman en una posibilidad para transgredir la cotidianidad de lo social.

Esta transgresión de lo social en el momento ritual es altamente simbólica. Es el ritual la conducta social que de mejor manera proyecta la conducta simbólica. Si bien las conclusiones de Turner se basaron en sus estudios sobre los ndembu de África, al final de su vida lleva algunas de sus aseveraciones a la sociedad moderna. Dice Turner que los espectáculos teatrales y deportivos de la sociedad moderna tienen también la cualidad de sacar a los participantes de la rutinaria cotidianidad y sumergirlos en una temporalidad y espacialidad mágicas como lo hacen los actos rituales. A esta circunstancia la identifica como una cualidad liminoide (1992).

Mary Douglas es otra representante de esta escuela de pensamiento antropológico, según la cual el símbolo se encuentra sumergido en las formas sociales, no en la palabra ni en la conducta, a diferencia de lo que cree Geertz, sino en la personalidad de dicha sociedad, en las formas peculiares de construir y concebir el orden social. Hay una lógica interna entre el símbolo y las convicciones sociales de los pueblos en cuestión. Por ejemplo, los judíos no comen cerdo porque la relación entre la pata hendida se da con un rumiante, pero el cerdo tiene la pata hendida aunque no es un rumiante, por lo que rompe con el esquema implícito de orden cultural del pueblo judío, según la apreciación de Douglas. Bajo esta lógica, la existencia de pingüinos es aberrante, pues no se podría concebir, en la simbólica judía, la existencia de un ave que no vuele, dice Reynoso (2008).

Es importante destacar que esta rama de la Antropología reduce el estudio de la humanidad al símbolo. Pero más que eso, también reduce sus componentes al contexto en el que se despliega dicho símbolo. Las exageraciones y excentricidades de los autores llevó la discusión a reducir a los términos simbólico-culturales toda expresión de humanidad. Una consecuencia de esto fue la construcción exagerada del relativismo cultural, pues cada pueblo era una expresión de su propio contexto. En esta intención se olvidó que la Antropología se preguntó siempre por la humanidad en su conjunto, y que las bases empíricas no sólo se definían en torno a lo simbólico sino también a lo biológico, a lo social, a lo territorial, etcétera. La decadencia de esta escuela de pensamiento se consumó con la posmodernidad (Reynoso, 1998) y nos legó trabajos bien escritos pero más fundados en la imaginación literaria del investigador que en el resultado de una investigación rigurosa.

### La Antropología actual

Dice Carlos Reynoso que, en Antropología, "las herramientas comparativas se fueron perdiendo una a una; colapsó el principal concepto [la cultura] y el principal objeto [las culturas]" (2008: 387). Sin duda, los tiempos de la globalización han movido el foco de la Antropología, pues la contemporaneidad ha generado la sensación de que todas las distintas humanidades vivimos en un mismo espacio y en un mismo tiempo. La Antropología ha cambiado incluso su mirada, pues ya no focaliza exclusivamente en los mundos exóticos a occidente sino que ha transitado hacia la observación del propio mundo del que el antropólogo forma parte (Auge, 1996).

Pero, por otro lado, la confluencia de las otras ciencias hacia los temas de la Antropología también han contribuido a esta nueva focalización de su estudio. Aquellas propuestas antropológicas de comprensión de la alteridad se han visto trastocadas en la medida en que la diversidad cultural se encuentra "metida" en la vida de cualquier habitante del mundo. "En el mundo actual, la cuestión del otro, de cómo pensar y comprender la alteridad cultural, traducirla y hacer posible el diálogo intercultural, se ha vuelto casi un lugar común" (Giglia, Garma y de Teresa, 2007: 11).

En este mismo sentido, el mundo parece correr desbocado en un incesante fluir de procesos, mensajes, personas, bienes y males. Ante esto, el trabajo de campo etnográfico, aquel que la Antropología mostró como una especificidad disciplinaria, se ha convertido en un recurso metodológico de las otras disciplinas (Sociología, Psicología, Ciencia Política, etcétera). De la misma manera, la realidad social global parece exigir a la Antropología un trabajo de campo más fragmentario y acelerado en el que la intuición sea una operación mental eficiente para dar cuenta de una realidad que fluye sin cesar. La imagen del antropólogo que va a vivir por una larga temporada con las sociedades primitivas parece ser cosa del pasado, pues en la actualidad todas las sociedades son contemporáneas.

Parece, entonces, que los postulados evolucionistas se han cumplido de una forma no prevista. Dados los periodos evolutivos, por fin todos somos de alguna manera occidentales, al menos existe la sensación de que todos vivimos en el mismo tiempo. La pobreza es otro factor que se encuentra en el centro de la ciencia antropológica. Todos los grupos de estudio de la Antropología se encuentran en niveles de pobreza y de exclusión al capitalismo. Las guerras en las que se encuentran los pueblos africanos analizados por la Antropología inglesa son síntoma de un mundo occidental con pretensiones universales que no ha terminado por hacer que la totalidad de los pueblos vivan en paz y tranquilidad. El diálogo universal entre las culturas no se mira sino como una unidad que encuentra en la guerra, la violencia, el hambre, la crisis, la desesperación y el desencanto los principales factores para pensarnos como humanidad.

Aquella búsqueda de Lévi-Strauss de la sociedad no tocada por occidente se ha convertido en mero romanticismo anecdotario. Los trobiandeses se encuentran conectados a las redes globales ofreciendo servicios de turismo a los vacacionistas europeos. Parece que el objeto de estudio ha trasladado su lugar del exotismo hacia occidente. La alteridad se encuentra en un momento de comprensión completa si le aplicamos los criterios de interés racional y se deja la cultura como mero componente folclorizado.

Si la diversidad cultural se muestra como mero aditamento de las sociedades, entonces no se le construye más como proyecto civilizatorio. Y si es así, entonces la posibilidad del diálogo no se encuentra en estructuras subterráneas que son susceptibles de encontrarse y describirse, sino que se encuentran en una dimensión más pragmática, la del interés. De ahí que la Antropología quiera trasladar los estudios de la cultura a los estudios de la desigualdad (Reygadas, 2007), lo cual me parece relevante sólo si no se deja de lado la pregunta antropológica sobre la unidad y la diversidad de lo específicamente humano.

Por otro lado, los avances en la Biología, sobre todo en el campo de la genética y el genoma, han dado entrada a una serie de debates. Existen los que afirman y dan por sentado la poca utilidad del concepto de cultura para explicar las conductas sociales (Arbor y Betzig, 1997), frente a los que argumentan que las fuerzas genéticas tienen poca importancia, y que las diferencias genéticas son el resultado de diferentes tradiciones culturalmente transmitidas (Durham, 1978). Los estudios que vinculan cultura y genética afirman que la conducta se puede transmitir culturalmente, pero que las diferencias entre poblaciones se explican por las diferencias genéticas.

Estamos en un punto de crisis epistemológica en la medida que otras ciencias han dado pasos importantes en sus descubrimientos. La Antropología debe reflexionar en lo que va a ofrecer a estos nuevos descubrimientos y procesos sociales en formación. Una salida ha sido la de la interdisciplinariedad; en ella queda la sensación de que la Antropología lo hace de manera subordinada a los avances de otras ciencias; otra manera es la recuperación de los debates anteriores y hacer la reflexión nuevamente sobre el estudio de lo universal y particular de lo humano.

La construcción del objeto de estudio se debe también a que las sociedades exóticas habitan entre occidente. Ante eso, la reconstrucción, la reinvención del objeto se convierte en una necesidad para la Antropología. Vale preguntar sobre la relevancia de una Antropología que cargue con un proyecto de humanidad. Creo que los tiempos actuales nos obligan a no abandonar aquella postura política de la ciencia antropológica, derivada de la unidad y la particularidad de lo específicamente humano. Por otro lado, tampoco es dable abandonar el empirismo con el que se caracterizó la ciencia antropológica, sólo de esa manera podremos ser fieles a la diversidad cultural que habita en todos y cada uno de los pueblos del mundo, pese al rumbo desbocado que ha tomado el capitalismo, la democracia y la modernidad en todos los rincones del planeta.

Quizás valga decir una cosa más. En la medida que los procesos educativos se han democratizado,[5] los miembros de los pueblos indígenas se han visto beneficiados por mayores niveles educativos, de tal suerte que muchos de ellos se han convertido en colegas de los científicos de la Antropología. Esto, sin duda, también se traduce en crisis de esta ciencia, pero a la vez formula una serie de retos para poder debatir y confrontar las ideas con los colegas que provienen de dichos pueblos.

[5] En México, la existencia del subsistema de educación superior intercultural es un ejemplo de ello.

BIBLIOGRAFÍA

Abélès, Marc (2007). "Política, globalización, desplazamiento. Una perspectiva antropológica", en *¿Adónde va la antropología?*, Ángela Giglia, Carlos Garma y Ana Paula de Teresa (comps.), UAM-Iztapalapa, México.

Alexander, Jeffrey (2006). *Social Performence. Symbolic Action, Cultural Pragmatics and Ritual*, Cambridge University Press, Cambridge.

Augé, Marc (1996). *Hacia una antropología de los mundos contemporáneos*, Gedisa, Barcelona.

Augé, Marc y Jean Paul Colleyn (2005). *Qué es la Antropología*, Paidós, México.

Cámara Barbachano, Fernando (1952). "Religious and Political Organization", en Sol Tax, *Heritage of Conquest*, Free Press, Illinois.

Cancian, Frank (1989). *Economía y prestigio en una comunidad maya. El sistema religioso de cargos en Zinacantan*, INI, México.

Dumount, Louis (1975). *Introducción a dos teorías de antropología social*, Anagrama, México.

Durham, William (1991). *Co-Evolution, Genes, Culture and Human Diversity*, Stanford University Press, Stanford.

Evans, Prittchard (1977). *Los Nuer*, Anagrama, México.

Geertz, Clifford (1997). "La descripción densa", en *La interpretación de las culturas*, Gedisa, Barcelona.

Krotz, Esteban (2003). "El multiverso cultural como laboratorio de vida feliz", en *Alteridades*, UAM-Iztapalapa, México.

Kunh, Thomas (2006). *Las estructura de las revoluciones científicas*, FCE, México.

Lévi-Strauss, Claude (1985). *Las estructuras elementales del parentesco*, Planeta, México.

——— (1982). *Mitológicas*, FCE, México.

——— (1972). *El pensamiento salvaje*, FCE, México.

Maine, Henrry (1994). *El derecho antiguo*, Gedisa, España.

Morgan, Lewis (1986). *La sociedad primitiva*, Ediciones del Quinto Sol, México.

Palerm, Ángel (1974). *Historia de la etnología. Los precursores*, Universidad Iberoamericana, México.

Piccini, Mario (2005). "Poder común y representación en Thomas Hobbes", en *El poder, para una historia de la filosofía política moderna*, Giuseppe Duso (coord.), Siglo XXI Editores, México.

Radcliffe-Brown A. R. (1996). *Estructura y función en la sociedad primitiva*, Península, Barcelona.

Redfield, Robert (1941). *The Folk Culture of Yucatan*, University of Chicago, Chicago.

Reynoso, Carlos (1998). *El surgimiento de la Antropología posmoderna*, Gedisa, España.

——— (2008). *Corrientes teóricas en Antropología, perspectivas desde el siglo XXI*, SB Editores, Buenos Aires.

Sierra Carrillo, Dora (1994). *Cien años de etnografía en el museo*, INAH, México.

Tax, Sol (1937). "The Municipios of the Widwestern Highlands of Guatemala", en *American Anthropologist*, vol. 39.

Taylor, Charles (2009). *El multiculturalismo y la política del reconocimiento*, FCE, México.

Turner, Víctor (1992). *The Anthropology of Performence*, Performing Arts Journal Publications, Nueva York.

——— (1980). *La selva de los símbolos*, Siglo XXI editores, México.

Wolf, Erick. (1957). "Closed Corporate Peasant Communities in Mesoamerica and Java", en *Southwestern Journal of Anthropology*, vol. 13.

# Ciencia política y Ciencias sociales

*Mauricio Gutiérrez Cortés**

## Introducción

La importancia de reflexionar sobre el estado que guarda la discusión de un campo disciplinario atiende a una necesidad permanente de vislumbrar el rumbo de los esfuerzos individuales o colectivos de las comunidades que lo integran. Sin embargo, esta labor se torna cada vez más compleja y requiere de esfuerzos mayores a los que es posible articular de forma individual dada la complejidad y amplitud de las variables necesarias para ello. Sin embargo, al no intentarlo se corre el riesgo de no tener más opción que sumarse a las posiciones de grandes guías disciplinarios, que no necesariamente son útiles para abrir panoramas de comprensión. Por ejemplo, desde la publicación crítica de Sartori (2004), se ha convertido en un punto de referencia importante, sobre todo para quienes se suman a su postura respecto de los patrones que según su apreciación rigen su desarrollo contemporáneo. No obstante, considero que el objetivo de el presente libro busca escapar de las posturas de conflicto y fragmentación a las que dan lugar estos panoramas.

Parte importante de estos ejercicios es diferenciar sus objetivos ya sea en relación con prácticas de investigación, la definición del objetivo del campo de conocimiento, sobre el compromiso de sus comunidades, o acerca de las problemáticas en torno a la construcción de formas metodológicas de abordaje, entre muchas otras. Habrá que reconocer que cada uno de estos temas puede, sin duda, observarse por separado en forma de más de un problema de investigación en sí

* Profesor-Investigador de la Facultad de Ciencias Políticas y Sociales de la Universidad Autónoma del Estado de México.

mismo. Frente a ello, la idea que recorre las siguientes páginas busca plantear un ejercicio para vislumbrar cómo algunas problemáticas recurrentes en la Ciencia política pueden articularse en torno a las preocupaciones contemporáneas que recaen sobre el conjunto de las Ciencias sociales a partir de un argumento que tiene como elemento central la importancia de observar algunas de las condiciones que distinguen la construcción de conocimiento social.

Para ello, se establecen dos ideas para su desarrollo. La primera es que los problemas que enfrenta son parte de las condiciones de conocimiento que comparte con las Ciencias sociales, lo cual nos conduce a distinguir tanto las implicaciones de su dimensión metodológica como la importancia de su dimensión como dispositivo de poder frente a lo cual resulta interesante distinguir algunas condiciones en las que se manifiesta la influencia del modelo anglosajón dominante. La segunda busca reconocer que más allá de temas y formas, atendemos a un problema de redimensionar los referentes en el que se asienta la discusión de los fenómenos múltiples que analiza. Esto tiene dos consideraciones, una epistemológica y otra referida a los retos que un entorno cambiante le supone en el marco de la globalidad.

## PRIMERA PARTE

Abordar las condiciones de desarrollo y las problemáticas que enfrenta un campo de conocimiento como la Ciencia política es una labor que requiere, sobre todo, un esfuerzo importante de contextualización y delimitación de lo que se busca plantear y reconocer. En la riqueza y diversidad de aproximaciones y debates, es imposible para un solo autor dar cuenta de todas las posibilidades en un solo espacio. De manera que es importante comenzar señalando algunas precisiones.

Un elemento central es quizá señalar que el tema de las revisiones temáticas tanto sobre su condición disciplinaria y científica como de búsqueda de horizontes está presente de diversas maneras en las discusiones de las comunidades académicas de los diferentes campos de conocimiento de las Ciencias sociales. Los intereses son variados y entre muchos elementos podríamos distinguir la búsqueda por entender la relación entre las formas de su desarrollo teórico y las múltiples formas que adquieren los acontecimientos sociales que buscan caracterizar la expresión de las preocupaciones de sus autores y comunidades por identificar las preguntas que consideran esenciales sobre la singularidad de sus propuestas, al igual que la identificación con la de grupos específicos, la posibilidad de identificar ciertas condiciones paradigmáticas en propuestas determinadas de su desarrollo, entre muchos otros. Otra vertiente siempre importante pero menos recurrente resulta en la búsqueda por asentar en principios epistemológicos y ontológicos sólidos las bases disciplinarias en la búsqueda de un mayor rigor en sus observaciones y en el desarrollo de los campos, reconocer los problemas que enfrentan de manera conjunta, analizar sus implicaciones de solución, reconocer los esfuerzos realizados y las aportaciones a las que han dado lugar los intentos por hacerlo.

Estos debates conducen, entre otros elementos, a la observación de las diferencias entre comunidades epistémicas y metodológicas. Por ello no es extraño que surjan casi irremediablemente añejas posturas encontradas que confrontan a Ciencias naturales y sociales, o bien que sitúan las diferencias en un marco que dimensiona los orígenes de los campos como una importante condición de comprensión de las pautas de su desarrollo. Por ejemplo, así habría tal vez que dimensionar los conflictos y debates en la Ciencia política entre aquellos defensores de los supuestos del positivismo y del pospositivismo como réplica acerca de las posturas en las que se asienta su desarrollo, sobre todo en torno a las formas metodológicas de investigación.

Los tratamientos, las preguntas y premisas que guían las aproximaciones son tan variados como diversas las condiciones de desarrollo y origen de los campos, así como de los objetivos que la propia reflexión persiga, ya bien dirigido a las formas del conocimiento, agendas de investigación, redes de acción, pautas de desarrollo, origen y fundamento disciplinario, formas metodológicas de abordaje, problemáticas centrales características, entre muchas otras.

Por ejemplo, en Sociología, bajo un debate que busca caracterizar el desarrollo de investigación en este campo, encontramos los trabajos de Picó (2003) o Kaboolian (1996), y de forma relevante a Burrell y Morgan, quienes buscan su caracterización bajo la forma natural de paradigmas al señalar que "[...] la investigación sobre la vida organizacional y sociológica puede ser mejor entendida y conducida desde cualquiera de los cuatro paradigmas de la investigación sociológica: la sociología funcionalista, la sociología comprensiva, el humanismo radical y el estructuralismo radical" (Burrell y Morgan en Ricucci, 2010: 39).

También encontramos en una dimensión de argumentación distinta en los trabajos de J. Alexander (1992 en Arteaga, 2010) quien ve en el proceso de desarrollo del conocimiento en Sociología, más que un problema de dimensiones epistemológicas, un sentido sociológico de competencia entre géneros discursivos y tradiciones intelectuales. Otro tipo de ejemplos los encontramos en la discusión en la Psicología que van de los clásicos trabajos revisionistas como Mueller (1960) quien busca destacar un sentido de integración del pensamiento –que incluye las posturas críticas de la Teoría Gestalt– en una misma línea de continuidad y desarrollo. O bien trabajos más críticos con su fundamento disciplinar como Staines (2008) y Franco, Friedman y Arons (2008).

Por otro lado, la importancia de estas formas de revisión y reflexión son muy comunes también en el campo de la Administración Pública, habiendo un gran número de trabajos y de formas en los que es abordado. Algunos de los ejemplos que pueden ayudarnos a observar su diversidad son: en forma de revisiones de la literatura como Sánchez (2007); referidos a las discusiones propias de una tradición intelectual en particular como Lynn y Wildavsky (1990), Guerrero (1985, 1986) y Aguilar (2009); o bien, trabajos de mayor profundidad analítica como Guerrero (2009, 2010), Frederickson y Smith (2003), Stillman (1999), Ricucci (2010), Rosembloom (1983), Ostrom (2008); o incluso trabajos clásicos en la discusión de las condiciones de debate del propio campo de estudio como Wilson (1887), Metcalf y Urwick (1942), Simon (1957) y Waldo (1948); o bien discusiones que buscan ser más integrales sobre el estado del conocimiento como Peters y Pierre (2003), Jun (2002 y 2006) Peter Bogason (2000 y 2007); o bien Bogason, Kensen, Miller y Adams (2001).

En términos generales, no resulta extraño señalar que como resultado de estos debates y posturas, las posiciones que guardan las distintas comunidades académicas de estos campos de conocimiento suelen reconocerse como disímiles y heterogéneas. Como parte de ello, resulta difícil tomar una postura respecto de los límites disciplinarios entre los campos de conocimiento. Frente a ello, una idea recurrente parece ser, como apunta Rosenberg, que "[...] no hay acuerdo perfecto entre economistas, antropólogos, sociólogos, psicólogos sobre cuáles son los problemas centrales y distintivos de sus respectivas disciplinas" (Rosenberg, 2008: 1).

Particularmente, cabe señalar que sobre sus propias diferencias internas y la importancia de su diferenciación de otros campos de conocimiento, se ha ido conformando una visión de crisis como forma singular de identificación de su desarrollo disciplinario. Persiste de diversas formas en las comunidades de estos campos de conocimiento una idea de fragmentación que comparte la Ciencia política, articulada desde la confrontación de las visiones sobre su condición de conocimiento en forma de tradiciones intelectuales y epistemológicas, caracterización de enfoques contemporáneos, etcétera. Es decir, podemos distinguir que se privilegia la confrontación entre las formas discursivas y lógicas en las que se sintetiza su desarrollo teórico-conceptual como el fundamento de estos debates por encima de la discusión sobre las formas y premisas derivadas de sus modelos explicativos.

El riesgo compartido por las ciencias sociales es que vueltos discurso que defender más que formas de conocimiento cuya estructura determine su validez y significación, el riesgo de dogmatizar su contribución es fuente del principal conflicto de la fragmentación. Se reconoce algo similar a lo que apunta Alexander (1998, referido en Arteaga 2010: 9) acerca de los cambios en la sensibilidad científica mediante las que se ponen diferentes cuestiones a discusión "agregando un apremio fundamental en la creación de diferentes discursos".

Estos debates se presentan en la Ciencia política en forma de conflicto entre behavioristas o tradicionalistas a nivel conceptual entre estructura y agencia, entre ideas o intereses como elementos de orientación y análisis, así como entre realistas o idealistas, y racionalistas o interpretativistas. Posiciones que no pocas veces conducen a dicotomías, o bien, al reconocimiento de importantes formas de heterogeneidad y diversidad metodológica y epistemológica que a su vez parecen plantear un debate sin salida.

Por otro lado, a diferencia de la búsqueda por asentar un sentido paradigmático o un orden de articulación teórica, el debate en cuanto a la Ciencia política puede centrarse en lo que en última instancia se distingue como un conflicto de abordaje metodológico que impacta directamente en los objetivos, preguntas y posibilidades de desarrollo del campo disciplinario. En ese sentido, se destacan los trabajos de Almond (1999), Brady y Collier (2004), Ellwood (1996), King, Keohane y Verba (2000), o bien, Weimer (1992), Gunell (1991) y Ricci (1984), en los que encontramos ideas que ponen el acento sobre su condición behaviorista y, por extensión, en las formas que adquiere el debate acerca de sus capacidades de construcción teórica. Este punto encuentra un episodio importante, en estos y otros trabajos, en torno a la primacía que en ciertas tradiciones ha adquirido el uso de métodos cualitativos, mientras que, al mismo tiempo, se destaca por otros la necesaria orientación cuantitativa para el fortalecimiento de la capacidad explicativa en su investigación y desde lo que Sartori (2004) hace su aportación al desarrollo de la Ciencia política norteamericana.

En todos los casos, me parece que más allá de la simplificación de sus debates particulares, lo que permiten ver estos trabajos es la forma en la que desde puntos concretos de análisis pueden observarse y analizarse las pautas, principios y supuestos que buscan dirigir la construcción de conocimiento social. En ese sentido, los campos de las ciencias sociales comparten más problemáticas que divergencias, puesto que en muchos casos atienden a condiciones de origen similar.

Por ejemplo, la formalización del estudio y desarrollo de estos campos de conocimiento social no sólo atiende a la construcción de infraestructura de investigación y enseñanza, sino que parte esencialmente de la aceptación, como un proceso social e histórico, de las premisas y supuestos en los que se asienta la de conocer el objeto material y simbólico al que se orienta. En el caso de la Ciencia política, como de otros campos y subdisciplinas, se refiere a su proceso de formalización y desarrollo bajo la influencia de las formas que articularon el fundamento del positivismo entendido como el paradigma del pensamiento científico occidental, pero principalmente como un marco de ideas que forma parte de un proceso histórico reflexivo sobre la ciencia y el conocimiento.

Es decir, parafraseando a Lyotard, el positivismo como forma discursiva y como estructura de fundamentación de su conocimiento, si bien no alcanza a plantearse como la *metanarrativa* que determina el desarrollo de los campos disciplinarios de las ciencias sociales como la Ciencia política, los debates que acompañan la formalización de su estudio disciplinario se caracterizan por el sustento de ideas *positivistas* para entender la condición humana y la interacción entre sus principales sujetos de investigación durante el siglo XX, siendo punto central de referencia, como aceptación o crítica, las ideas que nutren la reflexión acerca del conocimiento científico y la caracterización de la realidad; es decir, como campo de conocimiento y como práctica de investigación, todos los campos responden esencialmente a tres tipos de preguntas: ¿cómo definimos lo que conocemos? (ontológicas), ¿cuál es la relación que establecemos con aquello que conocemos? (epistemológicas), y ¿cuáles son los medios que ponemos en ejercicio que nos permiten conocer aquello que podemos conocer? (metodológicas) (Guba, 1999).

De manera que cabe señalar que toda forma de conocimiento científico reconoce en estas preguntas los compromisos que lo distinguen y, si bien no condicionan, sí influencian de manera determinante su desarrollo. Estos compromisos definen reglas y bases para establecer criterios de desarrollo, pero también diferencias en relación con las formas en las que se manifiesta en distintas tradiciones en occidente. Estas manifestaciones pueden dimensionarse en dos sentidos: acerca de la reflexión sobre el desarrollo y construcción científica, así como a través de la influencia del cuerpo de ideas que concretan una forma de entender el mundo.

Así pues, el debate central apuntado sobre la Ciencia política nos refiere al menos tres elementos importantes que no pueden desasociarse de su fundamento positivista y su formalización behaviorista: acerca de la definición de la política, las formas para el estudio de lo político y los problemas en la construcción de los problemas.

Comenzaré por el último. Una postura esencial de Rosenberg (2008), a propósito de la importancia que tiene para las Ciencias sociales –particularmente para las ciencias behavioristas– la caracterización de los problemas, refiere a su reconocimiento como problema en sí mismo que implica criterios singulares de aproximación. Toda vez que a diferencia de las Ciencias naturales que cuentan con un cuerpo amplio y bien establecido de preguntas y de métodos para abordarlas, las Ciencias sociales enfrentan un panorama de desacuerdo sobre estos elementos. Así, de acuerdo con Rosenberg (2008: 8), "Diversas escuelas, movimientos y grupos afirman haber desarrollado métodos adecuados, identificado preguntas importantes y dado respuestas convincentes. Pero entre los científicos sociales no hay ningún tipo de acuerdo sobre estos temas del mismo modo en el que pueden encontrarse en cualquiera de las Ciencias naturales.

Así, mientras esta solidez epistémica ha permitido en las primeras que los dilemas que enmarcan sus límites hayan podido ser derivados por preguntas de dimensiones más inmediatas, para las Ciencias sociales representa un dilema importante de abordar, volviendo más significativa la atención de sus preguntas filosóficas, tanto al respecto de la interpretación de su desarrollo disciplinario, como en relación con la significación de los problemas que busca resolver; es decir, las implicaciones de estas reflexiones no sólo inciden en los límites disciplinarios de los campos de conocimiento, sino principalmente en las posibilidades de articular respuestas a sus preguntas.

Su argumento nos refiere a las condiciones que permiten su significación dentro de sus marcos teóricos particulares. Esto a su vez nos lleva a considerar las formas que adquieren las preguntas que dirigen la investigación y las posibilidades con las que cuentan los campos de conocimiento para abordarlas metodológicamente, lo que a su vez nos conduce, de acuerdo con el autor, a distinguir si todas las preguntas son posibles de abordar, o bien, en caso contrario, a observar la dimensión de los límites que establecen la distinción.

Esto nos deja, finalmente, frente a la necesidad de apuntar sobre la importancia que tienen la elección de los métodos y las estructuras con las que se abordan las preguntas. Más allá de su representación como criterios de validez y premisas de abordaje, representan también formas de significación; es decir, que detrás de su elección no sólo existe un problema de asumir las posiciones dictadas por modas o enfoques de conducción de la acción, sino también de la significación de los problemas que se les da a través de los marcos de ideas, de los supuestos, criterios y compromisos ontológicos, epistemológicos y metodológicos de los modelos o paradigmas[1] desde los que se decide su atención.

[1] Como se señalará en el curso del trabajo, se atiende a la idea de paradigmas en relación con el tratamiento particular que hace E. Guba en "The paradigm dialog", a razón de los modelos críticos al positivismo para dimensionar la conducción del conocimiento científico. Así, podemos entender al positivismo, al positivismo lógico, al pospositivismo, el constructivismo y la teoría crítica como esos paradigmas. A su vez, representan en la visión de la Filosofía de la ciencia, más que modelos, un conjunto de ideas que enmarcan no sólo la reflexión científica, sino la relación del hombre con el conocimiento y acerca de la realidad que construye; de manera que ambas interpretaciones nos dejan un marco amplio para significar el argumento que se presenta.

Esto, a su vez, nos lleva de la mano hacia otro tipo de consideraciones. Como por ejemplo la postura de Greene (1999: 29), que nos recuerda que el presente de la discusión metodológica se define por el reconocimiento del valor del pluralismo. Aunque en contraargumento se encuentre un peligroso relativismo como el que Zammito (2004) reconoce detrás del llamado "giro lingüístico", que impide la validación de casi cualquier forma de conocimiento. A lo que podríamos añadir que, por tanto, la construcción y caracterización de los problemas de investigación deberían ser distinguidos como una posición política y ética al respecto de sus dimensiones.

Como en otros espacios de las Ciencias sociales, los extremos son la norma, y el caso de la Ciencia política no es la excepción. Sobre el debate acerca de los métodos de caracterización una perspectiva distinta nos lleva a distinguir las afirmaciones sobre la mejor forma de comprensión del comportamiento político. En un extremo encontramos a quienes señalan y defienden que es a través de técnicas explicativas (razón, descripción y prescripción) y que, por tanto, se vinculan con los supuestos fundamentales del positivismo en las Ciencias sociales. Por ejemplo, Torgerson (1986: 34) afirma que a través del positivismo se plantea un riguroso distanciamiento de la especulación de la teología y la metafísica, confrontando el mundo de manera objetiva con el ánimo de observar los hechos y determinar las leyes que ordenan la naturaleza y la sociedad. Asumiendo estos compromisos ontológicos y epistemológicos, afirma que el conocimiento sobre lo político debe perseguir el objetivo por conocer con certeza y claridad, abandonando todo atisbo de incertidumbre.

En el otro extremo, un ejemplo de argumentos que buscan romper con ciertos límites del positivismo lo encontramos en Peter de Leon (1998), quien afirma que el positivismo es fundamentalmente opuesto a los principios y procesos democráticos contemporáneos. Atendiendo a compromisos ontológicos distintos, mediante los que se reconoce, por ejemplo, que la realidad no es una sola y no puede "conocerse" sino caracterizarse por aproximaciones; o bien, que el principio de objetividad no es fin en sí mismo, lo entiende como un obstáculo que se convierte en instrumento para obviar los conflictos derivados de las estructuras valorativas en las que, desde su perspectiva, se asienta la razón de la vida política.

Como en otros campos disciplinarios, lejos de los extremos y en el riesgo del pluralismo y la apertura metodológica, en Ciencia política también hay voces que buscan abrir nuevas formas de debate. En este caso encontramos a Elman (2008: 272) quien argumenta que, de forma similar a otros campos sociales, la Ciencia política se ha convertido –o su desarrollo ha dado lugar– en una aproximación más abierta a considerar diversas formas de conocimiento. Es decir, busca contribuir a distinguir la riqueza de la diversidad como una característica favorable que propicia la ruptura con los supuestos normativos que regulan las posibilidades del campo tanto en relación con la construcción teórica como con los métodos de investigación, permitiendo la posibilidad de explorarlos de forma mixta. Estas ideas atienden a buscar ampliar la noción de un campo disciplinario como un modelo exclusivamente lógico unidimensional basado en el positivismo.

Como podemos observar, el debate central con el que se distingue a la Ciencia política tiene otras formas de abordaje y sin duda más implicaciones de las que puedo recuperar en este espacio. De igual forma, abre la posibilidad de reconocer estas formas de debate en otros campos.

Otras formas de reconocer estos temas los ejemplifican Brady y Collier (2004) quienes ponen el acento en la relación entre formas de abordaje, significación de los problemas, responsabilidad del conocimiento, principios de validez y una importante mención a la transformación permanente de los fenómenos estudiados. En general, proponen reconocer la importancia de articular diversas herramientas metodológicas para dimensionar y comprender la diversidad de problemáticas que caracterizan los fenómenos contemporáneos a los que se enfrenta la Ciencia política. Confrontando las posiciones dicotómicas, proponen incluir una variedad de herramientas cualitativas y cuantitativas como estudios de caso, modelación estructurada de ecuaciones, investigación etnográfica de campo, experimentos cuantitativos, análisis de significado, entre muchos otros.

Los problemas que enfrenta la Ciencia política no sólo atienden un sentido metodológico. La definición de su objeto de estudio representa en sí misma una problemática que abre distintas consideraciones; a nivel ontológico, por ejemplo, destacan las implicaciones de la definición de política y la forma en la que se relaciona con su estudio sistematizado.

Esto nos presenta dos consideraciones importantes. La primera es que de la definición más recurrente de política no necesariamente se desprende la posibilidad de dimensionar las formas de su estudio. Por ejemplo, al hablar de "política" es común atender a la contribución de Lasswell (1951) en términos de "quién obtiene, qué, cuándo y cómo". No obstante señalarnos la importancia de la Política, la pregunta acerca del objetivo de la Ciencia política representa una plataforma de discusión distinta, principalmente debido a las repercusiones de la propia acción.

Los actores de la política, y principalmente las condiciones institucionales en las que se representa, son para Goodin (2011) elementos definitorios determinantes para comprender las condiciones que permiten la formalización de su estudio disciplinario. Así, en cuanto a la significación de la acción de sus principales unidades de análisis (Estado, sociedad, organizaciones, individuo), "la política se comprende como el uso regulado del poder social".[2] Esta definición permite recuperar elementos importantes para su estudio, y es que si reconocemos que el poder, sin duda, toma muchas formas y está regulado y regido de diferentes maneras, entonces la Ciencia política tiene su objetivo fundamental en el reconocimiento y mapeo sistemático de esas formas (Lukes 2005).

Por otro lado, también es importante destacar que en estas definiciones y su aceptación hay también un sentido de acuerdo entre las comunidades que lo desarrollan, como hacen referencia tanto Feyerabend como Foucault. Es decir, que el fenómeno del conocimiento científico representa también una condición cultural, valorativa e histórica.

Éste puede ofrecernos múltiples lecturas de las cuales me parecen significativas dos: es cultural en tanto que las ideas que conforman sus supuestos y debates son resultado y parte de un proceso histórico colectivo que trasciende la dimensión taxonómica con la que identificamos las épocas de su desarrollo. Es decir, que su influencia no es exclusiva de la discusión sobre la producción y desarrollo de conocimiento, sino que esta manifestación es parte de una construcción cultural de mayores dimensiones en la que estas ideas surgen y reproducen una visión acerca del mundo que trasciende en múltiples esferas de acción y reflexión. Es decir, nos permite visualizar una compleja red entre discursos, instituciones, decisiones reglamentarias, leyes, medidas administrativas, proposiciones filosóficas, morales, programas, acuerdos, prácticas específicas, lineamientos organizacionales; en síntesis, elementos discursivos y no discursivos que cambian de posición y funciones, y que en esencia plantean un escenario de una fascinante complejidad a la cual se busca dar orden para explicar su gestación, su funcionamiento y conducir su participación.

En ese sentido, el estudio científico de la Política construye un discurso y aproximación racionales y lógicos desde el cual distinguir, dimensionar y buscar comprender la complejidad de los fenómenos a los que se orienta desde su objetivo, lo cual lo enfrenta a una doble condición: a partir de formas discursivas y no discursivas todo campo de conocimiento se configura como reproductor de valores, al mismo tiempo que se enfrenta a espacios en los que se manifiestan distintos marcos valorativos que son producto de las diferentes tradiciones singulares de las que emerge el objeto material que estudia y que se corresponde con formas históricas diferentes.

Esto nos conduce a señalar un aspecto que da lugar a diferentes debates, pues así como su estudio científico/formal nos deja ver la influencia de las ideas desde

[2] "The constrained use of social power", en el original.

las que articula su discusión, así también la importancia que tiene la influencia de ciertas tradiciones intelectuales y políticas para su estudio. Las mismas formas de construcción de conocimiento dan lugar a fenómenos de contraposición, vinculación, retroalimentación o confrontación que originan posiciones ideológicas sobre el conocimiento, pero en la misma dimensión de importancia también señalan la necesidad de considerar que el campo de conocimiento, si bien puede estudiarse con base en las reglas que validan el conocimiento científico, no puede desvincularse de esta condición valorativa que le da significación a su participación en la realidad.

Así, podemos decir que esto forma parte del reconocimiento de su condición disciplinaria. Es decir, estar sujeto a una disciplina es ser guiado por un conjunto de reglas para realizar ciertas cosas de una cierta forma ordenada; cuyas reglas son compartidas por otros, sujetos a la misma disciplina. De acuerdo con Hardt (1961), quienes comparten una disciplina toman una actitud reflexiva y crítica con respecto de ciertos aspectos de su conducta que caen dentro de dichos estándares, a partir de lo cual juzgan su propia conducta y la de otros.

La disciplina de la Ciencia política, como otras de las ciencias sociales, impone y se impone, de acuerdo con Foucault (1977), a partir de un elemento de castigo, ya bien simbólico, ocasional o potencial, mediante lo cual dirige, instruye, premia, señala, financia, anula, restringe, promueve, absorbe e incluso dogmatiza. Sin embargo, esta condición disciplinaria ofrece la posibilidad de enfrentar problemas comunes de una forma cooperativa entre investigadores, tradiciones y organizaciones. Esto no sólo permite la división del trabajo en disciplinas y subdisciplinas, o bien la división de los problemas, trabajos y preguntas para su atención (Abbott, 1988), sino que plantea la idea esencial de los protagonistas de la disciplina, los autores centrales, los problemas reconocidos, las organizaciones que integran el trabajo, las impulsoras de estrategias; es decir, los instrumentos políticos sobre los que recae la conducción del estudio sobre la política.

Es decir, el campo –como otros en ciencias sociales– se concibe al mismo tiempo como dispositivo de conocimiento y como dispositivo de poder. Resulta muy importante señalar que la política, vista a partir de definiciones como la que proponen Laswell, Lukes o Goodin, o incluso el mismo Sartori, como un asunto de perseguir tus propósitos de la mejor forma posible, en el contexto donde otros agentes poderosos hacen lo mismo y donde es igual de importante con quién, a través de quién o alrededor de quién se debe trabajar para cumplir con dichos propósitos, nos conduce no sólo a la idea central de las restricciones sino que, de acuerdo con Macpherson (1977), es una condición endémica al liberalismo y a las democracias liberales en lo particular.

En ese sentido, no obstante se reconozca la importancia de distinguir las condiciones locales de desarrollo en tanto problemáticas, como representan de una manera ejemplar los *Informes sobre las ciencias sociales en el mundo* de la UNESCO (2010), el estudio y desarrollo de la Ciencia política ha surgido y crecido en el contexto del desarrollo y discusión sobre las democracias liberales, por lo que los principales problemas que distingue corresponden a sus límites y formas de desarrollo. De ahí se deriva el énfasis singular sobre temáticas específicas, como los pesos y contrapesos, la rendición de cuentas y la competencia política, sobre los cuales entendemos la materialización del eje toral de su estudio en la comprensión de las formas en cómo es y puede ser ejercido, restringido y dirigido el poder social (Goodin *et al.*, 2011).

Este mismo argumento sugiere la importancia del modelo desarrollado en Estados Unidos como el de mayor influencia, no sólo en cuanto a la determinación de las agendas de investigación –que es difícil de distinguir y se convierte en una pregunta empírica en sí misma–, sino en cuanto a las formas de abordaje. Dimensionar el desarrollo de la Ciencia política implica, al menos, conocer los momentos o épocas que configuran a esta tradición: la primera a inicios del siglo XX en la que se asienta su fundación, la segunda caracterizada por el Behaviorismo en la década de los cincuenta y la tercera representada por la influencia de la elección racional en la década de los setenta, cuya importancia radica en la promesa del rompimiento del empirismo. Así, en cuanto referencias, son determinantes para situar los problemas con los que se representa su estudio en otros contextos. En muchos casos, la cercanía o lejanía de ello o de sus temas supone un punto de evaluación sobre las prácticas y los modelos de investigación.

Incluso de cierta manera los grandes temas y formas de abordaje que caracterizaron el siglo XX forman parte de este argumento. Por ejemplo, si buscamos comprender cómo el Behaviorismo y la Elección racional se convirtieron en los grandes temas de discusión de la Ciencia política, habría que dimensionar la forma en la que se articularon trabajos distintos en torno a lo que eventualmente sería una propuesta. De acuerdo con Goodin (*et al.*, 2011), la Revolución Behaviorista se consolidó a partir del escepticismo realista sobre la adherencia a las reglas formales y sobre estándares ideales sobre distintos dominios como la reflexión constitucional (Beard, 1913), la hechura de políticas (Bentley, 1908/1967), la Administración pública (Simon, 1947) la gobernanza local (Lynd y Lynd, 1929), y las relaciones internacionales (Morgenthau, 1948), junto a nuevos experimentos y metodologías de observación junto con técnicas estadísticas para evaluar sus resultados (Merriam, 1921; Key, 1958). O bien, para entender cómo la elección racional se convirtió en un gran tema en los setenta habría que señalar que lo que lo permitió fue la consolidación de varios temas y propuestas que inicialmente estuvieron desconectados, tales como la investigación de operaciones en defensa (Hitch y McKean, 1960), la teoría de juegos en Relaciones Internacionales (Schelling, 1960), y sin duda los trabajos sobre nociones de "bienes públicos" (Olson, 1965) y "votantes medios" (Downs, 1957).

Estos elementos de referencia constituyen una especie de narrativas sobre las condiciones generales características del estudio de la Ciencia política que si bien afirman una fuerte influencia de la tradición anglosajona y principalmente angloamericana, no se puede señalar que en todas partes del mundo se practique y se investigue bajo una sola forma y contenido, no obstante que se tomen como puntos torales de referencia sus temáticas y autores. Sin embargo, esto nos lleva a otro tipo de consideraciones de análisis.

Usualmente, los esfuerzos que se realizan fuera de estas tradiciones por dimensionar el avance y características de su estudio atienden a la idea del contraste con esta tradición como punto de referencia. La cercanía o separación parece ser un elemento que por sí mismo se representa como un valor entendido. Sin embargo, lejos de ello, me parece que nos conduce a una forma de revisión que sugiere una aproximación empírica para sostener sus apreciaciones a fin de no caer en dogmatismos ideológicos.

Para ilustrar el punto, me parece que es importante destacar dos formas de dimensionar la influencia a la que hago referencia. Esta especie de *story line* y las prácticas disciplinarias que lo sustentan se soportan en un conjunto de temáticas y propuestas que las enmarcan. De manera que si de influencia hablamos, ésta se puede visualizar en forma de la difusión y aceptación de ideas y, por tanto, de los autores que las desarrollan. Es decir, la influencia de la tradición anglosajona puede reconocerse al distinguir a los autores a través del número de referencias con las que su trabajo es recuperado para generar el marco de comprensión y desarrollo de problemáticas diversas, mediante lo cual no sólo se visualiza y cuantifica, sino que se contextualiza al respecto de otras propuestas.

Nuevamente recojo el trabajo de Goodin (2011) pues hace un ejercicio por demás representativo a partir del trabajo con referencias en uno de los mecanismos de difusión más importantes que son los *Oxford Handbooks* disciplinarios. Atendiendo al número de referencias que se hace por subdisciplina de la Ciencia política, propone un listado de los autores con mayor influencia, de manera que permite observar una radiografía muy interesante de sus pilares a partir del número de citas en los respectivos *Oxford Handbooks* temáticos.

Así, por ejemplo, en cuanto a Teoría política, los autores que no sólo son representativos en el imaginario colectivo, sino que representan una influencia efectiva son: J. Rawls (86), J. Habermas (50), M. Foucault (48), I. M. Young (36), R. Dworkin (35), W. Kymlicka (34), C. Taylor (30), S. Benahbib (29), W. W.

Connolly (28), D. Miller (24), H. Arendt (23), B. Barry (23), L. Strauss (23), J. Waldon (22), S. Wolin (22), J. Derrida (21), D. Dryzek (21), J. Ras (21). Otro ejemplo es el campo de las Instituciones políticas donde se referencia: A. Liphart (26), G. Cox (22), R. A. W. Rhodes (22), R. E. Goodin (20), P. Hall (20), J. P. Olsen (20), G. Tsbelis (20), R. Keohane(19), L. Martin (18), B. G. Peters (16), K. Shepsle (16), J. M. Colomer (15), M. McCubbins (15), M. Duverger (14), P. Pierson (14), W. Riker (14), K. Strom (14), S. A. Binder (13), G. Stoker (13), J. Braithwaite (12), C. Hay (11), G. B. Powell (11). O bien, como último ejemplo en Política comparada: A. Przeworski (57), C. Boix (39), C. Tilly (32), G. Cox (30), H. Kitshelt (29), S. Verba (29), W. Riker (28), S. Strokes (27), S. M. Lipset (25), M. Shugart (25), B. R. Weingast (24), R. M. Duch (23), J. A. Robinson (23), T. Skocpol (23), A. Liphart (22), R. Stevenson (22), M. Laver (21), S. Tarrow (21).

Bajo ese mismo criterio, los autores más representativos del campo disciplinario apuntan hacia G. A. Almond, R. A. Dahl, D. Laitin, A. Liphart, J. Rawls, W. H. Riker y T. Stopkol al considerar su influencia en 10 de 10 campos subdisciplinarios de la Ciencia política. En esta misma forma de selección se encuentra J. Elster, S. P. Huntington, M. Olson y S. Verba entre los autores con influencia en 9 de 10 subdsiciplinas; J. Habermas, S. M. Lipset, H. A. Simon y A. Wildavsky cuya influencia se distingue en 8 de 10 campos; así como P. Bordieu, F. Fukuyama, A. Giddens y T. S. Kuhn, en 7 de 10 campos, por mencionar algunos.

Otra forma de distinguir influencias y debates hacia fuera de esta tradición se torna compleja por la falta de información para sustentarla. En ese sentido, habría que mencionar que uno de los problemas más evidentes cuando se trata de generar un trabajo de sistematización que dé luz sobre las características o problemáticas de un campo como la Ciencia política es, sin duda, la falta de información. Sucede, como en otros espacios, que la reflexión está sujeta a la experiencia del autor, a su apreciación sobre su propio campo, cuyos aportes pueden ser importantes pero difícilmente generalizables.

Por ejemplo, al buscar referencias sobre el estudio de la Ciencia política en México para realizar el presente documento, resultó complicado establecer un patrón de búsqueda en los buscadores comerciales. Empleando las bases de datos de la UNAM y de Redalyc, se arrojaron no más de 28 títulos de artículos sobre el tema, de los cuales sólo 4 atendían a una forma de evaluación disciplinaria. De entre ellos sólo 1 ofreció información empírica. El principio de este documento señaló precisamente la importancia de ofrecer información que permitiera dilucidar la posición de la Ciencia política en México con respecto de la influencia de la tradición angloamericana a raíz del multicitado texto crítico de Sartori (2004).

Con base en una muestra de las 32 revistas académicas más prestigiosas en México, Rivera y Salazar-Elena (2011) ofrecen un retrato empírico de la Ciencia política en México con información como la siguiente: los autores recogen en su base de datos 231 artículos escritos entre 1990 y 2007, mismos que cuantifican en función de distintos patrones; por ejemplo, en cuanto a área temática encuentran una distribución que señala 60 artículos en políticas, económicas, sociales y laborales; 44 sobre partidos políticos y elecciones; 41 sobre Estado y régimen político; 35 sobre sociedad civil y opinión pública; 16 sobre poderes Ejecutivo y Legislativo, 5 sobre burocracias y 30 en otras temáticas más abiertas. De los cuales, 169 toman como unidad de análisis al país, 36 la jurisdicción subnacional, 17 a grupos u organizaciones, 8 al individuo, y 1 a otra categoría distinta. De los cuales, al distinguir objetivos de investigación y métodos de investigación, destacan 72 artículos con objetivo causal y 159 descriptivos; 212 que emplean un método cualitativo y 19 cuantitativo. De los 71 causales, que no necesariamente emplean metodología cuantitativa, los autores señalan que 36 son exploratorios, 24 buscan establecer una confirmación, 14 trabajan una hipótesis no propia, 10 construyen una hipótesis propia y de los cuales 12 no pudieron ser clasificados.

De esta forma, los autores señalan que "de acuerdo con la muestra analizada, la Ciencia política mexicana se caracteriza por: a) generar proposiciones descriptivas, b) emplear métodos cualitativos, c)orientarse al estudio de caso, y d) generar hipótesis por la vía inductiva" (Rivera y Salazar-Elena, 2011: 96), por lo que concluyen que sólo 4.8% del trabajo de investigación hecho en México corresponde con la influencia del modelo angloamericano que por definición –también sujeta a validación empírica– se distingue por el empleo de métodos cuantitativos y modelización formal, aunque ninguno recoja ambas en un mismo trabajo.

Bajo estos argumentos se vuelve difícil establecer líneas de continuidad o visualizar nuevas temáticas de investigación. Éstos, lejos de entenderse a partir de la reflexión o especulación individual, suponen presentarlos como pregunta de investigación en busca de elementos empíricos de observación, y lejos de poder presentarlos, se hace necesario identificarlos. Bajo este panorama, la influencia de una tradición de investigación sobre otras es supuesto contextual en búsqueda de evidencia que permita asentarlo y matizarlo.

## Segunda parte

Por otro lado, reflexionar sobre los retos de la Ciencia política implica un ejercicio que lejos de ser introspectivo, requiere dimensionar su papel en el conjunto de problemas de las Ciencias sociales. Su condición disciplinaria y política impiden alejar las implicaciones de su práctica y desarrollo de éticas. Después de todo, la Ciencia política necesita conectar sus observaciones empíricas a ciertos valores en el orden de conseguir sus propósitos, por lo que siempre cabe preguntarnos cuál es el propósito de descubrir cómo son las cosas, sin preguntarnos cómo podrían y deberían ser (Goodin, 2011).

Esto nos conduce a una confluencia entre las formas de construcción de conocimiento, de articulación disciplinaria de los campos de las Ciencias sociales y las crisis contemporáneas de los sistemas políticos y económicos mundiales. Es decir, a una visión de conjunto entre las formas y perspectivas de desarrollo teórico de los campos de conocimiento en estrecha vinculación con los cambios empíricos de sus objetos de estudio. De cierta manera, este argumento nos recuerda una añeja forma de controversia acerca del rol del científico de la política (Wildavsky (1979), quien encuentra sus extremos entre quienes lo entienden como articuladores del poder, asesorando acerca de sus formas y ejercicio; y otros que refieren una postura más crítica inspirada, entre otros, en Marx sobre la relación del científico con el poder.

Frente a estos elementos de debate, desde uno de los actores centrales de reproducción del conocimiento se asume una postura clara: la demanda de más y mejores Ciencias sociales está en aumento con el objetivo de colaborar con la interpretación y búsqueda de nuevas formas de respuesta a los problemas que enfrenta el mundo (UNESCO, 2011). Es decir, la búsqueda se orienta desde estos centros institucionales hacia "abordar simultáneamente el estado del mundo y el estado del arte, el curso de los acontecimientos y nuestra capacidad de analizar y hacer frente a ellos. Con el fin de hacer Ciencia social relevante, pertinente y potente, como científicos sociales tenemos que analizar nuestros conceptos acerca de cómo funciona la sociedad y participar en una autoevaluación de cómo nuestros enfoques definen las tareas comunes y establecen una agenda compartida. Las sociedades y los comportamientos son siempre cambiantes, en parte, como consecuencia de los modelos y las interpretaciones de los científicos sociales" (UNESCO, 2011: ix).

Esto representa, entre muchos otros problemas, la necesidad de dimensionar la importancia y la amplia gama de retos que enfrentan los campos de las Ciencias sociales. Uno de ellos, desde esta postura, es dimensionar la importancia de su contribución en la transformación del entorno político, más que su impacto exclusivo en la agenda académica de investigación. Este dilema es un punto importante de definición de su ámbito de disciplina en relación con la integración de las comunidades a las organizaciones e instituciones de desarrollo del conocimiento social, el trabajo para cerrar brechas con respecto de las capacidades de diferentes países en la construcción de conocimiento, el reto de la competencia en la sociedad del conocimiento acerca del financiamiento de proyectos de investigación, evaluaciones y calificaciones globales, formas de evaluación, etcétera.

Un poco en ese sentido es que pueden reconocerse las reflexiones que buscan confrontar las premisas en las que se fundamentan los argumentos de confrontación y rompimiento al interior de los campos disciplinarios y en relación con la importancia de su trabajo conjunto. Un ejemplo por demás significativo es el trabajo de Gibbons (1997) sobre la producción de conocimiento y, sin duda, también sobre la relación entre sus contribuciones y los marcos filosóficos que enmarcan las formas de su desarrollo. Los argumentos que enmarcan estas discusiones acerca del desarrollo del conocimiento científico integran, por ejemplo, las propuestas de autores que van desde Thomas Kuhn a Bruno Latour y señalan que la búsqueda por el descubrimiento de *La verdad* ha dejado de constituir la principal aspiración de la investigación científica. En su lugar prevalece la producción de *verdades* producto de la solución de problemas de conocimiento específicos, concebidos a partir de procesos de aproximación colectivos. Así, vivimos, de acuerdo con Miller y Fox (2001), un escenario de gran ansiedad en relación con los criterios epistemológicos que animan el conocimiento y la investigación, de manera que los fundamentos canónicos son vistos, como resultado del asalto pospositivista en ellos, como un problema.

De esta forma, se busca que los criterios de producción y evaluación del conocimiento como elementos sean más estables aunque, como señalaría Paul Feyerabend, no por ello necesariamente más significativos al conocimiento. No podemos señalar criterios homogéneos entre estas ideas; sin embargo, sus efectos se presentan de distintas maneras. Así, se ha abierto la puerta para considerar nuevas formas de abordaje tanto sobre las condiciones de la investigación como de los criterios de significación de los problemas propios de los campos de conocimiento.

Bajo estos argumentos, en todos los campos de las Ciencias sociales nos enfrentamos a un escenario en el que se destaca la dificultad de sostener principios dogmáticos y formas universales de aproximación. La ciencia, de acuerdo con planteamientos como los que refleja la postura de Guba (1990), no puede identificarse de forma exclusiva con las ideas y supuestos articuladores de una única tradición filosófica. Visto de esta manera, más allá de afirmar una única forma de cientificidad, las críticas a los supuestos de la ciencia positiva lejos de representar una sustitución, generan nuevas propuestas de abordaje orientadas a la comprensión de estos problemas emergentes, aunque despertando sospechas y dudas acerca de sus fundamentos ontológicos y epistemológicos.

Las implicaciones de este escenario de discusión son vastas para las Ciencias sociales y que sus formas de debate están presentes de diversas formas y han acompañado su reflexión y debate. Las encontramos reflejadas en los trabajos de Kuhn (1970), Lyotard (1974) o Rorty (1979) acerca de la distinción de la ciencia como una formación social (Zammito, 2004), por poner un ejemplo. Sin embargo, para el campo de la Ciencia política me parece que este argumento representa una oportunidad para abordar desde nuevas perspectivas algunos de sus temas. Por ejemplo, esta condición de búsqueda interdisciplinaria no sólo permite evidenciar las posiciones ortodoxas presentes en las distintas tradiciones intelectuales orientadas a su estudio que dividen su contribución en función de su cercanía a un modelo de conocimiento, sino abordar con una nueva mirada las condiciones que marcan algunas de las pautas con las que se identifica y caracteriza su desarrollo.

Esto representa de manera inicial dar un paso lateral de los supuestos del positivismo y del behaviorismo, en tanto principal posición filosófica en la que se articula su origen disciplinario, así como abrir la posibilidad de reconocer las contribuciones que nutren su desarrollo desde otras posturas y aproximaciones desde las que se dimensionan y abordan los complejos fenómenos que integran las agendas de interés y de investigación. Es decir, deberíamos considerar dejar de seguir el protocolo que determina formas que buscan homogeneizar el conocimiento.

Enmarcada en las preocupaciones de su desarrollo institucional, también aparece la necesidad por describir la compleja serie de rompimientos estructurales, funcionales y discursivos sobre los que se configuran las observaciones e interpretaciones del ser individuo y de la sociedad, cuyos problemas, de acuerdo con Luhmann, "[...] no se definen como problemas del mantenimiento del origen, ni en la educación ni en ningún otro ámbito. [Sino que] se trata más bien de una constante producción de otredad" (Luhmann, 1997: 17).

De esta manera, la reflexión disciplinaria al interior de los campos de las Ciencias sociales se enfrenta también a un entorno de singular significación acerca de los diversos procesos de transformación del ambiente de producción de conocimiento que afecta tato su contenido, función y papel. Es decir, la globalización, los cambios en la organización institucional y social de las disciplinas y el papel cada vez mayor de las tecnologías de la información y la comunicación (UNESCO, 2011: 1).

A la luz de estos elementos, se destaca el reconocimiento de una profunda transformación de los protagonistas del cambio social y de la acción política, así como de sus mecanismos y posibilidades de acción, de sus condiciones estructurales y funcionales, de la orientación del propio cambio social, así como de los vínculos desde donde se entiende la configuración de lo social, de lo político y del propio Estado en tanto organización política y construcción valorativa de la sociedad (Castoriadis, 2002).

Como uno de los criterios de problematización derivados de estos argumentos, me parece interesante observar que los códigos desde donde se traducían los comportamientos y las relaciones entre los actores políticos y sociales y el contexto que los enmarca y les otorga sentido parecieran haber dejado de relacionarse a partir del mismo significado simbólico con una realidad que ya no posee las mismas características que permitían su vinculación, y de referirse en algunos casos a las mismas condiciones. De ser así, esto ha generado la necesidad de reinterpretación de algunos de ellos frente a la aparente inoperatividad de las correlaciones funcionales y la necesidad o emergencia que se comprende, de acuerdo con Lakatos, de idear nuevas dimensiones y significados para llenar los referentes teóricos de manera que nos posibiliten herramientas analíticas para enfrentar de nuevo la realidad.

Para la Ciencia política, que articula una buena parte de los marcos referenciales y conceptuales de las Ciencias sociales, esto representa una profunda complejidad. Frente a esta dimensión podemos situar el gran debate que Dahl plantea en *La democracia y sus críticos* sobre las dimensiones y los enfoques sobre los que las sociedades han comprendido la democracia teniendo como origen y referente común la *polis* griega, planteando así la vigencia de ciertos referentes en el discurso y comprensión de los fenómenos al mismo tiempo que da cuenta de su necesaria transformación en relación con la aparición de nuevas interpretaciones sobre su objeto, entorno, fines, espacios y actores.

Encontramos, asimismo, el retorno a la *polis* que en tanto unidad atemporal de análisis y reflexión encuentran autores como el mismo Dahl (1992), Castoriadis (2002) y Arendt (199) en un planteamiento que invita a recuperar el sentido ciudadano y democrático que desde la *polis* ateniense se pone a discusión en tanto la vigencia de sus referentes y la falta de nuevos para comprender procesos y fenómenos sociales con nuevas dimensiones y complejidades. Bajo esa misma orientación, encontramos también planteamientos como los de Mouffe (1999) sobre las circunstancias particulares en las que tratan de asentarse las sociedades democráticas, frente al conjunto de retos y dificultades para las que, de acuerdo con la pensadora, se encuentran mal preparadas, pues "[...] tras haber creído en el triunfo del modelo liberal-democrático, encarnación del Derecho y de la razón universal, los derechos occidentales han quedado completamente desorientados ante la multiplicación de los conflictos étnicos, religiosos e identitarios que, de acuerdo con sus teorías, habrían debido quedar sepultados en un pasado ya superado" (Mouffe, 1999: 11).

La latente necesidad de reposicionar al ciudadano como sujeto principal de la acción social y política como única vía para descifrar y atender los problemas que ofrecen las sociedades modernas se presenta desde una perspectiva virtuosa en el esfuerzo analítico realizado por Thiebaut (1998) que pone el acento de la vindicación del ciudadano en tanto elemento determinante en la construcción de la ciudad. Frente a todo ello, es el ciudadano quien se construye a sí mismo construyendo la ciudad, que viene a significar una colectividad de individuos organizada según determinadas creencias, normas y procedimientos.

Desde estas consideraciones, el fin de la acción política del individuo no es lo que el ciudadano hace (ciudad), sino su hacerse ciudadano; hacer la ciudad, entonces, es la manera de hacerse ciudadano, libre conforme la democracia, igual en tanto el cumplimiento de las normas y leyes, pero profundamente desigual frente a las relaciones de intercambio en el mercado.

Frente a las consideraciones que proclamen una nueva condición de sociedades comprendidas desde su carácter plural, que sitúan el debate sobre la democracia en tanto la generación de instituciones y de un carácter instrumentalmente factible, y considerado como un sistema que favorece la pluralidad (Dahl, 1989), reconoce la diferencia en cuanto valor, busca la igualdad a partir de la ley, mientras que la efectividad, eficiencia, estabilidad, legitimidad y la legalidad fundamental son elementos que por su naturaleza afectan la vida colectiva y, por tanto, la comprensión de la realidad que configuran y potencian.

Bajo un criterio singular de interpretación, como resultado y respuesta a estos elementos y relaciones, podemos plantear que los debates acerca de la condición de desarrollo disciplinario de la Ciencia política pueden observarse a partir de la búsqueda de dar cuenta tanto de la forma en que se transforma unidades analíticas de pensamiento sobre las que trabajan las Ciencias sociales, así como del planteamiento de nuevos problemas a la luz de la transformación de sus objetos materiales o simbólicos de estudio. Es así que lejos de plantear nuevos grandes temas de discusión, nuevos rompimientos paradigmáticos, se hace necesario plantear una necesaria revisión de las formas de abordaje de las preguntas centrales, así como de viejos debates en función de dimensionar su reorientación y reinterpretación sobre las que asentar su integración y significado frente a un espacio en donde las añejas preocupaciones sobre su reconocimiento se agudizan o pierden centralidad para dar lugar a un contexto que genera grandes expectativas sobre sus capacidades de resolver retos vitales para la humanidad como la pobreza, el cambio climático y la crisis alimentaria, sobre los que se demanda su atención en las agendas de investigación en búsqueda de formas de abordaje y de respuesta.

## A MANERA DE CONSIDERACIÓN FINAL

Uno de los elementos centrales que definen la misión de la Ciencia política atiende la capacidad de elucidar los propósitos apropiados, tanto como las vías correctas de conseguirlos (Goodin, 2011); sin embargo, una preocupación adicional consiste en atender a las formas de plantear esos objetivos. Tanto en relación con la construcción de conocimiento como de definición ética de esos objetivos, me parece que una idea clara es que no podemos seguir reconociendo el desarrollo de campos como la Ciencia política con los viejos ojos de un mundo fragmentado, preguntándonos acerca del valor del sentido de fortaleza disciplinaria en función de la distinción y separación asentado en un modelo metodológico unidimensional.

El conocimiento tanto como el mundo responde a una dinámica de transformación permanente, pero ésta no es necesariamente evidente a los ojos de quien la protagoniza. Sin embargo, los problemas de un campo de conocimiento son los que definen sus comunidades. Así, el problema de la distinción metodológica continuará siendo un problema vigente, al igual que las implicaciones de su definición, sobre la construcción de premisas, así como la influencia de un modelo de desarrollo sobre espacios contextuales distintos. Pero al mismo tiempo, otras alternativas de abordaje y comprensión, preguntas y problemáticas se hacen presentes y urgentes de atención como la necesidad de plantear formas epistemológicas y metodológicas que posibiliten el cruce de aquellas fronteras disciplinarias, la búsqueda por plantear la resignificación de lo social, lo humano y lo natural como premisas de abordaje de nuestros problemas contemporáneos, la comprensión de de ámbitos interdisciplinarios más que campos, dimensionar las características regionales en el desarrollo de los campos de conocimiento y entender sus preocupaciones, retos, brechas y dificultades, así como el papel e importancia de las calificaciones internacionales como un nuevo espacio de competencia, industria, desigualdad y dominación.

De acuerdo con el informe de la UNESCO, nunca antes el mundo había tenido tantos estudiantes en Ciencias sociales ni producción similar por área de conocimiento. Sin embargo, en América Latina, la Ciencia política no tiene un espacio privilegiado de desarrollo de acuerdo con datos de la UNESCO, salvo en México, donde ocupa el 6° lugar de preferencia temática, luego de la salud pública, ambiental y ocupacional, psiquiatría, economía, psicología multidisciplinaria y Ciencias de la conducta; de manera que el reto no puede ser aumentar producciones por campo, sino enfrentar de forma conjunta nuevos problemas que compartimos en preocupaciones. Se vuelve necesario aprovechar las posibilidades del trabajo interdisciplinario y la construcción de redes de conocimiento para potencializar trabajos y difundir descubrimientos. Enfrentarlo implica atender problemas internos de los modelos de educación e investigación que permitan hacer consciencia sobre la importancia de una agenda más abierta de investigación. Me parece que un buen inicio sería intentar salir del espacio de reflexión endógena en nuestras universidades y de nuestros campos. El ejercicio que plantea este libro tiene la intención de contribuir a ello, y el objetivo de esta contribución desde uno –sin vanagloria ni perjuicio– de los campos de las Ciencias sociales ha sido abrir un poco la ventana a algunos temas que puedan propiciar su integración.

## Bibliografía

Almond, Gabriel. 1999. *Una disciplina segmentada. Escuelas y corrientes en las Ciencias políticas*. México: FCE/Colegio Nacional de Ciencias Políticas y Administración Pública.

Arteaga Botello, Nelson. 2006. *Pobres y delincuentes. Estudio de sociología y genealogía*. México: FCPyS-UAEM/Cámara de Diputados LIX Legislatura.

———. 2010. *Rituales, dispositivos y performatividad. Un ensayo de sociología posclásica*. México: UAEM/Miguel Ángel Porrúa.

Bogason, Peter. 2001. *Public Policy and Local Governance. Institutions in Postmodern Society*. Reino Unido: Edward Elgar Publishing.

Castoriadis, Cornelius. 2002. *Ciudadanos sin brújula*. Colección Filosofía y Cultura Contemporánea, 2ª edición. México: Ediciones Coyoacán.

Dahl, Robert. 1989. *La Poliarquía. Participación y oposición*. Madrid: Tecnos.

———. 1992. *La democracia y sus críticos*.España: Paidós.

De Leon, Peter. 1998. *Advice and Consent: The Development of Policy Sciences*. Nueva York: Russell Sage Foundation.

Elman, Colin. 2008. "Symposium of Qualitative Research Methods in Political Science". *Journal of Politics* 70(1): 272-74.

Ellwood, John W. 1996. "Political science". En *The State of Public Management*, eds. Donald F. Kettl y H. Brinton Mildward. Baltiomore: Johns Hopkings University Press.

Flyvbjerg, Bent. 2007. *Making Social Science Matter*. Reino Unido: Cambridge University Press.

Foucault, Michael. 2001. *La arqueología del saber.* México: Siglo XXI Editores.

Franco, Zeno, Friedman Harris y Mike Arons. 2008. "Are qualitative Methods Always Best for Humanistic Psychology Research? A Conversation on the Epistemological Divide between Humanistic and Positive Psychology". *Humanistic Psychologist* 36(2): 159-203.

Gibbons, Michael *et al.* 1997. *La nueva producción del conocimiento. La dinámica de la ciencia y la investigación en las sociedades contemporáneas*. Barcelona: Ediciones Pomares.

Goodin, Robert E. *et al.* 2011. *The Oxford Handbook of Political Science*. Nueva York: Oxford University Press.

Green, D. P. e I. Shapiro. 1994. *The Pathologies of Rational Choice*. New Heaven: Yale University Press.

Guba, Egon G. 1997. *The Paradigm Dialog*. Estados Unidos: Sage.

Gunnell, John, G. 1991. "The Historiography of American Political Science". En *The Development of Political Science*, eds. David Easton, John G. Gunnell y Luigi Graziano. Nueva York: Routledge.

Hardt, H. L. A. 1961. *The Concept of Law*. Oxford: Clarendon Press.

Jong, Jun S. 2002. *Rethinking Administrative Theory: The Challenge of the New Century*. Estados Unidos: Preager.

Kaboolian, Linda. 1996. "Sociology". En *The State of Public Management*. Donald Kettl y Brinton Milward. Baltimore: John Hopkings University Press.

King, Gary, Robert Keohane y Sidney Verba. 2000. *El diseño de la investigación social. La inferencia científica en los estudios cualitativos.* Madrid: Alianza.

Kuhn, Thomas S. 1971. *La estructura de las revoluciones científicas.* México: FCE.

Lasswell, H. 1951. "La orientación hacia las políticas". En Aguilar Villanueva, Luis, 1992. *El estudio de las políticas públicas*. México: FCE.

Latour, Bruno. 2001. *La esperanza de pandora: ensayos sobre la realidad de los estudios de la ciencia*. Barcelona: Gedisa.

León Ramírez, Carlos, Gutiérrez Cortés Mauricio, Mora Velázquez Salvador. 2010. *Viejos y nuevos referentes de la administración pública y la Ciencia política: aproximaciones a un debate*. México: UNAM.

Lincoln, Yvonna S. y Guba, Egon G. 1985. *Naturalistic Inquiry*. Estados Unidos: Sage.

Luhmann, Niklas. 1997. *Observaciones de la modernidad. Racionalidad y contingencia en la sociedad moderna.* España: Paidós.

Lukes S. 2005. *Power: A Radical View*. Londres: Palgrave Macmillan.

Macpherson, C. B. 1954. "World Trends in Political Science Research". *American Political Science Review*, 48: 427-49.

Morgan G. 1979. "Response to Mintzberg." *Administrative Science Quarterly*, núm. 24: 137-139.

Mouffe, Chantal. 1999. *El retorno de lo político. Comunidad, ciudadanía, pluralismo, democracia radical.* Barcelona: Paidós.

Ostrom, Vincent. 2008. *The Intellectual Crisis in the American Public Administration.* Tuscaloosa: University of Alabama Press.

Ricucci, Norma. 2010. *Public Administration. Tradition of Inquiry and Philosophies of Knowledge*. Washington D.C.: Georgetown University Press.
Rivera, Mauricio y Salazar-Elena, Rodrigo. 2011. "El estado de la ciencia política en México. Un retrato empírico". *Política y Gobierno*, XVIII (1): 73-108.
Rosenberg, Alexander. 2008. *Philosophy of Social Science*. Colorado: West-View Press.
Rosembloom, David. 1983. "Public Administrative Theory and the Separation of Powers". *Public Administration Review* 43(3): 219-27.
Russel, Keat y Urry, John. 1985. *Social Theory as Science*. Londres: Routledge & Paul.
Sánchez González, José Juan. 2001. *La administración pública como ciencia. Su objeto y su estudio*. México: Instituto de Administración Pública del Estado de México/Plaza y Valdés.
Sartori, Giovanni. 2004. "El rumbo de la ciencia política". *Política y Gobierno*, XI (2): 349-54.
Staines, Graham. 2008. "The Relative Efficacy of Psychotherapy: Reassessing the Methods-Base Paradigm". *Review of General Psychology* 12(4): 330-43.
Stillman. 1999. *Preface to Public Administration: A Search for Themes and Directions*. Nueva York: St. Martin's Press.
Torgerson, Douglas. 1986. "Between Knowledge and Politics: Three Faces of Policy Analysis". *Policy Sciences* 19(1): 33-60.
UNESCO. 2010. *Informe sobre las Ciencias sociales en el mundo. Las brechas del conocimiento*. México: UNESCO/Foro Consultivo Científico y Tecnológico.
Vanegas Avilés, Luz Marina. 2010. "La Ciencia política en las Ciencias sociales". *Reflexiones* 89(1): 179-83.
Weimer, David. 1992. "Political Science, Practitioner Skill, and Public Management, *Public Administration Review* 52(3): 240-45.
Wildavsky, Aaron (comps.), *Administración Pública. El estado actual de la disciplina*. México: FCE.
Zammito, John H. 2004. *A Nice Derangement of Epistemes. Post-Positivism in the Study of Science from Quine to Latour*. Estados Unidos: University of Chicago.

# Sobre los autores

**Felipe González Ortiz**

Doctor en Antropología (Universidad Autónoma Metropolitana, Iztapalapa); Maestro en Ciencias Sociales (El Colegio Mexiquense), Licenciado en Antropología Social (Escuela Nacional de Antropología e Historia). Se desempeña como Profesor-Investigador y coordinador de investigación en la Facultad de Ciencias Políticas y Sociales en la Universidad Autónoma del Estado de México. Fue coordinador de investigación en El Colegio Mexiquense, rector de la Universidad Intercultural del Estado de México y coordinador de la maestría en Ciencias Sociales de El Colegio Mexiquense. Entre sus obras se encuentran *Megalópoli y cultura* (2012), *Multiculturalismo y política* (2009), *Un pueblo que camina* (2008), *Mujeres indígenas* (en coautoría con Ivonne Vizcarra) (2006) y *Estudio sociodemográfico de la población indígena en el Estado de México* (2005). Es autor de 25 artículos y 22 capítulos de libro. Ha coordinado investigaciones de etnografía y de interpretación de significados jurídicos en lenguas otomianas. Miembro del Sistema Nacional de Investigadores.

**Eduardo Aguado López**

Doctor en Educación Superior por el Centro de Investigación y Docencia en Humanidades del Estado de Morelos. Maestro en Sociología por la UAEM y Licenciado en Ssociología por la UAM. Profesor-Investigador de la Facultad de Ciencias Políticas y Sociales de la UAEM. Fundador y Director General de Sistema de Información Científica Redalyc (www.redalyc.org). Sus principales líneas de investigación son: Estudios sociales de la ciencia, nuevas tecnologías, acceso abierto y epistemología. Cuenta con 8 libros publicados, 15 capítulos para libro, 30 artículos arbitrados, 52 conferencias internacionales y 125 conferencias nacionales. Recibió la Distinción en 2011 "Doctor Caracciolo Parra y Olmedo, Rector Heroico" por la Universidad de los Andes, Venezuela, por la diseminación de la ciencia latinoamericana. Miembro del Sistema Nacional de Investigadores del Conacyt.

**Francisco Herrera Tapia**

Doctor en Ciencias Agropecuarias y Recursos Naturales. Profesor-Investigador del Instituto de Ciencias Agropecuarias y Rurales de la UAEM. Pertenece al Sistema Nacional de Investigadores del Conacyt nivel "C". Líneas de investigación sobre políticas para zonas rurales, desarrollo local y endógeno. Publicaciones recientes: "Gestión Municipal, articulación de redes territoriales y temáticas para el desarrollo productivo de municipios rurales de alta marginación en el Estado de México" (2011), *Serie Cuadernos Ejecutivos* del Instituto de Administración Pública del Estado de México, en coautoría con Lilian Rendón. "Hacia el desarrollo endógeno de las comunidades mazahuas del Estado de México. Contribuciones a partir de la producción de nopal" (2011), en *Paradigma Económico*, núm. 3, UAEM, en coautoría con Alfonso Sánchez y Abel Fragoso. "La estrategia de desarrollo territorial (EDT) en la región centro (año 2010): Los estados de México, Puebla y Tlaxcala" (2011), IICA, México. Coordinador, junto con Norma Baca y Rocío González, de *Migración, Democracia y Desarrollo: La experiencia mexiquense*, Instituto Electoral del Estado de México.

**Cristina Chávez Mejía**

Profesora de tiempo completo de la UAEM desde 1995. Cuenta con perfil deseable PROMEP y pertenece al SNI nivel I. Estudios de Licenciatura en la carrera de Ingeniero agrónomo fitotecnista en la UAEM. Maestría en Agricultura, Medio Ambiente y Desarrollo, y Doctorado en Estudios para el Desarrollo, ambos en la Universidad de East Anglia, Inglaterra. Las líneas de investigación que desarrolla son territorios y paisajes campesinos, agrobiodiversidad y manejo de recursos naturales por comunidades campesinas. Entre sus últimas publicaciones se encuentran las siguientes: Acela Montes de Oca Hernández, Jacinta Palerm-Viqueira y Cristina Chávez Mejía (2012). "El sistema de riego Tepetitlán, México. Mejoras en la distribución del agua a partir de la transferencia", *Tecnología y ciencias del agua*, 3(1): 77-101; Acela Montes de Oca Hernández, Cristina Chávez Mejía, y Francisco Guízar Vázquez e Ivonne Vizcarra Bordi (2012). "Conflicto por el agua en el sistema de riego Tepetitlán después de la transferencia". *Región y Sociedad*, 24(53): 91-118.

**Xanat Antonio Nemiga**

Bióloga egresada de la Universidad Veracruzana, con maestría en Geoinformación por el ITC de Holanda y Doctorado en Manejo de Recursos Naturales por la UANL. Su línea de investigación es la aplicación de la percepción remota y modelación en SIG a los problemas relacionados con el manejo de los recursos naturales. Ha colaborado con el Tecnológico de Monterrey y la Universidad Intercultural del Estado de México. Es profesora en la Facultad de Geografía de la Universidad Autónoma del Estado de México. Ha publicado sobre temas diversos de aplicación de los sensores remotos al estudio del crecimiento urbano, la deforestación, la fragmentación forestal y de modelación en SIG aplicada al manejo de recursos, los incendios forestales la captación de agua, el riesgo de incendios, la infraestructura verde y el riesgo de erosión. Miembro del Sistema Nacional de Investigadores.

**Luis Miguel Espinoza Rodríguez**

Geógrafo egresado de la Universidad Nacional Autónoma de México, con maestría y doctorado en Geografía por el programa de Geografía Ambiental de la UNAM. Sus temas de investigación son la Geografía física, la Geomorfología, la Geografía del Paisaje, la Morfoedafogénesis y la Evaluación de riesgos. Es Profesor de Carrera de tiempo completo de la Facultad de Geografía de la Universidad Autónoma del Estado de México, donde además es Coordinador de Extensión y Vinculación. También es profesor Decano del Instituto para la Educación Integral del Bachiller S. C. Posee vasta experiencia como docente en el nivel medio superior, superior y en posgrado. Ha publicado más de 8 libros y 40 artículos sobre sus temas de investigación, tanto de geografía ambiental como de geomorfología, geografía del paisaje y riesgos. Ha recibido en dos ocasiones la Nota Laudatoria en reconocimiento a su trayectoria académica y de investigación. Miembro del Sistema Nacional de Investigadores.

**Fernando Carreto Bernal**

Geógrafo egresado de la UAEM, cuenta con la maestría en Estudios Latinoamericanos por la Universidad Autónoma del Estado de México y doctorado en Geografía por la Universidad Nacional Autónoma de México. Sus líneas de investigación son los estudios regionales, la educación geográfica y la teoría y pensamiento geográfico latinoamericano. Es profesor de tiempo completo de la Facultad de Geografía de la Universidad Autónoma del Estado de México y asesor certificado de la DIDEPA y la ANUIES. Ha publicado más de 6 libros y diversos artículos relacionados con sus temas de investigación. Es líder del cuerpo académico en Educación y enseñanza de la Geografía, administrador del observatorio en línea de la Geografía en América Latina y responsable del departamento de Geografía

Latinoamericana. Ha recibido la Nota Laudatoria en una ocasión. Miembro del Sistema Nacional de Investigadores.

**Daniel Arturo Cernas Ortiz**

Profesor-Investigador de tiempo completo de la Facultad de Contaduría y Administración de la Universidad Autónoma del Estado de México, donde cursó la licenciatura y maestría en Administración. El doctorado en Administración (PhD in Management) lo obtuvo en la Universidad del Norte de Texas, donde además de ser estudiante fungió como profesor de asignatura y asistente de investigación. Pertenece al Sistema Nacional de Investigadores (Conacyt). Integrante del Cuerpo Académico "Gestión del Capital Intelectual". Su producción científica ha sido publicada en revistas nacionales e internacionales. Áreas de interés: Administración estratégica, comportamiento humano, intangibles.

**Patricia Mercado Salgado**

Profesora-Investigadora de tiempo completo de la Facultad de Contaduría y Administración de la Universidad Autónoma del Estado de México, donde cursó la licenciatura y maestría en Administración. El doctorado en Administración (Organizaciones) lo adquirió en la Universidad Nacional Autónoma de México. Pertenece al Sistema Nacional de Investigadores (Conacyt) desde 2007. Es Coordinadora del Doctorado en Ciencias Económico-Administrativas (PNPC-Conacyt). Integrante del Cuerpo Académico "Gestión del Capital Intelectual" y responsable de la Línea de Investigación "Capital Humano, Capital Relación y Capital Financiero". Su producción científica ha sido publicada en revistas nacionales e internacionales. Autora del libro *Migración mazahua a Estados Unidos* y coordinadora de los libros *Áreas funcionales de las organizaciones* y *La artesanía textil de Guadalupe Yancuictlalpan*. Áreas de interés: Intangibles, comportamiento humano, redes de conocimiento, innovación empresarial no tecnológica.

**Juan Miguel Morales y Gómez**

Es Doctor en Ciencias Sociales y Maestro en Administración Pública por la Facultad de Ciencias Políticas y Administración Pública de la Universidad Autónoma del Estado de México; tiene estudios de posgrado en elaboración de Políticas Gubernamentales por la Escuela Interamericana de Administración Pública de la Fundación Getulio Vargas en Río de Janeiro, Brasil. Fue asesor en el área de Organización y Sistemas del Gobierno del Estado de México, Subdirector de Personal y Servicios de la Oficina del Secretario de Desarrollo Económico. Ha sido secretario académico, coordinador de posgrado, coordinador del Centro de Investigación en Ciencias Políticas y Administración Pública y Director de la Facultad de Ciencias Políticas y Administración Pública de la UAEM. Actualmente se desempeña como Profesor-Investigador de la Facultad de Ciencias Políticas y Sociales de la UAEM y líder del Cuerpo Académico "Administración Pública, Política y Gobierno" en la misma Facultad, miembro del Comité editor de la revista *Espacios Públicos* y miembro del Comité de redacción de la revista *Convergencia*. Es miembro del Sistema Nacional de Investigadores nivel I.

**Gustavo Garduño Oropeza**

Licenciado en Ciencias de la Comunicación por el Tecnológico de Monterrey y Doctor en Filosofía Contemporánea por la Universidad Autónoma del Estado de México. Actualmente es Profesor-Investigador de carrera adscrito a la Facultad de Ciencias Políticas y Sociales de esta última institución superior y forma parte del Cuerpo Académico "Difusión y Divulgación de la Ciencia". Entre su producción destacada está: *Comunicación y ontogénesis en Michel Serres* y *Pretextos del sentido, aforismos y proposiciones desde la comunicación*, ambos publicados por Miguel Ángel Porrúa en México; además de numerosos artículos en revistas científicas nacionales e internacionales. Ha participado como conferencista y tallerista en numerosas instituciones superiores del país y actualmente es titular de las cátedras de Semiótica, Estudios Críticos de la Comunicación y talleres de investigación tanto en la Universidad Autónoma del Estado de México como en el Tecnológico de Monterrey. Miembro del Sistema Nacional de Investigadores.

**María Fernanda Zúñiga Roca**

Licenciada en Ciencias de la Comunicación por el Tecnológico de Monterrey y Maestra en Estudios Latinoamericanos por la Universidad Autónoma del Estado de México. Actualmente es Profesora-Investigadora de carrera adscrita a la Facultad de Ciencias Políticas y Sociales de esta última institución superior y forma parte del Cuerpo Académico "Difusión y Divulgación de la Ciencia". Entre su producción destacada están numerosos artículos en revistas científicas nacionales e internacionales. Actualmente es titular de las cátedras de Comunicación organizacional, Desarrollo organizacional, y talleres de investigación en la Universidad Autónoma del Estado de México.

**Mauricio Gutiérrez Cortés**

Maestro en Gobierno y Asuntos Públicos, y Doctor en Ciencias Políticas y Sociales por la UNAM. Profesor de tiempo completo en la Facultad de Ciencias Políticas y Sociales de la Universidad Autónoma del Estado de México, donde imparte diversos seminarios del área de Políticas Públicas en la Maestría en Administración Pública y Gobierno, así como de unidades de aprendizaje de la Licenciatura en Ciencias Políticas y Administración Pública. Entre sus publicaciones se destaca la coordinación de libros y autoría de capítulos de las obras: *Gestión y administración de la vida colectiva* (2009), *Viejos y nuevos referentes de la Ciencia Política y la Administración Pública* (2009), y Los *desafíos de la Democracia en México* (2010) publicados por la UNAM; así como de *El diseño administrativo de un imperio. Facsimilar de Cuatro Memorias sobre puntos de administración de Vicente Ortigosa y de los Ríos* (2010) publicado por la UNAM, UAEM y La Biblioteca del H. Congreso del Estado de México. Sus líneas de investigación son: Teoría de la Administración Pública, Gerencia Pública, Análisis de Políticas Públicas y Redes de Construcción del Conocimiento Científico.

*Escalas del conocimiento. Las formas de construcción del objeto en las disciplinas sociales*, se terminó de imprimir el 25 de enero de 2013, en los talleres de Ediciones Verbolibre, S.A. de C.V., 1o. de mayo núm. 161-A, Col. Santa Anita, Deleg. Iztacalco, México, D.F., C.P. 08300. Tel.: 3182-0035. <edicionesverbolibre@gmail.com>. La edición consta de 500 ejemplares.